Langenscheidt

Wortschatz Business English

von Reinhard Tenberg
und Derrik Ferney

Herausgegeben von
der Langenscheidt-Redaktion

Langenscheidt

Berlin · München · Wien · Zürich · New York

Autoren: Dr. Reinhard Tenberg, DSLC, Foreign Office, London, und Derrik Ferney, MA, MSc, Anglia Polytechnic University, Cambridge; Lara Mosdal, MA, Ludwig-Maximilians-Universität München

Redaktion: Heike Richini

www.langenscheidt.de

Printed in Germany
ISBN 978-3-468-**40963**-9

1. 2. 3. 4. 5. * 11 10 09 08 07

Vorwort

Konzeption

Der vorliegende *Wortschatz Business English* bietet in einem Band einen umfangreichen Grund- und Aufbauwortschatz für alle wichtigen Themenbereiche des Wirtschaftsenglisch. Besonders attraktiv ist der Band in seiner Doppelfunktion als Lern- und Nachschlagewerk. So kann der *Wortschatz*

- zur Verständnishilfe bei der Lektüre spezialisierter Fachtexte,
- zur Prüfungsvorbereitung im Fach "Wirtschaftsenglisch" oder
- zum Erlernen von Fachterminologie für das Berufsleben benutzt werden.

Wortschatz Business English wendet sich zum einen an Lerner verschiedener Sprachniveaus und bietet gleichzeitig eine Differenzierung in situationsspezifische und themenorientierte Bereiche der Fachterminologie.

Wesentliche Merkmale

- Die Aufteilung in einen *Situativen* und *Thematischen Wortschatz* erleichtert dem Lerner mit geringen Vorkenntnissen den Einstieg in den Fachwortschatz Wirtschaftsenglisch.
- Eine weitere Differenzierung in Grund- und Aufbauwortschatz innerhalb des *Thematischen Wortschatzes* berücksichtigt fortgeschrittene Lerner mit unterschiedlichen Sprachniveaus.
- Britisches und amerikanisches Englisch sind berücksichtigt.
- Die Anordnung der zu erlernenden Wörter, Phrasen und Redewendungen erfolgt nicht alphabetisch, sondern nach Themenbereichen (wie z. B. "Marketing", "Internationaler Handel").
- Die überwiegende Mehrheit der Stichwörter wird an Beispielsätzen exemplifiziert.
- Die verwendeten Beispiele sind authentisch und von *native speakers* ausgewählt. Sie beruhen auf der Auswertung der Wirtschaftspresse, von Fachzeitschriften, Standard-Lehrbüchern sowie auf einer Vielzahl authentischer Dokumente (wie z. B. Arbeitsverträge, Besprechungsprotokolle, Geschäftskorrespondenz, Versicherungspolicen).
- Die Beispielsätze umfassen sowohl mündlichen als auch schriftlichen Sprachgebrauch.

- Interkulturelle Differenzen, die sich sprachlich manifestieren, werden angezeigt (z. B. Ironie, Direktheitsgrad). Wo es um inhaltliche Differenzen geht, wird der Begriff erklärt bzw. mit einer sinngemäßen Übersetzung versehen.
- Ein ausführliches *Register* am Ende des Buches erleichtert das Nachschlagen gesuchter Begriffe.
- Der *Wortschatz* ist nicht auf ein bestimmtes Lehrwerk ausgerichtet und ist besonders hilfreich bei der Vorbereitung auf die verschiedenen Zertifikate für den Bereich "Business English", u. a. die VHS-Wirtschaftsenglisch-Zertifikate, die CEBIT und ähnliche Prüfungen der Cambridge University, oder die Prüfungen der London Chamber of Commerce and Industry.

Aufteilung in *Situativen* und *Thematischen Wortschatz*

Für Lerner mit geringen Vorkenntnissen empfiehlt es sich, mit dem *Situativen Wortschatz* zu beginnen, während der Lerner mit guten allgemeinsprachlichen Vorkenntnissen, dem es primär um das Erlernen eines fachspezifischen Wirtschaftswortschatzes geht, den Einstieg gleich über den *Thematischen Wortschatz* versuchen sollte.

Inhaltlich wurde der *Situative Wortschatz* für die Zielgruppe von Lernern konzipiert, die die Fachsprache vor allem für den mündlichen Sprachgebrauch benötigen, also etwa für einen Firmenbesuch oder für die Arbeitsaufnahme in einer englischsprachigen Firma. In 8 Kapiteln deckt der *Situative Wortschatz* mit circa 700 Stichwörtern und Ausdrücken die wichtigsten situativen Kontexte "rund um die Firma" ab (z. B. "Termine und erste Begegnungen", "Im Büro", "Am Telefon", "Am Computer"). Jedes Kapitel enthält zentrale Begriffe und Wendungen, die es dem Lerner ermöglichen sollen, sich rasch im jeweiligen Arbeitskontext zurechtzufinden.

Der *Thematische Wortschatz* wendet sich an Lerner mit guten allgemeinsprachlichen Vorkenntnissen, die die Fachsprache in Wort und Schrift auf einem anspruchsvollen Niveau erlernen wollen. Ein "typischer" Lerner will sein Wirtschaftsenglisch im regelmäßigen Kontakt mit englischsprachigen Firmen verwenden, zum Lesen der englischsprachigen Wirtschaftspresse oder für seine Arbeit in einem multinationalen Unternehmen.

Der *Thematische Wortschatz* enthält circa 3000 Stichwörter und ist in 13 Kapitel unterteilt. Hier werden zentrale Themen der Unternehmensführung (z. B. Unternehmen und Unternehmensstruktur, Absatz und

Marketing, Verkauf) sowie der allgemeinen Wirtschaft behandelt. Innerhalb eines jeden Kapitels sind die Stichwörter und Wendungen nach ihrer Bedeutung und Frequenz entweder zum Grundwortschatz oder Aufbauwortschatz gehörend markiert.

Das Lernen mit dem Wortschatz Business English

- Nutzen Sie den Vorteil der Gliederung nach Sachgebieten sowohl im situativen als auch im thematischen Teil des Wortschatzes. Dabei brauchen Sie nicht unbedingt chronologisch vorzugehen. Starten Sie mit Sachgebieten, die für Ihre Arbeit besonders relevant erscheinen; eine so erhöhte Motivation fördert den Lerneffekt.
- Gehen Sie beim Erlernen des Wortschatzes systematisch und erfolgsorientiert vor. Jedes Kapitel gliedert sich in kleinere, leicht lernbare Unterkapitel. Lernen Sie portionsweise und überprüfen Sie Ihr Wissen.
- Im *Thematischen Wortschatz* sollten Sie im ersten Durchgang die mit blauem Punkt markierten Stichwörter des Grundwortschatzes bevorzugt erarbeiten.
- Versuchen Sie zunächst, die Stichwörter anhand der Beispielsätze in der Zielsprache zu verstehen. Vieles wird im Kontext bereits verständlich. Überprüfen Sie dann Ihr Verständnis mit Hilfe der deutschen Übersetzung.
- Denken Sie daran, dass eine wörtliche Übersetzung nicht in allen Fällen möglich ist. Statt dessen finden Sie eine deutsche Entsprechung, bzw. eine Erklärung des englischen Begriffs.
- Beachten Sie beim Lernen auch Anmerkungen zum Sprachregister wie etwa *phrase* (vgl. Abkürzungen auf S. 6).
- Sie können auch über ein einzelnes Stichwort, das Sie im alphabetischen Register nachschlagen, zum entsprechenden Sachgebiet kommen und so in einem sinnvollen Zusammenhang lernen.

Viel Erfolg!

Abkürzungen

adj	*adjective*, Adjektiv
adv	*adverb*, Adverb
colloq	*colloquial*, umgangssprachlich
fig	*figurative*, bildlich, übertragen
Fr.	*French*, Französisch
GB	*British English*, britisches Englisch
jdm	jemandem
jdn	jemanden
jds	jemandes
Lat.	*Latin*, Lateinisch
n	*noun*, Nomen, Substantiv
phrase	*phrase*, Ausdruck, Redewendung
pl	*plural*, Plural
prep	*preposition*, Präposition
pron	*pronoun*, Pronomen
slang	*slang*, Slang
sg	*singular*, Singular
s.o.	*someone*
s.th.	*something*
ugs	umgangssprachlich
US	*American English*, amerikanisches English
v/i	*intransitive verb*, intransitives Verb
v/t	*transitive verb*, transitives Verb
v/ti	*transitive and intransitive verb*, transitives und intransitives Verb
>	Kurzform
<	Langform

Sonstige Zeichen

→ verweist auf ein Stichwort, unter dem nähere Informationen zu finden sind oder das ein Synonym (Wort mit ähnlicher Bedeutung) ist.

• bezeichnet Stichwörter im *Thematischen Wortschatz,* die zum Grundwortschatz gehören.

Inhaltsverzeichnis

Thematischer Wortschatz 81

Situativer Wortschatz

1 Begegnungen

1.1 An der Rezeption

appointment *n* I'm Mr Wörner. I have an **appointment** with David Jones at 10 a.m.	**Termin, Verabredung** Mein Name ist Wörner. Ich habe um 10 Uhr einen Termin mit David Jones.
to arrange *v/ti* I've **arranged** to see the Marketing Director at 2 p.m.	**vereinbaren, verabreden** Ich habe eine Verabredung mit dem Marketingdirektor um 14 Uhr.
to direct *v/t* Can you **direct** me to Mr Smith's office, please?	**den Weg weisen, sagen** Können Sie mir bitte sagen, wie ich zu Herrn Smiths Büro komme?
to expect *v/t* Is Mr Morley **expecting** you?	**erwarten** Erwartet Sie Herr Morley?
to let s.o. know *v/t* Can you **let** Miss Fernberg **know** I'm here, please.	**jdn etwas wissen lassen, jdm etwas mitteilen** Können Sie Frau Fernberg bitte mitteilen, dass ich hier bin?
pass *n* Please wear the visitors' **pass** on your lapel at all times.	**Ausweis** Bitte tragen Sie den Besucherausweis stets an Ihrem Revers.
reception *n (GB/US)*; **lobby** *n (US)* I'll come down and meet you at **reception**.	**Empfang, Rezeption** Ich komme runter und hole Sie an der Rezeption ab.
to report to *v/i* Please **report to** reception upon arrival.	**sich melden bei, an** Bitte melden Sie sich bei Ihrer Ankunft an der Rezeption.
visitors' book *n (GB)*; **register** *n (US)* Please sign the **visitors' book**, giving the time of arrival, your name and your company's name.	**Gästebuch** Bitte tragen Sie sich in unser Gästebuch ein. Geben Sie die Ankunftszeit, Ihren Namen und den Ihrer Firma an.

1.2 Termine vereinbaren

at ... o'clock sharp *phrase* We will start the meeting **at 9 o'clock sharp**.	**um Punkt ... Uhr** Wir fangen die Besprechung um Punkt neun an.
to bring forward *v/t* Can we **bring** the meeting **forward** from 3 March to the 28 February?	**vorverlegen** Können wir die Besprechung vom 3. März auf den 28. Februar vorverlegen?
busy *adj* Miss Fernberg is **busy** at the moment but she can see you in the late morning or in the early afternoon.	**beschäftigt** Frau Fernberg ist zurzeit beschäftigt, aber sie kann Sie am späten Vormittag oder am frühen Nachmittag empfangen.
to cancel *v/ti* I'm afraid we're going to have to **cancel** the meeting.	**streichen, ausfallen lassen** Ich fürchte, wir müssen die Besprechung ausfallen lassen.
commitment *n* Unfortunately I already have several **commitments** on that day.	**Termin, Verabredung, Verpflichtung** Leider habe ich schon mehrere Termine an diesem Tag.
diary *n (GB)*; **agenda** *n (US)* Let me check with her **diary** to see if she's free at that time.	**Terminkalender** Lassen Sie mich in ihrem Terminkalender nachsehen, ob sie zu dieser Zeit frei ist.
to have (got) a lot on *phrase* **I've got a lot on** today, so we'd better put it off until tomorrow.	**ein volles Programm haben** Ich habe heute ein volles Programm, deshalb verschieben wir es besser auf morgen.
in advance *phrase* Please let me know **in advance** if André is able to attend.	**im Voraus** Bitte sagen Sie mir im Voraus, ob André kommen kann.
in time *phrase*	**rechtzeitig**
on time *phrase* Lloyd is always **on time**.	**pünktlich** Lloyd ist immer pünktlich.

to postpone *v/t* We had to **postpone** our meeting, if you remember.	**verschieben, aufschieben** Sie werden sich erinnern, dass wir unsere Besprechung verschieben mussten.
to put s.o. off *v/t* I have some doubts about how serious they really are because they keep **putting** us **off**.	**jdn hinhalten** Ich bezweifle, ob sie es wirklich ernst meinen, weil sie uns ständig hin-halten.
to rearrange *v/t* Can we **rearrange** the meeting for 6 June?	**verlegen** Können wir die Besprechung auf den 6. Juni verlegen?
to reschedule *v/ti*	**verlegen** *(Termin)*
to schedule *v/ti* Our first meeting is **scheduled** for 10 a.m.	**planen, ansetzen** *(Zeitpunkt)* Unsere erste Besprechung ist für 10 Uhr angesetzt.
to set a time *phrase* Jan has **set a time** for the meeting.	**eine Zeit vereinbaren** Jan hat eine Zeit für die Besprechung vereinbart.

1.3 Erste Begegnungen

to answer to, to report to *v/i* I **answer to** Ms Mortimer, she's my boss.	**unterstehen** Ich unterstehe Frau Mortimer, sie ist meine Vorgesetzte.
to attend *v/t* It would be important for you to **attend** the meeting.	**besuchen, teilnehmen** Es wäre wichtig, dass Sie an der Besprechung teilnehmen.
to bring s.o. along *v/t* I've **brought** our Finance Director **along** too	**jdn mitbringen** Ich habe auch unseren Finanz-direktor mitgebracht.
to bring s.th. with *v/t* I've **brought** some company literature **with** me.	**etwas mitbringen** Ich habe Ihnen Prospektmaterial über unsere Firma mitgebracht.

to deal with s.th. *v/i*	**sich befassen mit, zuständig sein für**
This is Steve Jones who **deals with** the technical side of things.	Das ist Steve Jones, der für die technische Seite zuständig ist.
to be delayed *v/i*	**sich verspäten, Verspätung haben**
I should have been here for a two o'clock meeting but my plane **was delayed**.	Ich hätte zur Besprechung um zwei Uhr hier sein sollen, aber mein Flugzeug hatte Verspätung.
department *n*	**Abteilung**
I work in the Sales **Department** of the British Biplane Company.	Ich arbeite in der Verkaufsabteilung bei British Biplane.
head *n*	**Leiter(in)**
I'm **head** of Marketing at the British Biplane Company.	Ich bin der Leiter der Marketingabteilung bei British Biplane.
in charge of *phrase*	**veranwortlich für**
Ms Taylor is **in charge of** public relations.	Frau Taylor ist für den PR-Bereich verantwortlich.
to introduce s.o. *v/t*	**jdn vorstellen**
Let me **introduce** you to my colleague …	Darf ich Ihnen meinen Kollegen vorstellen …
to introduce oneself *v/t*	**sich vorstellen**
to join *v/t*	**sich anschließen, dazukommen**
This is Anna Fernberg who recently **joined** us from British Aeronautics.	Das ist Anna Fernberg, die vor Kurzem von British Aeronautics zu uns gekommen ist.
line of business *n*	**Branche, (Industrie)Sparte**
What **line of business** are you in?	In welcher Branche sind Sie tätig?
to meet *v/ti*	**begegnen, treffen**
We first **met** at a trade fair in Cologne.	Wir haben uns zum ersten Mal auf einer Messe in Köln getroffen.
Pleased to meet you. *phrase*	**Freut mich, Sie kennenzulernen!**

personal assistant (> PA) *n*	**persönliche(r) Assistent(in), Chefsekretär(in)**
John is the **PA** to the managing director.	John ist der persönliche Assistent des Geschäftsführers.
to represent *v/t*	**repräsentieren, vertreten**
I **represent** Sachs Brothers.	Ich repräsentiere die Firma Sachs Brothers.
to be responsible for *v/i*	**verantwortlich sein für, zuständig sein für**
I'm responsible for Sales and Distribution at Sachs Brothers.	Ich bin für den Verkauf und die Distribution bei Sachs Brothers verantwortlich.

2 Im Büro

2.1 Büroausstattung

answering machine *n* Please remember to switch the **answering machine** on when you leave the office.	**Anrufbeantworter** Bitte denken Sie daran, den Anrufbeantworter einzuschalten, wenn Sie das Büro verlassen.
calculator *n*	**Taschenrechner**
card index *n (GB)*; **card catalog** *n (US)*	**Kartei**
computer *n*	**Computer, PC, Rechner**
copy *n* Please remember to file a **copy** of all internal and external correspondence.	**Kopie** Bitte denken Sie daran, eine Kopie sämtlicher interner und externer Korrespondenz abzuheften.
to copy *v/t* Please **copy** this memo to the Head of Marketing.	**kopieren, eine Kopie machen** Bitte machen Sie eine Kopie dieser Mitteilung für den Leiter der Marketingabteilung.
correction fluid *n*; **Tipp-Ex™** *n (GB)*; **Wite-Out™** *n (US)*	**Korrekturflüssigkeit, Tipp-Ex®**
date-stamp *n*	**Datumsstempel**
to date-stamp *v/t* The letter is **date-stamped** 21 September.	**abstempeln, mit Datumsstempel versehen** Der Brief ist am 21. September abgestempelt worden.
desk *n*	**Schreibtisch**
desk diary *n (GB)*; **desk calendar** *n (US)*	**Terminkalender, Tischkalender**
dictating machine *n*	**Diktiergerät**
(drawing) pin *n*	**Reißzwecke**

envelope *n* Have we run out of **envelopes**?	**Umschlag** Haben wir keine Umschläge mehr?
padded envelope *n*	**gefütterter Umschlag**
ergonomic *adj*	**ergonomisch**
file *n* Could you start a new **file** for expenses, please.	**Akte, Ordner** Könnten Sie bitte eine neue Akte für Spesen anlegen?
hanging file *n*	**Hängemappe, Hängeordner**
lever arch file *n (GB)*; **three ring binder** *n (US)* We file correspondence chronologically in a **lever arch file**.	**(Akten)Ordner** Wir legen die Korrespondenz chronologisch in einem Aktenordner ab.
to file *v/t* Can you **file** this under “joint ventures” please?	**ablegen** Können Sie das bitte unter „Joint Ventures“ ablegen?
filing cabinet *n*	**Aktenschrank**
filing system *n* We use an alphabetical **filing system**.	**Ablagesystem** Wir benutzen ein alphabetisches Ablagesystem.
franking machine *n (GB)*; **postage meter** *n (US)* The post room generally uses a **franking machine** instead of stamps.	**Frankiermaschine** Im Postraum benutzt man normalerweise eine Frankiermaschine anstatt Briefmarken.
gluestick *n*	**Klebestift**
headed paper *n (GB)*; **letterhead** *n (US)*	**Firmenbriefpapier**
highlighter *n*	**Leuchtstift**
in draft form *phrase* We have received a copy of the contract **in draft form**.	**(als) Entwurf, (als) Konzept** Wir haben eine Kopie des Vertragsentwurfs erhalten.

in duplicate *phrase* Please hand in this document **in duplicate**.	**in zweifacher Ausfertigung** Bitte reichen Sie dieses Dokument in zweifacher Ausfertigung ein.
in-tray *n* My **in-tray** is always full.	**Eingang(sfach)** Mein Eingangsfach ist ständig voll.
notepad *n*	**Notizblock**
notice-board *n*	**schwarzes Brett**
(office) stationary *n*	**Portokasse**
office supplies *n pl*	**Büro(bedarfs)artikel**
out-tray *n*	**Ausgang(sfach)**
paper clip *n*	**Büroklammer**
paperwork *n*	**Schreibarbeit**
pen *n*	**Kugelschreiber**
pencil sharpener *n*	**Bleistiftspitzer**
petty cash *n* Please reimburse yourself from **petty cash** for the stationery.	**Portokasse** Bitte nehmen Sie sich das Geld für die Schreibwaren aus der Portokasse zurück.
photocopier *n* The **photocopier** is serviced regularly.	**Kopiergerät, Kopierer** Das Kopiergerät wird regelmäßig gewartet.
photocopy *n* Could you make me 5 **photocopies** of this form, please.	**Kopie** Bitte machen Sie mir 5 Kopien von diesem Formular.
pigeon hole *n*	**(Post)Fach**
Post-it™ *n*	**Post-it®, selbstklebender Notizzettel**

printer *n* All the computers in this office are connected to a central **printer**.	**Drucker** Alle Computer in diesem Büro sind mit unserem zentralen Drucker verbunden.
printer cartridge *n*	**Druckerpatrone, Druckerkartusche**
punch *n (GB)*; **hole punch** *n (US)*	**Locher**
registered letter *n*	**Einschreibebrief**
rubber *n (GB)*; **eraser** *n (US)*	**Radiergummi**
rubber band *n*	**Gummiband, Gummiring**
ruler *n*	**Lineal**
Sellotape™ *n (GB)*; **Scotch tape™** *n (US)*	**Tesafilm®**
shredder *n*	**Reißwolf, Aktenvernichter**
to sign *v/t* Make sure that Mr Jones **signs** letters before you send them.	**unterschreiben** Achten Sie bitte darauf, dass Herr Jones die Briefe unterschreibt, bevor Sie sie rausschicken.
stamp *n*	**Briefmarke**
staple *n*	**Heftklammer**
to staple *v/t*	**(zusammen)heften, „tackern"**
stapler *n*	**Hefter, „Tacker"**
swivel chair *n*	**Drehstuhl**
to take notes *v/t*	**Notizen machen**
toner *n*	**Toner** *(in Fotokopierern und Laserdruckern verwendeter Farbstoff)*

to type *v/ti*	**tippen**
to touch type *v/ti*	**blind tippen**
wastepaper basket *n (GB)*; **wastebasket** *n (US)*	**Papierkorb**

2.2 Post und Kommunikation

(by) airmail *phrase*	**mit Luftpost, per Luftpost**
airmail sticker *n*	**Luftpostaufkleber**
attachment *n*	**Anlage**
care of (> c/o) *phrase*	**per Adresse**
confidential *adj*	**vertraulich**
contents *n pl*	**Inhalt**
courier *n* Extremely urgent documents are often sent by **courier**.	**Kurier** Extrem eilige Dokumente werden häufig per Kurier gesandt.
delivery *n*	**Zustellung**
Do not bend! *phrase*	**Bitte nicht knicken!**
e-mail *n* We check our **e-mail** regularly.	**E-Mail** Wir schauen regelmäßig nach unserer E-Mail.
to e-mail *v/t* I **e-mailed** you the exhibition dates this morning.	**per E-Mail schicken, mailen** Ich habe Ihnen die Daten für die Ausstellung heute morgen per E-Mail zugeschickt.
fax (machine) *n* The **fax machine** must not be switched off during the night.	**Fax(gerät)** Das Faxgerät darf nachts nicht ausgeschaltet werden.
fax (message) *n*	**Fax(nachricht)**

to fax *v/t* Can you **fax** this quotation to Mr Jones, please.	**faxen** Können Sie bitte Herrn Jones diesen Kostenvoranschlag faxen?
first-class post *n (GB)*	*(System in GB, nach dem „Erste Klasse" Briefe – ca. 1/5 mehr Porto – bevorzugt befördert werden.)*
for the attention of (> FAO) *phrase*	**zu Händen (> z. H., z. Hd.)**
to forward *v/t (post)*	**nachschicken** *(Post)*
Handle with care! *phrase*	**Vorsicht! Zerbrechlich!**
handling charge *n*	**Bearbeitungsgebühr**
mail *n* The **mail** is collected twice a day.	**Post** Die Post wird zweimal täglich abgeholt.
express mail *n*	**Expressbrief, Eilbotensendung**
incoming mail *n*	**Posteingang**
junk mail *n*	**Postwurfsendungen**
mailing list *n*	**Verteilerliste**
outgoing mail *n*	**Postausgang**
overnight mail *n*	**Übernachtpost, Eilpost**
recorded delivery mail *n*	**Einschreiben** *(Zustellung zu einem bestimmten Zeitpunkt nicht garantiert; geringerer Schadensersatz; in GB)*
registered mail *n*	**Einschreiben** *(garantierte Zustellung am nächsten Tag bis 9 bzw. 13 Uhr; höherer Schadensersatz; in GB)*

snail mail *colloq n*	**„Schneckenpost“, normale Post**
Sorry you didn't get my e-mail attachment; I'll send it again by **snail mail**.	Tut mir leid, dass Sie meine E-Mail-Anlage nicht bekommen haben; ich schicke sie noch einmal auf dem normalen Postweg.
surface mail *n*	**einfacher Versand** *(im Gegensatz zu Luftpost)*
memo(randum) *n*	**Memo(randum), Mitteilung**
Please circulate this **memorandum** to all administrative staff.	Bitte schicken Sie dieses Memo an alle Verwaltungsangestellten.
package *n*	**Paket**
A small **package** has arrived in the post room for Mr Michel.	Im Postraum ist ein kleines Paket für Herrn Michel angekommen.
parcel *n*	**Päckchen**
personal *adj*	**persönlich**
Please mark this letter "**personal**".	Bitte versehen Sie diesen Brief mit dem Vermerk „persönlich“.
post *n*	**Post**
The **post** is collected twice a day.	Die Post wird zweimal täglich abgeholt.
post mark *n*	**Poststempel**
post room *n (GB)*; **mail room** *n (US)*	**Postraum, Poststelle**
The office mail is normally taken down to the **post room**.	Unsere Büropost wird normalerweise zum Postraum gebracht.
postage *n*	**Porto**
Can you please check the **postage** rates before you send the letters off.	Bitte überprüfen Sie die Frankierung, bevor Sie die Briefe abschicken.

postal code *n (GB)*; **zip code** *n (US)*	**Postleitzahl**
printed matter *n* We send catalogues as **printed matter** because it costs less.	**Drucksache** Kataloge versenden wir als Drucksache, um Kosten zu sparen.
redirection *n*	**Nachsendung** *(von Post)*
return to sender *phrase*	**zurück an Absender**
to send *v/t* We **are sending** the plans and photographs you requested under separate cover.	**(zu)senden, schicken** Wir schicken Ihnen die gewünschten Pläne und Fotos mit separater Post.
shipping *n*	**Versand**
special delivery *n*	*(garantierte Zustellung am nächsten Tag bis 9 Uhr bzw. 13 Uhr; höherer Schadensersatz in GB)*
telephone *n* (→ **mobile, cordless**) **telephone directory** *n*	**Telefon** **Telefonbuch**
under separate cover *phrase*	**mit getrennter Post**
unknown address *phrase*	**unbekannte Adresse**
Urgent! *phrase*	**Eilt!**
weight *n*	**Gewicht**

3 Am Telefon

3.1 Allgemeine Begriffe

call *n*	**Anruf, Telefongespräch**
conference call *n* We use **conference calls** where possible to save travel costs.	**Telefonkonferenz** Um Kosten einzusparen, machen wir, wenn möglich, von Telefon-konferenzen Gebrauch.
emergency call *n* To make an **emergency call** dial 999.	**Notruf** Den Notruf erreichen Sie unter 999.
international call *n*	**Auslandsgespräch**
local call *n*	**Ortsgespräch, Citytarif**
to make a call *phrase*	**anrufen, ein (Telefon) Gespräch führen**
to return a call *phrase* Hello, I'm just **returning** your **call**.	**zurückrufen, einen Anruf erwidern** Guten Tag, ich sollte Sie zurückrufen.
reverse charge call *n (GB)*; **collect call** *n (GB/US)* I'd like to make a **reverse charge call** to Paris, please.	**R.-Gespräch, Rückrufgespräch** Ich möchte gerne ein R.-Gespräch nach Paris anmelden.
wake-up call *n*	**Weckruf**
cardphone *n*	**Kartentelefon**
charge meter *n*	**Gebührenzähler, Einheitenzähler**
to check *v/t* Could you **check** this number for me, please?	**überprüfen** Könnten Sie diese Nummer für mich bitte überprüfen?
to connect *v/t*	**verbinden**

connection *n* You'll find the details about **connection** charges in our brochure.	**Anschluss** Sie finden alle Einzelheiten über Anschlussgebühren in unserer Broschüre.
cordless phone *n*	**schnurloses Telefon**
to cut off *v/t* I keep getting **cut off**.	**unterbrechen** *(die Verbindung)* Meine Verbindung wird ständig unterbrochen.
dead *adj* The line is **dead**.	**tot** Die Leitung ist tot.
to dial *v/t*	**wählen**
dialling tone *n (GB)*; **dial tone** *n (US)*	**Wählton**
to redial *v/ti* The number you have dialled has been changed. Please **redial**, inserting a "3" in front of the original number.	**noch einmal wählen** Die gewählte Nummer hat sich geändert. Bitte setzen Sie bei der Wiederwahl eine 3 vor die ursprüngliche Nummer.
digit *n*	**Ziffer**
directory enquiries *n pl (GB)*; **directory assistance** *n (US)* In England you can call **directory enquiries** by dialling 192	**Telefonauskunft** *(Inland)* In England erreichen Sie die Auskunft unter der Nummer 192.
international directory enquiries *n pl*	**Auslandsauskunft**
engaged tone *n (GB)*; **busy signal** *n (US)*	**Besetztzeichen**
ex-directory *adj (GB)*; **unlisted** *adj (US)*	**nicht eingetragen** *(im Telefonbuch)*
fault *n* I'd like to report a fault.	**(Funk)Störung** Ich möchte eine Störung melden.

to get through *v/i* I can't **get through**, the line is always engaged.	**durchkommen** Ich komme nicht durch, die Leitung ist immer besetzt.
hands free (car) kit *n*	**Freisprechanlage**
to hang up *v/i*	**auflegen** *(den Hörer)*
international code *n*	**internationale Vorwahl**
landline *n*	**Festnetz**
local code *n (GB)*; **area code** *n (US)*	**(Orts)Vorwahl**
message *n* Please leave a **message** after the tone.	**Nachricht** Bitte hinterlassen Sie eine Nachricht nach dem Signalton.
recorded message *n*	**Ansage(text)**
MMS (< multimedia message service) *n*	**MMS, Bildmitteilung**
mobile phone *n (GB/US)*; **cell(ular) phone** *n (US)* If I'm not in the office try ringing me on my **mobile phone**.	**Handy** Wenn ich nicht im Büro bin, versuchen Sie mich auf meinem Handy zu erreichen.
mute button *n*	**Stummschalttaste**
operator *n* In England you can call the **operator** by dialling 100.	**Inlandsvermittlung** In England erreichen Sie die Vermittlung unter der Nummer 100.
international operator *n* You can call the **international operator** free of charge by dialling 155.	**Auslandsvermittlung** Die Verbindung zum Auslandsfernamt ist kostenlos. Wählen Sie 155.
payphone *n*	**Münzfernsprecher**
phone card *n*	**Telefonkarte**

rate *n* There are different charge **rates** depending on the time of day and day of the week.	**Gebühr, Tarif** Wir haben eine Reihe unterschiedlicher Tarife, die von der Tageszeit und vom Wochentag abhängen.
off-peak rate *n* We program our fax machine to use the cheapest **off-peak rates**.	**Spartarif** Wir programmieren unser Faxgerät, um vom günstigsten Spartarif Gebrauch zu machen.
weekend rate *n*	**Wochenendtarif**
receiver *n*	**Hörer**
reply *n* I rang several times but there was no **reply**.	**Antwort** Ich habe mehrmals angerufen, aber es hat nie jemand abgenommen.
to ring *v/ti (GB)*; **to call** *v/ti (US)* I **rang** you yesterday afternoon but you weren't in.	**anrufen** Ich habe Sie gestern Nachmittag angerufen, aber Sie waren nicht da.
ringing tone *n*	**Freizeichen**
short message service (> SMS) *n*	**SMS** *(Mobilfunkdienst zum Versenden von Kurzmitteilungen per Handy)*
telephone box *n (GB)*; **telephone booth** *n (US)*	**Telefonzelle**
to text *coll v/t*; **to send a text message** *phrase*	**eine Kurzmitteilung schicken, eine SMS schicken, „simsen"**
text (message), SMS (message) *n*	**SMS, Kurzmitteilung**
unit *n* The cost of your call is calculated according to the number of **units** you use.	**Gebühreneinheit** Die Kosten für Ihr Gespräch richten sich nach der Anzahl der Gebühreneinheiten.
unobtainable number *n* The **number** you have dialled is **unobtainable**.	*(wörtl.:)* **unerreichbare Nummer** Kein Anschluss unter dieser Nummer.

voice mail *n* You can access your **voice mail** from any telephone.	**Sprachbox** Sie haben über jeden Telefonanschluss Zugang zu Ihrer Sprachbox.
white pages *n*	**Weiße Seiten** *(Telefon, Internet)*
wrong number *phrase* I'm afraid you've got the **wrong number**.	**falsch verbunden** Tut mir leid, Sie sind falsch verbunden.
yellow pages *n*	**Gelbe Seiten**

3.2 Gespräche annehmen und führen

to call *v/ti* Who's **calling**, please?	**anrufen** Wer ist am Apparat, bitte?
to call back *v/ti* Mr Bowen isn't in the office at the moment. Shall I ask him to **call** you **back**?	**zurückrufen** Herr Bowen ist zurzeit nicht im Büro. Soll ich ihm sagen, dass er Sie zurückrufen soll?
engaged *adj (GB)*; **busy** *adj (US)* I'm afraid the line is **engaged** at the moment. Do you want to hold?	**besetzt** Es tut mir leid, die Leitung ist im Moment besetzt. Möchten Sie warten?
extension *n* Could I have Mr Smith's **extension**, please?	**Durchwahl, Apparat, Nebenstelle** Könnte ich bitte Herrn Smiths Durchwahl haben?
external call *n*	**externes Gespräch**
freephone, 0800 number *n (GB)*; **toll-free number, 800 number** *n (US)*	**gebührenfreie Telefonnummer**
to get back *v/i* Can I **get back** to you on the new prices in a moment, please?	**zurückrufen** Kann ich Sie wegen der neuen Preise gleich zurückrufen?

internal call *n*	**internes Gespräch**
line *n* Mr Jacob-Flynn is on the other **line** at the moment. Will you hold?	**Leitung, Verbindung, Anschluss** Herr Jacob-Flynn spricht gerade auf der anderen Leitung. Möchten Sie warten?
fax line *n* We've had a separate **fax line** installed.	**Faxanschluss** Wir haben uns einen separaten Faxanschluss legen lassen.
to hold the line *phrase* Please **hold the line**.	**am Apparat bleiben** Bitte bleiben Sie am Apparat.
on the line *phrase* I've got Miss Fernberg **on the line**. Can you take the call now?	**am Apparat** Ich habe Frau Fernberg für Sie am Apparat. Können Sie jetzt mit ihr sprechen?
outside line *n*	**Amtsleitung**
poor line *n* The **line** is very **poor**. Please put your phone down and I'll ring back.	**schlechte Verbindung, schlechte Leitung** Die Verbindung ist sehr schlecht. Bitte legen Sie auf, ich rufe Sie zurück.
message *n*	**Nachricht**
to pass on *v/t* Would you mind **passing on** this message to Mrs Aston, please?	**weiterleiten** Wären Sie so nett, die Nachricht an Frau Aston weiterzuleiten?
to put sb. through *v/t* Could you **put** me **through** to the Marketing Department, please?	**jdn verbinden, jdn durchstellen** Könnten Sie mich bitte mit der Marketingabteilung verbinden?
to reach *v/t*	**erreichen**
to speak up *v/i* Could you **speak up**, please? The line is poor.	**lauter sprechen** Könnten Sie bitte etwas lauter sprechen? Die Verbindung ist sehr schlecht.

Speaking. *phrase* Could I speak to Mrs Mills, please? – **Speaking.**	**Am Apparat.** Könnte ich bitte mit Frau Mills sprechen? – Am Apparat.
to spell *v/t* How do you **spell** that, please?	**buchstabieren** Können Sie das bitte buchstabieren?
switchboard *n*	**(Telefon)Zentrale, Vermittlung**
switchboard operator *n*	**Telefonist(in) in der Zentrale**
to take a call *phrase* Can you **take a call** from a Mr Parry from London, please?	**ein Gespräch entgegennehmen** Können Sie bitte ein Gespräch von einem Herrn Parry aus London entgegennehmen?
teleconferencing *n* (→ **conference call**)	**Konferenzschaltung**
to transfer *v/t* I'm afraid you've been put through to the wrong extension. I'll **transfer** you to the right one. Please hold the line.	**verbinden** Tut mir leid, Sie sind hier falsch verbunden. Ich verbinde Sie weiter. Bleiben Sie bitte am Apparat.

4 Am Computer

4.1 Hardware

to boot up *v/t*	**booten**
CD (< compact disk) *n*	**CD (< Kompaktdisk)**
to burn a CD *phrase*	**eine CD brennen**
CD burner (< compact disk burner) *n*	**CD-Brenner**
CD-R (< compact disk recordable) *n*	**CD-R (< einmal beschreibbare Kompaktdisk)**
CD-ROM (< compact disk – read-only memory) *n*	**CD-ROM (< Kompaktdisk – nur Lesespeicher)**
CD-ROM drive *n* **CD-ROM drives** are well-suited for multi-media applications such as video or photo-CD.	**CD-ROM-Laufwerk** CD-ROM-Laufwerke sind bestens geeignet für Multimedia-Anwendungen wie Video oder Foto-CD.
CD-RW (< compact disk rewritable) *n*	**CD-RW (< wiederbeschreibbare Kompaktdisk)**
computer scientist *n*	**Informatiker(in)**
default *adj*	**Standardeinstellung**
desktop computer *n*	**Computer**
(floppy) disk *n* Are these **floppy disks** already formatted?	**Diskette** Sind diese Disketten schon formatiert?
disk capacity *n*	**Speicherkapazität der Festplatte, Diskette**
disk drive *n*	**Diskettenlaufwerk**
down *colloq adj* The network is **down** at the moment due to a power cut.	**außer Betrieb** Das Netzwerk ist im Moment wegen Stromausfalls außer Betrieb.

DVD (< digital versatile disk) *n (originally: digital video disk)*	**DVD (< digitale, vielseitig einsetzbare Scheibe)**
to burn a DVD *phrase*	**eine DVD brennen**
DVD burner *n*	**DVD-Brenner**
to escape *v/i*	**abbrechen**
flat screen *n*	**Flachbildschirm**
graphics card *n*	**Grafikkarte**
hard copy *n* (→ **printout**) We'll need this document on disk and as **hard copy**.	**Ausdruck** Wir brauchen dieses Dokument auf Diskette und als Ausdruck.
hard disk *n* How big is the **hard disk** on this machine?	**Festplatte** Wie groß ist die Festplatte von diesem Computer?
hardware *n*	**Hardware**
hot spot *n*	**Einwahlpunkt für drahtlosen Internetzugang**
input *n*	**Eingabe**
to input *v/t* Have you **input** all the data?	**eingeben** Haben Sie alle Daten eingegeben?
interface *n* Printers are normally connected to the computer's parallel **interface**.	**Schnittstelle** Drucker werden normalerweise über eine parallele Schnittstelle des Rechners angeschlossen.
IT (< information technology) *n*	**Informationstechnik**
keyboard *n*	**Tastatur**
LAN (< local area network) *n*	**Lokales Netz, LAN**

laptop (< laptop computer) *n* Does this **laptop** come with a built-in modem?	**Laptop, Notebook** Ist das ein Laptop mit eingebautem Modem?
mainframe computer *n*	**Großrechner, Zentralrechner**
memory *n* How much **memory** has this computer got?	**Speicher** Wieviel Speicherkapazität hat dieser Computer?
modem *n*	**Modem**
monitor *n* I am used to working with a 17" (inch) **monitor**.	**Monitor, Bildschirm** Ich bin es gewohnt, auf einem 17-Zoll-Monitor zu arbeiten.
mother board *n*	**Hauptplatine**
mouse *n*	**Maus**
network *n* All our computers are linked to the **network**.	**Netzwerk** Alle unsere Computer sind vernetzt.
network manager *n*	**Netzwerkmanager(in)**
networked *adj*	**vernetzt**
notebook *n*	**Notebook**
output *n*	**Ausgabe**
to output *v/t*	**ausgeben**
PDA (< personal digital assistant) *n*; **hand-held (computer)** *n*	**PDA (< persönlicher digitaler Assistent), Handheld**
peripherals *n pl* Common **peripherals** include printers, scanners and modems.	**Peripheriegeräte** Drucker, Scanner und Modems gehören zu den Standard-Peripheriegeräten.
pixel *n*	**Bildpunkt, Pixel**

printer *n*	**Drucker**
colour printer *n (GB)*; **color printer** *n (US)*	**Farbdrucker**
ink-jet printer *n*	**Tintenstrahldrucker**
laser printer *n*	**Laserdrucker**
printout *n*	**Ausdruck**
processor *n*	**Prozessor**
projector *n*	**Projektor, „Beamer“** *(Scheinanglizismus)*
QWERTY keyboard *n*	**englische Tastatur** *(wegen Buchstabenfolge)*
read only *adj*	**schreibgeschützt**
real time *n*	**Echtzeit**
to reboot *v/t*	**neu booten, neu starten**
to recover *v/t*	**wiederherstellen**
scanner *n* We use a **scanner** to input already existing printed documents.	**Scanner** Wir benutzen einen Scanner, um bereits existierende Druckvorlagen einzugeben.
screen *n*	**Bildschirm**
flat screen *n*	**Flachbildschirm**
server *n* Can I use this program without having to access the **server**?	**Server** Kann ich dieses Programm ohne Zugriff auf den Server benutzen?
terminal *n*	**Terminal**
troubleshooting *n*	**Störungssuche**

upgrade *n* — **Aufrüstung**

It would be advisable to purchase a memory **upgrade** before installing the new software. — Ich würde Ihnen raten, Ihre Speicherkapazität aufzurüsten, bevor Sie die neue Software installieren.

USB (flash) drive, Memory Stick™ *n* — **USB-Stick, Memory Stick®**

VDU (< Visual Display Unit) *n* — **Bildschirm**

---

workstation *n* — **(Computer)Arbeitsplatz**

There are about 40 networked **workstations** in this department. — In dieser Abteilung haben wir ungefähr 40 vernetzte Computerarbeitsplätze.

---

to write to disk *phrase* — **auf Diskette schreiben**

4.2 Software

access *n* — **Zugriff**

I don't seem to have **access** to these files. — Ich habe anscheinend keinen Zugriff auf diese Dateien.

access rights *n pl* — **Zugriffsrechte**

All our confidential company information is protected by **access rights**. — Alle vertraulichen Informationen über unsere Firma sind durch Zugriffsrechte geschützt.

---

to access *v/t* — **zugreifen**

Have you tried **accessing** our home page? — Haben Sie schon versucht, auf unsere Homepage zuzugreifen?

---

antivirus *adj* — **Antiviren-**

All our computers are equipped with **antivirus** software. — All unsere Computer sind mit Antivirensoftware ausgerüstet.

---

application *n* — **Anwendung**

We chose this computer because it is well-suited to DTP **applications**. — Wir haben diesen Computer gewählt, weil er sich besonders für DTP-Anwendungen eignet.

applications software *n*	**Anwenderprogramme**
to back up *v/t* If you normally use the hard disk you should always **back up** your files.	**Dokument sichern, Sicherungskopie anlegen** Wenn Sie normalerweise auf der Festplatte arbeiten, sollten Sie immer eine Sicherungskopie anlegen.
back-up *n*	**Sicherungskopie**
back-up *adj*	**Sicherungs-**
bug *n* Early versions of a program often contain **bugs**.	**Programmierfehler** Die ersten Versionen eines Programms enthalten oft Programmierfehler.
to debug *v/t*	**Programmierfehler beseitigen**
button *n* The small boxes containing the icons act as a **button**.	**Schaltfläche** Die Kästchen mit den Sinnbildern dienen als Schaltfläche.
CAD (< Computer Aided Design) *n*	**CAD (< computergestütztes Design)**
CAL (< Computer Aided Learning) *n*	**CAL (< computergestütztes Lernen)**
CAM (< Computer Aided Manufacture) *n*	**CAM (< computergestützte Produktion)**
CBT (< Computer Based Training) *n*	**CBT (< computergestütztes Lehr- und Lernprogramm)**
clipboard *n*	**Zwischenablage**
command *n*	**Befehl**
compatible *adj*	**kompatibel**

computer literate *adj* I'm fairly **computer literate** but I haven't used networks much previously.	**mit Computern vertraut** Ich bin mit Computern einigermaßen vertraut, aber habe im Umgang mit Netzwerken nicht viel Erfahrung.
copy *n* I can let you have a **copy** of the file on CD, if you like.	**Kopie** Wenn Sie möchten, kann ich Ihnen eine Kopie dieser Datei auf CD geben.
to copy *v/t*	**kopieren**
to crash *v/i* My computer has **crashed**.	**abstürzen** Mein Computer ist abgestürzt.
to create *v/t* You cannot **create** two files with identical names.	**anlegen** *(neues Dokument)* Sie können nicht zwei Dateien mit identischem Namen anlegen.
cursor *n*	**Cursor, Einfügemarke**
data *n (normally used with singular verb form)* Is this **data** reliable?	**Daten** Sind diese Daten verlässlich?
data entry *n* (→ **input**) Large-scale **data entry** is mostly done by scanners these days.	**Dateneingabe** Umfangreiche Dateneingabe erfolgt heutzutage meist per Scanner.
data processing *n*	**Datenverarbeitung, EDV**
Data Protection Act (> DPA) *n* The storage and disclosure of personal information is strictly controlled by the **Data Protection Act**.	**Datenschutzgesetz** Die Speicherung und Weitergabe persönlicher Daten wird durch das Datenschutzgesetz streng kontrolliert.
database *n*	**Datenbank**
to delete *v/t* Just try **deleting** some files to free up memory.	**löschen** Versuchen Sie doch einfach, einige Dateien zu löschen, um Speicherplatz zu schaffen.

directory *n*	**Verzeichnis**
subdirectory *n* Which **subdirectory** did you save the file in?	**Unterverzeichnis** In welchem Unterverzeichnis haben Sie die Datei gespeichert?
to display *v/t* This command will **display** a blank template.	**anzeigen** Mit diesem Befehl können Sie sich eine Formatvorlage anzeigen lassen.
to download *v/t* I **downloaded** this information from the Internet.	**(herunter)laden, downloaden** Ich habe diese Information aus dem Internet heruntergeladen.
DTP (< Desktop Publishing) *n* We have **DTP** software if you need it but our Graphic Design department normally handles complex work.	**Desktop Publishing** DTP-Software ist vorhanden, falls Sie diese benötigen, aber komplexere Arbeiten erledigt normalerweise unsere Grafik- und Designabteilung.
to enter *v/t* Please **enter** your password.	**eingeben** Bitte geben Sie Ihr Kennwort ein.
error message *n* I keep getting the same **error message**.	**Fehlermeldung** Ich bekomme immer die gleiche Fehlermeldung.
to file *v/t* Please **file** this in the “orders received” folder.	**ablegen** Bitte legen Sie das im Ordner „Auftragseingänge“ ab.
file *n (computer)* First save all open **files**, then make a back-up copy.	**Datei** Speichern Sie zuerst alle geöffneten Dateien und fertigen Sie dann eine Sicherheitskopie an.
filename *n* This software allows you to create **filenames** of any length.	**Dateiname** Mit dieser Software können Sie Dateinamen von beliebiger Länge anlegen.
folder *n (computer)* A **folder** can contain files or other folders.	**Ordner** Ein Ordner kann Dateien oder andere Ordner enthalten.

foreign character set *n* You'll find the whole **foreign character set** under the "symbols" sub-menu.	**Sonderzeichen** Sie finden alle Sonderzeichen unter dem Untermenü „Symbole".
to format *v/ti* All these disks are pre- **formatted**.	**formatieren** Diese Disketten sind bereits alle formatiert.
to highlight *v/t* (→ **mark**) First **highlight** the text, then drag it to the desired position.	**hervorheben, markieren** Markieren Sie zunächst den Text und ziehen Sie ihn dann auf die gewünschte Position.
host *n*	**zentraler Rechner, Host**
to install *v/t* Can I **install** the software myself?	**installieren** Kann ich diese Software selbst installieren?
Internet *n*	**Internet**
to load *v/t* I cannot **load** the program you gave me.	**laden** Ich kann das Programm, das Sie mir gegeben haben, nicht laden.
to log on *v/i* Please check that you've **logged on** to the network. **to log off** *v/i*	**sich anmelden, sich einloggen** Bitte überprüfen Sie, dass Sie sich im Netzwerk angemeldet haben. **sich abmelden, sich ausloggen**
Machine-Aided Translation (> MAT) *n*	*(computergestütztes Übersetzungsprogramm)*
manual *n* All of our software includes online **manuals**.	**Handbuch** Unsere gesamte Software enthält Online-Handbücher.
to mark *v/t* (→ **highlight**) You need to **mark** the cell before you can change its format.	**markieren, hervorheben** Sie müssen zuerst die Zelle markieren, bevor Sie das Format ändern können.

menu bar *n*	**Menüleiste**
online service *n* **Online services** are offered by commercial data providers.	**Onlinedienst** Onlinedienste werden von kommerziellen Datendienstleistern angeboten.
operating system *n*	**Betriebssystem**
password *n* Your **password** has expired.	**Kennwort** Ihr Kennwort ist abgelaufen.
pointer *n*	**Mauszeiger**
printer driver *n*	**Druckertreiber**
program *n*	**Programm**
to program *v/t* What language is this **programmed** in?	**programmieren** In welcher Sprache ist das programmiert?
RAM (< random access memory) *n*	**RAM (< Haupt- oder Arbeitsspeicher)**
to retrieve *v/t* If you've accidentally deleted a document, you can **retrieve** it from the recycle bin.	**abfragen, wiederholen, zurückholen** Wenn Sie irrtümlicherweise ein Dokument gelöscht haben, können Sie es aus dem Papierkorb wiederholen.
ROM (< read-only memory) *n*	**ROM (< Lesespeicher)**
to save *v/t* We normally **save** files on the hard disk.	**speichern** Normalerweise speichern wir alle Dateien auf der Festplatte.
to scroll *v/i*	**scrollen, Bildlauf durchführen**
software package *n*	**Softwarepaket**
spreadsheet *n*	**Tabellenkalkulation(sprogramm)**

storage *n*	**Speicher, Speicherung**
template *n* We have devised **templates** for most of our forms and standard letters.	**Formatvorlage** Für die meisten unserer Formulare und Standardbriefe haben wir Formatvorlagen entworfen.
title bar *n*	**Titelleiste**
toolbar *n* You'll find the buttons for the most important menus on the **toolbar**.	**Symbolleiste** Auf der Symbolleiste finden Sie die Schaltflächen der wichtigsten Menübefehle.
to update *v/t* **update** *n*	**aktualisieren** **Update**
user *n*	**Benutzer(in)**
user-friendly *adj* This program is supposed to be **user-friendly**.	**benutzerfreundlich** Dieses Programm ist angeblich benutzerfreundlich.
username *n* You will need a **username** and a password to access data from the network.	**Benutzername, User-Name** Für den Zugriff auf Netzwerkdaten benötigen Sie einen Benutzernamen und ein Kennwort.
voice recognition *n* We are currently trialling **voice recognition** software.	**Spracherkennung** Wir erproben zurzeit Spracherkennungsprogramme.
website *n* You can view all our product information on our **website**.	**Internetseite, Website** Sie können sämtliche Produktinformationen auf unserer Internetseite einsehen.
window *n*	**Fenster**
WWW (< World Wide Web) *n*	**WWW (< Weltweites Netz)**

4.3 Textverarbeitung und Tastatur

“at” sign (> @) *n*	**Klammeraffe**
back shift *n*	**Rücktaste**
blocked *adj*	**geblockt, nicht eingerückt** *(Text)*
bold *adj* The title of this document should be in **bold**.	**fett, (in) Fettdruck** Der Titel dieses Dokuments sollte in Fettdruck erscheinen.
to cancel *v/t*	**löschen**
case sensitive *adj*	**Groß- und Kleinbuchstaben unterscheidend**
to copy *v/t* You first need to mark the paragraph before you can **copy** it.	**kopieren** Sie müssen zuerst den Abschnitt markieren, bevor Sie ihn kopieren können.
to copy and paste *phrase*	**kopieren und einfügen**
to cut and paste *phrase*	**ausschneiden und einfügen**
to double click *v/t*	**doppelt anklicken**
drop down menu *n*	**Pull-down-Menü**
to edit *v/t*	**bearbeiten**
to embolden *v/t* (→ **bold**)	**mit Fettdruck versehen**
font, typeface *n*	**Schriftart**
footer *n*	**Fußzeile**
header *n*	**Kopfzeile**
to indent *v/t* **Indenting** text is less common today.	**einrücken** Das Einrücken von Texten ist heute weniger üblich.

italics *n pl* All product names should appear in **italics**, and not in bold.	**Kursivdruck** Alle Produktnamen sollten in Kursivdruck erscheinen und nicht in Fettdruck.
in italics *phrase*	**kursiv**
key *n*	**Taste**
Alt key *n*	**Alt-Taste**
arrow key *n* You can also use the **arrow key** to move the insertion point to the beginning of your text.	**Cursortaste** Sie können auch die Cursortaste benutzen, um die Einfügemarke zum Textanfang zu bringen.
caps lock key *n*	**Feststelltaste** *(für Umschalttaste)*
command key *n*	**Befehlstaste**
control key *n*	**Steuerungstaste**
delete key *n* First choose the entire row, then press the **delete key**.	**Löschtaste** Markieren Sie erst die gesamte Reihe und drücken Sie dann die Löschtaste.
enter key *n* Most commands have to be confirmed by pressing the **enter key**.	**Eingabetaste** Die meisten Befehle müssen mit der Eingabetaste bestätigt werden.
function key *n* We have stored the German umlauts under **function keys** F1 to F3.	**Funktionstaste** Wir haben die deutschen Umlaute auf den Funktionstasten F1 bis F3 gespeichert.
help key *n*	**Hilfetaste**
key pad *n*	**Tastenfeld**
return key *n*	**Returntaste, Eingabetaste**
shift key *n*	**Umschalttaste, Shifttaste**
tab key *n*	**Tabulatortaste**
to key in *v/t*	**eingeben, eintippen**
landscape format *n*	**Querformat**

left justified *adj*	**linksbündig**
right justified *adj*	**rechtsbündig**
lower case *adj*	**in Kleinbuchstaben, Klein-**
upper case *adj*	**in Großbuchstaben, Groß-**
navigation bar *n*	**Navigationsbalken, Navigationsleiste**
page break *n* Please insert a **page break** after the table.	**Seitenumbruch** Bitte fügen Sie einen Seitenumbruch nach der Tabelle ein.
proofing tools *n (mostly pl)* Your computer has **proofing tools** for English, French and German.	**Korrekturprogramm** Auf Ihrem Computer sind Korrektur-programme für Englisch, Französisch und Deutsch.
resolution *n*	**Auflösung**
to search and replace *phrase*	**suchen und ersetzen**
to sort *v/t*	**sortieren**
space *n*	**Leerschritt**
spacebar *n*	**Leertaste**
spacing *n*	**Abstand**
double spacing *n*	**zweizeiliger Abstand**
single spacing *n*	**einzeiliger Abstand**
to spellcheck *v/t* Make sure you **spellcheck** documents before printing them.	**die Rechtschreibung prüfen** Achten Sie darauf, dass Sie die Rechtschreibung prüfen, bevor Sie das Dokument ausdrucken.
spellchecker *n*	**Rechtschreibprogramm**
tab stop *n*	**Tabulatorstopp**

to underline *v/t (GB)*; **to underscore** *v/t (US)*	**unterstreichen**
word-processing *n*	**Textverarbeitung**
word-processing *adj* Which **word-processing** software are you used to?	**Textverarbeitungs-** Mit welchem Textverarbeitungs-programm sind Sie vertraut?
to work online *phrase*	**online arbeiten**
to work offline *phrase*	**offline arbeiten**

4.4 Internet

address bar *n*	**Adressleiste**
to bookmark *v/t (Internet)*	**einen Favoriten ablegen, ein Lesezeichen ablegen** *(Markierung interessanter Internetadressen, um späteres Wiederfinden zu erleich-tern.)*
browser *n*	**Browser**
chief content officer *n*	**Webseiteninhaltsmanager(in)**
to compress *v/t*	**komprimieren**
dot com *n* The **dot com** boom of the 90s was lucrative but short-lived.	**Internetfirma** Der Boom der Internetfirmen der 90er war lukrativ, aber kurzlebig.
e-commerce *n*	**Internethandel**
emoticons *n* **Emoticons** such as "smileys" :-) help make e-mails more personal.	**Emoticons** Emoticons wie „Smileys" :-) dienen dazu, eine E-Mail persönlicher zu gestalten.

hoax *n*	**(per E-Mail verbreitete) Falschmeldung, „Ente“** *(z. B. Warnung vor einem nicht existierenden Virus mit der Aufforderung zur Weiterleitung)*
information (super) highway *n*	**Datenautobahn, Infobahn**
Internet Service Provider (> ISP) *n*	**Netzprovider, Internet-Provider**
Internet trader *n*	**Internethändler(in)**
online *adj*	**Online-**
phishing *("fishing")* *n*	**Phishing** *(„Abfischen“ persönlicher Daten im Internet, z. B. anhand gefälschter E-Mails und Webseiten, die zur Eingabe von Zugangsdaten, Passwörtern, Kreditkartendetails etc. auffordern)*
portal *n*	**Portal**
search engine *n*	**Suchmaschine**
spam *n*	**Werbemüll im Internet**
spoofing *n*	**Spoofing** *(wörtl.: Schwindelei, Verschleierung; Vortäuschung einer falschen Identität im Internet mit dem Ziel der Untergrabung von Authentifizierungs- und Identifikationsverfahren)*
to surf *v/t*	**surfen**
virtual reality *n*	**virtuelle Realität**

5 Die Firma

5.1 Standort und Geschäftsgebäude

acre *n*	**Acre** *(Flächeneinheit in angelsächsischen Ländern; ca. 4000 m²)*
The site covers about 5 **acres**.	Unser Grundstück umfasst etwa 20 000 m².
air-conditioned *adj*	**mit Klimaanlage, klimatisiert**
base *n*	**Vertretung**
We have regional **bases** throughout the UK.	Wir haben regionale Vertretungen in ganz Großbritannien.
to be based *v/i*	**den Hauptsitz haben**
The company **is based** in Birmingham.	Unsere Firma hat ihren Hauptsitz in Birmingham.
building *n*	**Gebäude**
The **building** on your left houses our research laboratory.	In dem Gebäude links von Ihnen ist unser Forschungslabor untergebracht.
business premises *n pl*	**Geschäftsräume**
Can you recommend a hotel which is within easy walking distance of your **business premises**?	Können Sie ein Hotel in unmittelbarer Nähe Ihrer Geschäftsräume empfehlen?
city centre *n (GB)*; **downtown** *n (US)*	**Stadtmitte, Stadtzentrum, Stadtkern, City**
Our firm is located in the **city centre**.	Unsere Firma befindet sich in der Stadtmitte.
complex *n*	**Komplex**
This whole **complex** will be demolished in order to make way for a modern production plant.	Dieser gesamte Komplex wird abgerissen, um Platz für eine moderne Produktionsanlage zu schaffen.

depot *n (GB)*; **warehouse** *n (US)* Goods are stored at our **depot** in Nottingham prior to distribution to wholesale and retail outlets.	**Depot, Lager** Die Waren werden in unserem Depot in Nottingham gelagert, bevor sie an den Groß- und Einzelhandel ausgeliefert werden.
derelict *adj*	**verfallen, abbruchreif**
energy efficient *adj* The buildings were designed to be as **energy efficient** as possible.	**energiesparend** Die Gebäude sollten so energiesparend wie möglich sein.
factory *n*	**Fabrik**
freehold *n* The company owns the **freehold** of its headquarters in Cambridge. **freehold** *adj*	**Besitzrecht, Eigentum** Der Hauptsitz in Cambridge ist Eigentum der Firma. **Eigentums-**
to get to *v/i* How do I **get to** your company from the railway station?	**finden, kommen, hinkommen** Wie komme ich vom Bahnhof aus zu Ihrer Firma?
green-field site *n (GB)*; **industrial park** *n (US)* We recently moved to a **green-field site** near Wetherby, in Yorkshire.	**Standort, Industriegelände auf der grünen Wiese** Wir sind unlängst auf ein Industriegelände auf der grünen Wiese in der Nähe von Wetherby in Yorkshire gezogen.
head office *n* Our regional offices are controlled from our **head office** in Frankfurt.	**Hauptgeschäftsstelle, Hauptverwaltung** Unsere regionalen Geschäftsstellen unterstehen unserer Hauptgeschäftsstelle in Frankfurt.
headquarters (> H.Q.) *n pl* Our **headquarters** are here in Cambridge.	**Hauptsitz, Zentrale, Stammwerk** Unser Hauptsitz ist hier in Cambridge.

industrial estate *n (GB)* Our premises are in Unit 18 in the Armley **industrial estate**.	**Industriegebiet** Unsere Geschäftsräume sind in Block 18 im Armley Industriegebiet.
industrial site *n*	**Industriegelände**
lease *n* We have a 20-year **lease** on these premises which expires in five years.	**Pachtvertrag** Wir haben für diese Geschäftsräume einen Pachtvertrag über 20 Jahre, der in fünf Jahren ausläuft.
office *n*	**Büro**
individual office *n* All heads of section have **individual offices**.	**eigenes Büro, Einzelraumbüro** Alle Abteilungsleiter haben ein eigenes Büro.
office space *n* Recent expansion has led to a shortage of **office space**.	**Büroraum** Die jüngste Expansion hat zu einer Verknappung an Büroraum geführt.
open-plan office *n*	**Großraumbüro**
on the edge *phrase* Our factory is situated **on the** northern **edge** of town alongside the ring road.	**am Rand** Unsere Fabrik liegt direkt an der Ringstraße am nördlichen Stadtrand.
outskirts *n pl* The company is located on the **outskirts** of Cambridge.	**Außenbezirk** Unsere Firma liegt im Außenbezirk von Cambridge.
parent company *n*	**Mutterfirma**
plant *n* We now produce all our machine tools at our Birmingham **plant**.	**Werk** Wir stellen jetzt all unsere Werkzeugmaschinen in unserem Werk in Birmingham her.
purpose-built *adj* Our design department moved into **purpose-built** accommodation last year.	**speziell angefertigt** Unsere Design-Abteilung ist letztes Jahr in ein speziell angefertigtes Gebäude umgezogen.

registered office *n* This is our **registered office**, as you will have seen from our letterheads.	**eingetragener Sitz der Firma** Dies ist der eingetragene Sitz der Firma, wie Sie aus unserem Briefkopf ersehen haben.
to relocate *v/ti* Some staff are in the process of **relocating** to our new head office.	**verlegen, verlegt werden** *(Fabrik)*, **versetzen, versetzt werden** *(Angestellte)* Wir sind dabei, einige Mitarbeiter an die neue Hauptgeschäftsstelle zu versetzen.
run-down *adj*	**heruntergekommen, abgewirtschaftet**
sciencepark *n*	**Technologiepark**
spacious *adj*	**geräumig**
warehouse *n*	**Lager**

5.2 Firmenpräsentation

branch *n* What **branch** of business are you in?	**Branche** In welcher Branche ist Ihre Firma tätig?
to branch out *v/i* The company originally manufactured radios and televisions, but increasingly we have **branched out**, particularly into computers.	**diversifizieren, sich ausbreiten** Unsere Firma stellte ursprünglich Radios und Fernsehgeräte her, aber wir haben in zunehmendem Maße diversifiziert, vor allem im Computerbereich.
brochure *n*	**Prospekt, Broschüre**
catalogue *n (GB)*; **catalog** *n (US)*	**Katalog**
chart *n*	**Diagramm**

bar chart *n* The **bar chart** shows last year's sales figures by country.	**Balkendiagramm** Im Balkendiagramm sehen Sie für jedes Land die Absatzzahlen des letzten Jahres.
flow chart *n*	**Flussdiagramm**
pie chart *n* This **pie chart** shows the distribution of earnings from all sources.	**Kreisdiagramm** Das Kreisdiagramm zeigt die Einkommensverteilung aus den Gesamteinkünften.
company profile *n*	**Firmenprofil**
consistent quality *phrase* Long-term success in the German market means delivery to a **consistent quality**.	**gleichbleibende Qualität** Langfristiger Erfolg auf dem deutschen Markt bedeutet, dass man Waren gleichbleibender Qualität liefern muss.
day-to-day business *n*	**Tagesgeschäft**
document *n* (→ **information sheet**)	**Unterlage, Informationsmaterial**
employee *n* The number of our **employees** fell slightly last year.	**Beschäftigte(r)** Die Zahl unserer Beschäftigten ist im letzten Jahr leicht zurückgegangen.
to establish *v/i* The company **was established** in 1976.	**gründen, einrichten** Die Firma wurde 1976 gegründet.
factsheet *n*	**Informationsblatt**
folder *n*	**Mappe, Folder**
graph *n* May I refer you to the **graph** on page 13?	**grafische Darstellung, Grafik** Darf ich Sie auf die Grafik auf Seite 13 verweisen?
information pack *n*	**Informationsmaterial**

leading *adj* We are one of the **leading** companies in the publishing industry.	**führend** Wir gehören zu den führenden Unternehmen des Verlagswesens.
logo *n*	**Logo, Firmenzeichen**
management style *n* Our **management style** is informal, hands-on and consultative.	**Führungsstil** Unser Führungsstil ist informell, praktisch ausgerichtet und beruht auf Konsultation der Mitarbeiter.
to manufacture *v/t*	**herstellen**
market *n* **market leader** *n*	**Markt** **Marktführer**
to market *v/t* We **market** this product under different brand names.	**vermarkten** Wir vermarkten dieses Produkt unter verschiedenen Markennamen.
mission statement *n* Our company's **mission statement** includes a commitment to providing continuing education opportunities for our staff.	**Erklärung zur Firmenpolitik** Die Erklärung zur Firmenpolitik schließt ein verpflichtendes Angebot zu Weiterbildungsmöglichkeiten für unsere Mitarbeiter ein.
missionware *n*	**Werbegeschenk**
multi-media *adj n* All staff engaged in promotional activities are provided with these **multi-media** materials.	**Multimedia(-)** Alle Mitarbeiter, die in Werbeaktionen involviert sind, werden mit Multimedia-Materialien versorgt.
organigram *n* This **organigram** shows how the various divisions of the company relate to each other.	**Organigramm** *(schematischer Aufbau einer Organisation)* Dieses Organigramm zeigt, in welcher Beziehung die verschiedenen Abteilungen der Firma zueinander stehen.
overhead projector (> OHP) *n*	**Overheadprojektor**

(overhead) transparency *n* (→ **slide**)	**Overheadfolie, transparente Vorlage**
pictogram *n*	**Piktogramm**
to produce *v/t*	**herstellen, produzieren, erzeugen**
Our company **produces** electronic consumer goods.	Unsere Firma stellt Geräte der Unterhaltungselektronik her.
product *n*	**Produkt**
demonstration of products *n*	**Produktpräsentation**
product guide *n*	**Produktanzeiger**
promotional video *n*	**Werbefilm, Promotionvideo**
It might be useful for you to see our **promotional video** first.	Es wäre vielleicht sinnvoll, wenn Sie sich zunächst unser Promotionvideo anschauten.
public image *n*	**Image, Bild in der Öffentlichkeit**
We take our **public image** very seriously and monitor carefully what the media say about us.	Wir nehmen unser Image in der Öffentlichkeit sehr ernst und verfolgen sorgfältig, was in den Medien über uns berichtet wird.
record growth *n*	**Rekordwachstum**
reputation *n*	**Ruf**
satisfied customers *phrase*	**zufriedene Kunden**
We frequently use letters from **satisfied customers** in our promotional materials.	Wir verwenden häufig Briefe von zufriedenen Kunden in unserem Werbematerial.
slide *n*	**(Overhead)Folie, Transparent**
This **slide** gives a breakdown of our main activities.	Auf dieser Folie sehen Sie eine Aufschlüsselung unserer Haupttätigkeitsbereiche.
supplier *n*	**Zulieferer**

tour of the company *n*
Perhaps we could begin by making a brief **tour of the company**.

Betriebsbesichtigung
Vielleicht sollten wir zunächst eine kurze Betriebsbesichtigung machen.

---

track record *n*
We have a successful **track record** of bringing innovative products to market quickly.

Erfolgsbilanz, Leistungsbilanz
Wir haben eine gute Erfolgsbilanz, innovative Produkte rasch auf den Markt zu bringen.

---

turnover *n*
We have almost doubled our **turnover** in the last five years.

Umsatz
Wir haben unseren Umsatz in den letzten fünf Jahren fast verdoppelt.

6 Kundenbetreuung

6.1 Spesenabrechnung

to afford *v/t*	**sich etwas leisten**
approval *n* Reimbursement of expenses is subject to the **approval** of your line manager.	**Genehmigung** Die Erstattung von Spesen bedarf der Genehmigung Ihres unmittelbaren Vorgesetzten.
bill *n* (→ **invoice**)	**Rechnung**
claim form *n* You will need to complete an expenses **claim form** on a monthly basis.	**Abrechnungsformular** Sie müssen jeden Monat ein Spesenabrechnungsformular ausfüllen.
corporate entertaining *n* In Germany 80 % of expenses for **corporate entertaining** can be written off against tax.	**Bewirtung von Kunden** In Deutschland können 80 % der Spesen für die Bewirtung von Kunden steuerlich abgesetzt werden.
expenses *n pl*	**Spesen, Auslagen**
expense account *n* Do I have access to an **expense account** if I want to take a client out for a meal, for example?	**Spesenkonto** Habe ich Zugang zu einem Spesenkonto, wenn ich zum Beispiel einen Kunden zum Essen einladen möchte?
gift *n*	**Geschenk**
invoice *n*	**Rechnung**
receipt *n* Please attach all **receipts** to your claim form.	**Beleg, Quittung** Bitte legen Sie alle Belege Ihrem Spesenabrechnungsformular bei.
to reimburse *v/t* Will the company **reimburse** me for first or second class rail?	**erstatten** Erstattet die Firma die Bahnfahrt mit erster oder zweiter Klasse?

6.2 Kunden zum Essen einladen

dinner *n*	**Abendessen**
dinner party *n*	**Diner, Abendgesellschaft** *formal*
Would you be free to come to a **dinner party** this evening?	Hätten Sie heute Abend Zeit, zum Diner zu kommen?
to drop off *v/t*	**absetzen**
I can **drop** you **off** at your hotel after we've eaten. It's no problem.	Ich kann Sie nach dem Essen an Ihrem Hotel absetzen. Das ist kein Problem.
invitation *n*	**Einladung**
I'm sorry to have to decline your kind **invitation**, but I already have something on tonight.	Leider muss ich Ihre freundliche Einladung ablehnen, da ich schon für heute Abend verabredet bin.
to invite *v/t*	**einladen**
Can I **invite** you for a drink?	Darf ich Sie auf einen Drink einladen?
to join *v/t*	**mitkommen, sich anschließen**
Why don't you **join** me for lunch?	Kommen Sie doch mit zum Mittagessen.
lunch *n*	**Mittagessen**
Let's have **lunch** sometime next week.	Gehen wir doch nächste Woche mal zusammen Mittag essen!
to meet *v/ti*	**treffen**
We'll **meet** outside the Opera at 7.00.	Wir treffen uns um sieben vor der Oper.
to pick sb. up *v/t*	**abholen**
I'll **pick** you **up** from your hotel at 7.30 this evening, then.	Dann hole ich Sie heute Abend um 19.30 Uhr im Hotel ab.
working breakfast *n*	**Arbeitsfrühstück**
working lunch *n*	**Arbeitsessen**

6.3 Im Restaurant

bill *n (GB)*; **check** *n (US)*	**Rechnung** *(im Restaurant)*
to book *v/t* I've **booked** us a table at the Chinese restaurant.	**reservieren, buchen** Ich habe uns einen Tisch im China-Restaurant reservieren lassen.
buffet *n*	**Büfett**
business card *n* May I give you my **business card**?	**Visitenkarte** Darf ich Ihnen meine Visitenkarte geben?
to choose *v/ti* Have you already **chosen**, Sir?	**wählen, auswählen** Haben Sie schon gewählt?
course *n*	**Gang** *(in der Speisenfolge)*
dessert *n* What would you like for **dessert**?	**Nachspeise, Nachtisch, Dessert** Was möchten Sie zum Nachtisch?
drink *n* Would you like a **drink** before your meal?	**Getränk, Drink** Möchten Sie vor dem Essen etwas trinken?
followed by *phrase* I think I'll start with celery soup, **followed by** lamb, please.	*(wörtl.)* **gefolgt von** Ich denke, ich nehme erst die Selleriesuppe und dann das Lammfleisch, bitte.
to get back *v/i* How are you **getting back** to your hotel?	**zurückkommen** Wie kommen Sie denn in Ihr Hotel zurück?
to get in touch *v/i* I'll **get in touch** with you next week.	**sich (wieder) melden** Ich melde mich dann nächste Woche wieder.
to get *colloq v/t* Let me **get** this.	**bezahlen, übernehmen, machen** *ugs* Ich übernehme das.
hors d'œuvre *n* (→ **starter**)	**Vorspeise, Hors d'œuvre**

lavatory *n (GB)*; **restroom** *n (US)*	**Toilette**
main course *n (GB)*; **entrée** *n (US)*	**Hauptgericht**
maitre d' (< maitre d'hotel) *n*	**Oberkellner** *(die Person, von der man am Eingang empfangen wird, und von der man seinen Platz zugewiesen bekommt)*
menu *n* Could we have the **menu**, please?	**Speisekarte** Wir hätten gern die Speisekarte.
set menu *n*	**Tageskarte, Mittagskarte**
mistake *n* There seems to be a **mistake** in the bill. We only ordered two bottles of wine.	**Fehler, Irrtum** Ich glaube, Sie haben sich in der Rechnung geirrt. Wir hatten nur zwei Flaschen Wein bestellt.
to mix business with pleasure *phrase* It's nice to be able to **mix business with pleasure** once in a while.	**das Angenehme mit dem Nützlichen verbinden** Es ist schön, hin und wieder das Angenehme mit dem Nützlichen verbinden zu können.
to order *v/t* Are you ready to **order**?	**bestellen** Möchten Sie bestellen?
pudding *n (GB)*; **dessert** *n* Traditional English **puddings** are a house speciality.	**Nachspeise** Der traditionelle englische Pudding ist eine Spezialität des Hauses.
to recommend *v/t* Can you **recommend** a good restaurant?	**empfehlen** Können Sie mir ein gutes Restaurant empfehlen?
highly recommended *adj* The French restaurant round the corner is **highly recommended**.	**höchst empfehlenswert** Das französische Restaurant um die Ecke ist sehr empfehlenswert.
service *n* The **service** is normally very good here.	**Bedienung, Service** Die Bedienung ist normalerweise sehr gut hier.

to specialise in *v/i (GB)*; **to specialize in** *v/i (US)*	**spezialisiert sein auf**
This restaurant **specialises in** fish dishes.	Dieses Restaurant hat sich auf Fischgerichte spezialisiert.
spicy *adj*	**scharf**
Do you like **spicy** food?	Mögen Sie scharfes Essen?
to start with *v/i*	**beginnen**
What would you like to **start with**?	Womit möchten Sie beginnen?
starter *n (GB)*; **appetizer** *n (US)*	**Vorspeise**
I'll have garlic prawns as a **starter**.	Ich nehme Krabben in Knoblauchsoße als Vorspeise.
sweet *colloq n* (→ **dessert**)	**süße Nachspeise**
That's on me. *colloq phrase*	**Das geht auf mich.** *ugs*
tip *n*	**Trinkgeld**
to leave a tip *v/ti*	**Trinkgeld geben**
vegetarian *adj*	**vegetarisch**
Are there any **vegetarian** meals on the menu?	Gibt es vegetarische Gerichte auf der Karte?
vegetarian *n*	**Vegetarier(in)**
waiter *n*	**Kellner, Herr Ober!**
waitress *n*	**Kellnerin**
wine list *n*	**Weinkarte**
May I see the **wine list**, please?	Ich hätte gern die Weinkarte.

7 Auf der Bank

7.1 Dienstleistungen

a/c payee only (< account payee only) *phrase (GB)*; **for deposit only** *phrase (US)* (→ **cross**)	**nur an Empfänger** *(entspricht der Streichung des Zusatzes „oder Überbringer" und kann nur vom Zahlungsempfänger eingelöst werden)*
account *n*	**Konto**
account holder *n*	**Kontoinhaber(in)**
account number *n*	**Kontonummer**
current account *n (GB)*; **checking account** *n (US)*	**Girokonto, laufendes Konto**
deposit account, savings account *n*	**Einlagenkonto, Sparkonto**
joint account *n* Is this account in your name only or is it a **joint account**?	**gemeinsames Konto** Wird dieses Konto auf Ihren Namen geführt oder ist das ein gemeinsames Konto?
to open an account *phrase* I would like to **open an account** with your bank, please.	**ein Konto eröffnen, ein Konto einrichten** Ich möchte gern bei Ihrer Bank ein Konto eröffnen.
balance *n* Your current account is showing a credit **balance** of £ 1,259.	**Kontostand, Saldo** Der Kontostand auf Ihrem Girokonto beträgt £ 1259.
bank *n*	**Bank**
bank card *n* (→ **cheque card**)	**Scheckkarte, Bank-Card**
bank cashier *n*	**Kassierer(in)**
bank charges *n pl* **Bank charges** are waived if your account balance does not drop below £ 100.	**Kontoführungsgebühren** Solange Ihr Kontostand nicht unter £ 100 fällt, werden keine Kontoführungsgebühren erhoben.
bank clerk *n*	**Bankangestellte(r)**

bank counter *n*	**Bankschalter**
bank manager *n*	**(Zweigstellen)Leiter(in)**
(bank) safe *n*	**Banktresor**
(bank) sort code *n*	**Bankleitzahl**
(bank) till *n*	**Kasse**
banker's draft *n* When a bank issues a **banker's draft** at a cost to the customer, the cheque is guaranteed by the bank.	**Bankscheck** Bei der Ausstellung eines Bankschecks übernimmt die Bank gegen Zahlung einer Gebühr des Kunden die Garantie für diesen Scheck.
banker's order *n* (→ **standing order**)	**Dauerauftrag**
to bounce *colloq v/i* (→ **to return**) The cheque **bounced** because she had already closed the account.	**platzen** Der Scheck ist geplatzt, da sie ihr Konto bereits aufgelöst hatte.
branch *n*	**Zweigstelle, Filiale**
branch manager *n*	**Zweigstellenleiter(in), Filialleiter(in)**
building society *n*	**Bausparkasse**
business account *n*	**Geschäftskonto**
cash *n*	**Bargeld**
cash point card *n (GB)*; **ATM card** *n (US)* The **cash point card** allows you to withdraw cash at any time.	**Geldautomatenkarte** Mit der Geldautomatenkarte können Sie zu jeder Zeit Geld abheben.
cash point *n (GB)*; **ATM (< automated teller machine)** *n (US)* Your **cash point** has just swallowed my card!	**Geldautomat** Ihr Geldautomat hat gerade meine Karte geschluckt!

cash *adj adv* — **bar**
Do you want to pay **cash** or by cheque? — Möchten Sie bar oder mit Scheck bezahlen?

---

cheque *n (GB)*; **check** *n (US)* — **Scheck**
Do not keep your **cheque** book and card together. — Bitte bewahren Sie Scheckbuch und Scheckkarte getrennt voneinander auf.

blank cheque *n (GB)*; **blank check** *n (US)* — **Blankoscheck**

to cash a cheque *phrase (GB)*; **to cash a check** *phrase (US)* — **einen Scheck einlösen**

cheque card *n (GB)*; **check card** *n (US)* — **Scheckkarte**

counter cheque *n (GB)*; **counter check** *n (US)* — **Notscheck, Behelfsscheck**
I've forgotten my cheque book. Could I have a **counter cheque**, please? — Ich habe mein Scheckbuch vergessen. Könnte ich bitte einen Notscheck haben?

crossed cheque *n (GB)*; **check for deposit only** *n (US)* — **Verrechnungsscheck**

open cheque *n (GB)*; **open check** *n (US)* — **Barscheck, Blankoscheck**

to stop a cheque *phrase (GB)*; **to stop a check** *phrase (US)* — **einen Scheck sperren lassen**
I'd like to report the loss of my payment card and **stop** two **cheques** I wrote yesterday. — Ich möchte den Verlust meiner Scheckkarte melden und zwei Schecks, die ich gestern ausgestellt habe, sperren lassen.

---

to clear *v/t* — **verrechnen, abbuchen**
How long will it take for the cheque to **clear**? — Wie lange dauert es, bis der Scheck verrechnet ist?

to close *v/t* I'm returning to Germany shortly and would like to **close** my deposit account with you.	**auflösen, schließen** Ich kehre bald nach Deutschland zurück und möchte mein Sparkonto bei Ihnen auflösen.
to countersign *v/t*	**gegenzeichnen**
credit *n*	**Haben(saldo), Guthaben, Kredit**
to buy on credit *phrase* All goods were **bought on credit**.	**auf Kredit kaufen** Alle Waren wurden auf Kredit gekauft.
credit card *n*	**Kreditkarte**
credit limit *n* Your **credit limit** is £ 800 at present.	**Kreditrahmen** Ihr Kreditrahmen beträgt zurzeit £ 800.
credit slip *n* (→ **paying-in slip**)	**Einzahlungsbeleg, Einzahlungsschein**
to credit *v/t* We will **credit** you with the full amount which was debited to your account in error.	**gutschreiben** Wir werden Ihnen den vollen Betrag gutschreiben, der irrtümlicherweise von Ihrem Konto abgebucht wurde.
to cross *v/t (GB)* Please **cross** the cheque by writing "a/c payee" on it.	**„nur zur Verrechnung" schreiben** Bitte schreiben Sie „nur zur Verrechnung" über den linken Rand des Schecks.
debit card *n*	**ec-Karte**
deposit account *n* (→ **savings account**)	**Sparkonto, Einlagenkonto**
direct debit *n* You can pay regular bills for variable amounts by **direct debit**.	**Lastschrift** Sie können wiederkehrende Rechnungen unterschiedlicher Höhe durch ein Lastschriftverfahren begleichen.
down payment *n*	**Anzahlung**
due *adj*	**fällig, zahlbar**

expiry date *n (GB)*; **expiration date** *n (US)* What is the **expiry date** on your card?	**Ablaufdatum, Verfallsdatum** Wie lange ist Ihre Karte gültig?
free banking *n*	**Bankgebührenfreiheit**
home banking *n*	**Homebanking**
in the black *colloq phrase* (→ **credit**)	**in den schwarzen Zahlen**
in the red *colloq phrase* (→ **overdrawn**)	**in den roten Zahlen**
interest rate *n* What is the **interest rate** on deposit accounts?	**Zinssatz** Wie hoch ist der Zinssatz auf Sparkonten?
investment account *n*	**Festgeldkonto**
IOU (< I owe you) *n*	**Schuldschein**
to make out to *v/t* I **made** the cheque **out to** Mr A. N. Jones.	**ausstellen auf** Ich habe den Scheck auf Herrn A. N. Jones ausgestellt.
to make payable to *v/t* Please **make** the cheque **payable to** Mr Richard Hardaker.	**ausstellen auf** Bitte stellen Sie den Scheck auf Herrn Richard Hardaker aus.
money order *n*	**Zahlungsanweisung**
monthly payment *n* My **monthly payments** will amount to around £ 1,000.	**monatliche Zahlung, monatliche Ausgaben** Meine monatlichen Ausgaben werden etwa £ 1000 betragen.
overdraft facilities *n pl* I would like to arrange **overdraft facilities** for the first three months.	**Überziehungskredit, Dispositionskredit** Ich würde gern einen Dispositionskredit für die ersten drei Monate vereinbaren.

overdrawn *adj* I'm afraid your account is **overdrawn** by £ 160.	**überzogen** Es tut mir leid, aber Ihr Konto ist um £ 160 überzogen.
to owe *v/t*	**schulden**
to pay into *v/t (GB)*; **to deposit** *v/t (US)* I would like to **pay** some cheques **into** my account, please.	**einzahlen** Ich möchte gern ein paar Schecks auf mein Konto einzahlen.
to be payable to *phrase* The cheque **is payable to** Dakin & Co.	**zahlbar sein an, gehen an** Dieser Scheck ist zahlbar an Dakin & Co.
payee *n*	**Zahlungsempfänger(in)**
payments *n pl (on statement)*	**Soll** *(auf dem Kontoauszug)*
to return *v/t* Unfortunately the cheque was **returned** by Mr Harpagon's bank because his account is overdrawn.	**zurücksenden, nicht einlösen** Leider wurde der Scheck von Herrn Harpagons Bank zurückgesandt, da sein Konto nicht gedeckt ist.
safe deposit box *n*	**Schließfach**
to sign *v/t*	**unterschreiben**
signature *n* **specimen signature** *n* You will need to provide the bank with a **specimen signature**.	**Unterschrift** **Unterschriftsprobe** Sie müssen bei Ihrer Bank eine Unterschriftsprobe hinterlegen.
standing order *n* You can pay regular bills for fixed amounts by **standing order**.	**Dauerauftrag** Sie können regelmäßig wiederkehrende Zahlungen des gleichen Betrages per Dauerauftrag bezahlen.
statement *n* Your **statement** contains three main columns – receipts, payments and balance.	**Kontoauszug** Ihr Kontoauszug weist drei wichtige Spalten auf: Haben, Soll und Saldo.

tele(phone) banking *n* **Telephone banking** offers a limited range of banking services via the telephone.	**Telebanking** Telebanking bietet Ihnen eine begrenzte Reihe von Bank-dienstleistungen per Telefon.
transfer *n (GB)*; **remittance** *n (US)* I will arrange for an initial **transfer** to be made from my German account.	**Überweisung** Ich werde eine erstmalige Überweisung von meinem deutschen Konto veranlassen.
to transfer *v/ti* I would like to **transfer** £ 200 per month from my current account to my deposit account, please.	**überweisen** Ich möchte monatlich £ 200 von meinem Girokonto auf mein Sparkonto überweisen.
valid *adj* The cheque is **valid** for 6 months.	**gültig** Der Scheck ist sechs Monate lang gültig.
to waive charges *phrase*	**Gebühren erlassen, keine Gebühren erheben, auf Gebühren verzichten**
to withdraw *v/t* I would like to **withdraw** £ 250 from my current account, please.	**abheben** Ich möchte gern £ 250 von meinem Girokonto abheben.

7.2 Geldumtausch

to cash *v/t* Can I **cash** these traveller's cheques, please?	**einlösen** Kann ich bitte diese Reiseschecks einlösen?
to change *v/t* I'd like to **change** 500 euros into Sterling, please.	**umtauschen** Ich möchte gerne 500 Euro in englische Pfund umtauschen.
coin *n* You can only return foreign notes but not **coins**, I'm afraid.	**Münze** Sie können leider nur ausländische Banknoten zurückgeben, aber keine Münzen.

commission *n* We charge a flat rate **commission** of 1.5 % on currency exchange.	**Gebühr, Provision** Wir berrechnen eine allgemeine Gebühr von 1,5 % für den Devisentausch.
currency *n*	**Währung, Banknoten**
denomination *n*	**Einheit, Nennwert**
exchange rate *n* What is the **exchange rate** at the moment?	**Wechselkurs** Wie steht der Wechselkurs im Moment?
foreign department *n (GB)*; **international department** *n* The **foreign department** is on the first floor.	**Auslandsschalter** Der Auslandsschalter ist im ersten Stock.
foreign exchange markets *n pl* The **foreign exchange markets** are fairly volatile at the moment.	**Devisenmärkte** Die Devisenmärkte sind im Moment ziemlich unbeständig.
(bank)note *n (GB)*; **bill** *n (US)* We can only exchange **notes**, Sir.	**Banknote, Geldschein** Wir können nur Banknoten umtauschen.
to order *v/t* I would like to **order** £ 200 in American dollars, please.	**bestellen** Ich möchte gern für £ 200 amerikanische Dollar bestellen.
traveller's cheque *n (GB)*; **traveler's check** *n (US)*	**Reisescheck, Travellerscheck**
unspent *adj* Can I redeem £ 70 worth of **unspent** traveller's cheques, please?	**nicht benutzt, nicht ausgegeben** Ich möchte bitte nicht benutzte Reiseschecks im Wert von £ 70 zurückgeben.

8 Geschäftsreisen

8.1 Geschäftsreisen buchen

(aero)plane *n (GB)*; **(air)plane** *n (US)*	**Flugzeug, Maschine**
baggage allowance, luggage allowance *n* I'm afraid your **baggage allowance** is only 20 kg.	**Freigepäck** Es tut mir leid, aber Ihr Freigepäck beträgt nur 20 kg.
bank holiday *n (GB)*; **public holiday** *n (US)* This train does not operate on **public holidays**.	**gesetzlicher Feiertag** Dieser Zug verkehrt nicht an gesetzlichen Feiertagen.
(fully) booked *adj* I'm afraid the flight is **fully booked**, Sir.	**(aus)gebucht** Es tut mir leid, aber der Flug ist schon ausgebucht.
booking *n* Please confirm the **booking** 24 hours before departure.	**Buchung** Bitte bestätigen Sie Ihre Buchung 24 Stunden vor Ihrem Abflug.
by car *phrase* It'll take you about 2 hours **by car**.	**mit dem Auto** Mit dem Auto brauchen Sie etwa zwei Stunden.
cabin *n*	**Kabine**
car hire company *n (GB)*; **car rental agency** *n (US)*	**Autoverleih(firma)**
carry-on luggage *n*	**Handgepäck**
to check in *v/t* We recommend that you **check in** as soon as you reach the airport.	**einchecken** Wir empfehlen Ihnen, gleich nach Ihrer Ankunft am Flughafen einzuchecken.
check-in time *n*	**Eincheckzeit**
class *n*	**Klasse**

coach service *n (GB)*; **bus service** *n (US)*	**Busverbindung**
There is a regular **coach** and train **service** from the airport to the city centre.	Es gibt eine regelmäßige Bus- und Zugverbindung zwischen Flughafen und Stadtzentrum.
to connect with *v/ti*	**Anschluss haben an**
This train **connects with** the 10.56 Intercity service to Birmingham.	Sie haben Anschluss an den Intercity nach Birmingham, planmäßige Abfahrt 10.56 Uhr.
crossing *n*	**Fähre, Überfahrt**
There is a **crossing** every 90 minutes in the high season.	In der Hochsaison fahren die Fähren alle 90 Minuten.
day return *n (GB)*	**Tagesrückfahrkarte**
A **day return** to London, please.	Eine Tagesrückfahrkarte nach London, bitte.
cheap day return *n (GB)*	**verbilligte (Tages)Rückfahrkarte** *(für Fahrten außerhalb der Hauptverkehrszeiten)*
Cheap day returns are not available for peak time travel.	Die verbilligte Tagesrückfahrkarte ist nicht während der Hauptverkehrszeit gültig.
departure *n*	**Abfahrt(szeit), Abflug(zeit)**
Please check your **departure** on the departures board at the airport.	Bitte überprüfen Sie die Abflugszeit auf der Anzeigetafel im Flughafen.
driving licence *n (GB)*; **driver's license** *n (US)*	**Führerschein**
Could I see your **driving licence** please, Sir?	Kann ich bitte Ihren Führerschein sehen?
ferry *n*	**Fähre**
car ferry *n*	**Autofähre**
flight *n*	**Flug**
charter flight *n*	**Charterflug**
direct flight *n*	**Direktflug**
domestic flight *n*	**Inlandsflug**

flight time *n*	**Flugdauer**
international flight *n*	**internationaler Flug**
scheduled flight *n*	**Linienflug**
to fly from *v/ti* Which airport will I be **flying from**?	**abfliegen von** Von welchem Flughafen werde ich abfliegen?
to hire *v/t (GB)*; **to rent** *v/t (US)* I'd like to **hire** a car, please.	**mieten** Ich würde gern ein Auto mieten.
insurance *n*	**Versicherung**
accident insurance *n*	**Unfallversicherung**
car insurance *n*	**Haftpflichtversicherung**
medical insurance *n*	**Krankenversicherung**
itinerary *n* A detailed **itinerary** is enclosed in your travel pack.	**Reiseplan, Reiseverbindung** Ein detaillierter Fahrplan liegt Ihren Reiseunterlagen bei.
open *adj* All flights to Stuttgart are showing **open** at the moment, so do you want me book you a seat?	**frei** Alle Flüge nach Stuttgart sind zurzeit noch frei. Soll ich Ihnen einen Platz buchen?
passenger *n*	**Passagier(in)**
peak times *n pl (GB)*; **rush hour** *n* Reservations are recommended on Intercity trains at **peak times**.	**Hauptverkehrszeit** Während der Hauptverkehrszeiten empfehlen wir Ihnen, für den Intercity eine Platzreservierung vorzunehmen.
railway station *n (GB)*; **train station** *n (US)* The nearest **railway station** is Paddington.	**Bahnhof, Bahnstation** Der nächste Bahnhof ist Paddington.
to reserve *v/t*	**reservieren**

return fare *n (GB)*; **round trip fare** *n (US)* How much is the first class **return fare** from Manchester to Birmingham, please?	**Preis für eine Rückfahrkarte, Preis für ein Rückflugticket** Wieviel kostet eine Rückfahrkarte erster Klasse von Manchester nach Birmingham, bitte?
return (ticket) *n (GB)*; **round trip** *n (US)* A **return** to Manchester, please.	**Rückfahrkarte, Rückflugticket, hin und zurück** Manchester, hin und zurück, bitte.
season ticket *n*	**Zeitkarte**
seat *n* Would you like a window **seat** or a **seat** near the aisle?	**Platz** Möchten Sie am Fenster oder am Gang sitzen?
shuttle (service) *n* There is a **shuttle service** from the mainline station to terminal 1.	**Pendelservice, Shuttle** Es gibt einen Pendelservice vom Hauptbahnhof zu Terminal 1.
single (ticket) *n (GB)*; **one way** *n (US)* A **single** to Glasgow, please.	**einfache Fahrt, einfacher Flug, einfach** Einmal Glasgow, einfach, bitte.
stopover *n (GB)*; **layover** *n (US)* Is there a direct flight or will I have to make a **stopover** in Bangkok?	**Zwischenaufenthalt, Stopover** Gibt es einen Direktflug oder muss ich in Bangkok zwischenlanden?
supplement *n (GB)*; **surcharge** *n (US)* In Germany a **supplement** is payable on all Intercity trains.	**Zuschlag** In Deutschland ist für alle Intercity-Züge ein Zuschlag zu entrichten.
ticket office *n*	**Fahrkartenausgabe** *(Bahn)*, **Verkaufsschalter** *(Flughafen)*
travel agency *n*	**Reisebüro**
travel agent *n*	**Reisebürokaufmann, Reisebürokauffrau**
travel insurance *n*	**Reiseversicherung**

underground, tube *n (GB)*; **subway** *n (US)*	**U-Bahn**
underground station, tube station *n (GB)*; **subway station** *n (US)*	**U-Bahn-Station, U-Bahn-Haltestelle**
You will find us approximately 100 yards from Tottenham Court Road **tube station**.	Sie finden uns etwa 100 Yards (91 m) von der U-Bahn-Station „Tottenham Court Road".
visa *n*	**Visum**

8.2 Unterwegs

announcement *n*	**Durchsage**
This is an **announcement** for passengers travelling on the 17.45 service to Worthing.	Dies ist eine Durchsage für Reisende nach Worthing, planmäßige Abfahrt 17.45 Uhr.
arrivals lounge *n*	**Wartehalle, Wartesaal**
baggage *n*	**Gepäck** *(besonders Luftfahrt)*
excess baggage *n*	**Übergepäck**
to board *v/t*	**einsteigen, boarden**
Air UK Flight 902 is now ready to **board**.	Der Air UK Flug 902 ist jetzt zum Einsteigen bereit.
boarding card *n*	**Bordkarte**
booking office *n*	**Fahrkartenschalter**
Can you direct me to the **booking office**, please?	Könnten Sie mir sagen, wo der Fahrkartenschalter ist?
buffet service *n*	**Bistro(-Café)**
There is a **buffet** and restaurant **service** on the train.	Dieser Zug bietet Ihnen ein Bistro-Café und Bordrestaurant.
call *n*	**Aufruf**

last call *n (GB)*; **final boarding call** *n (US)* This is the **last call** for Lufthansa flight LHF 206 to Rome.	**letzter Aufruf** Dies ist der letzte Aufruf für den Lufthansa-Flug LHF 206 nach Rom.
to call *v/t* Your flight will be **called** in about 30 minutes.	**aufrufen** Ihr Flug wird in etwa 30 Minuten aufgerufen.
to cancel *v/t* We regret to announce that the 10.35 service to Bath has been **cancelled** due to an equipment failure.	**streichen, ausfallen lassen** Wegen eines technischen Fehlers muss die Zugverbindung nach Bath, planmäßige Abfahrt 10.35 Uhr, leider ausfallen.
customs *n pl*	**Zoll**
customs allowance *n*	**anmeldefreie Wareneinfuhr, abgabenfreie Wareneinfuhr, zollfreie Wareneinfuhr**
delay *n*	**Verspätung**
delayed *adj* The train now arriving at platform 3 is the **delayed** 17.26 Intercity service from London Kings Cross.	**verspätet** Auf Gleis 3 hat Einfahrt der verspätete Intercity aus London Kings Cross, planmäßige Ankunft 17.26 Uhr.
to depart *v/i* The train **departs** from platform 10 in 3 minutes.	**(ab)fahren, abfliegen** Der Zug fährt in drei Minuten von Gleis 10.
departure lounge *n (airport)*	**Abflughalle**
green channel *n* If you have nothing to declare you can go through the **green channel**.	**grüner Ausgang, anmeldefreie Waren** Wenn Sie nichts zu verzollen haben, können Sie durch den grünen Ausgang gehen.
red channel *n*	**roter Ausgang, anmeldepflichtige Waren**

lost property (office) *n (GB)*; **lost and found** *n (US)*	**Fundbüro**
The **lost property office** is near the main entrance.	Das Fundbüro ist in der Nähe des Haupteingangs.
luggage *n (GB)*	**Gepäck**
left luggage office *n*	**Gepäckaufbewahrung**
luggage compartment *n*	**Gepäckfach**
luggage rack *n*	**Gepäckablage**
to miss *v/t*	**verpassen**
I'm afraid I've **missed** my connection to Selby. Can you tell me when the next train is, please?	Es tut mir leid, aber ich habe meinen Anschluss nach Selby verpasst. Können Sie mir bitte sagen, wann der nächste Zug fährt?
on business *phrase*	**geschäftlich**
I'm here **on business**.	Ich bin geschäftlich hier.
passport control *n*	**Passkontrolle**
platform *n*	**Bahnsteig, Gleis**
The train leaves from **platform** 12.	Der Zug fährt von Bahnsteig 12 ab.
to report to *v/i*	**sich melden bei**
Will passengers Smith and Jones on Air Sonic flight 903 to London please **report** immediately **to** the Air Sonic desk?	Die Passagiere Smith und Jones, Air Sonic Flug 903, werden gebeten, sich umgehend beim Air Sonic-Schalter zu melden.
taxi, cab *n*	**Taxi**
taxi rank *n (GB)*; **taxi stand** *n (US)*	**Taxistand**
ticket inspector *n (GB)*; **conductor** *n (US)*	**Kontrolleur(in)**

touchdown centre *n (GB)*; **touchdown center** *n (US)* — **Touchdownzentrum**
Many large airports have a **touchdown centre** where managers can work online during their layover.
Viele große Flughäfen haben ein Touchdownzentrum, in dem Manager während ihres Zwischenaufenthalts online arbeiten können.

transit lounge *n* — **Wartehalle, Wartesaal**
Passengers continuing their journey should proceed to **transit lounge** 3b.
Transitreisende werden gebeten, sich in die Wartehalle 3b zu begeben.

8.3 Hotel buchen

5 star hotel *n* — **5-Sterne-Hotel**

to book *v/t* — **buchen, reservieren**
We have **booked** you a room in the Excelsior Hotel for tomorrow night.
Für morgen Abend haben wir für Sie ein Zimmer im Excelsior Hotel reserviert.

booking *n* — **Reservierung**
I'm ringing about the hotel **booking** I made this morning.
Ich rufe wegen der Hotelreservierung von heute Morgen an.

conference facilities *n pl* — **Konferenzeinrichtung, Konferenzraum**
Can you check whether the hotel has **conference facilities** for about 20 people, please?
Können Sie bitte nachfragen, ob das Hotel Konferenzeinrichtungen für etwa 20 Teilnehmer hat?

continental breakfast *n* — **kleines (europäisches) Frühstück**

full English breakfast *n* — **englisches Frühstück**
A **full English breakfast** is included in the price.
Ein englisches Frühstück ist im Preis einbegriffen.

discount *n* — **Rabatt, Nachlass**
Do you offer **discounts** for regular users of your hotels?
Gibt es in Ihrem Hotel einen Rabatt für Stammkunden?

escalator *n*	**Rolltreppe**
full board *n* Our hotel offers a concessionary rate for **full board**.	**Vollpension** Unser Hotel bietet Ihnen einen Sonderpreis für Vollpension.
half board *n*	**Halbpension**
group booking *n* Can we obtain a discount for **group bookings**?	**Gruppenreisen** Bekommen wir einen Rabatt für Gruppenreisen?
high season *n*	**Hochsaison**
low season *n (GB)*; **shoulder season** *n (US)*	**Nebensaison**
lift *n (GB)*; **elevator** *n (US)*	**Aufzug, Lift, Fahrstuhl**
to be located *v/i* The hotel is **located** near the city centre.	**liegen, gelegen sein** Das Hotel liegt in der Nähe des Stadtzentrums.
location *n* I will send you a plan showing the **location** of the hotel.	**Lage** Ich schicke Ihnen einen Lageplan des Hotels.
to meet *v/t* Could you arrange for someone to **meet** me at the airport, please?	**treffen, abholen** Könnten Sie bitte veranlassen, dass mich jemand vom Flughafen abholt?
parking facilities *n pl*	**Parkmöglichkeiten**
quotation *n*	**Kostenvoranschlag**
rate *n* What is your **rate** for a single room?	**Preis** Was kostet ein Einzelzimmer?
restaurant facilities *n pl* I will need to entertain business friends. So can you check that the hotel has **restaurant facilities**, please?	**Restaurant** Ich muss Geschäftskunden zum Essen ausführen. Können Sie bitte nachprüfen, ob das Hotel ein Restaurant hat?

room *n* What type of **room** do you require, Sir?	**Zimmer** Was für ein Zimmer wünschen Sie bitte?
double room *n*	**Doppelzimmer**
meeting room *n* Can you check that the hotel has a **meeting room**, please?	**Konferenzraum** Können Sie bitte überprüfen, ob das Hotel über einen Konferenzraum verfügt?
single room *n*	**Einzelzimmer, Einbettzimmer**
twin-bedded room *n*	**Zweibettzimmer**
sport and leisure facilities *n pl* The hotel has first-class **sport and leisure facilities**.	**Sportanlagen und Freizeiteinrichtungen** Das Hotel hat erstklassige Sportanlagen und Freizeiteinrichtungen.

8.4 Im Hotel

access to the Internet *n*	**Internetzugang**
bath *n* All rooms are equipped with **bath** or shower-rooms and toilets.	**Bad** Alle Zimmer sind mit Bad oder Dusche und Toilette ausgestattet.
bill *n* Can I pay my **bill** by Visa card?	**Rechnung** Kann ich meine Rechnung mit Visa-Karte bezahlen?
to check out *v/i* Mr Stanton **checked out** earlier today.	**abreisen** Herr Stanton ist heute abgereist.
deposit *n*	**Anzahlung**
Do not disturb! *phrase*	**Bitte nicht stören!**
to expect *v/t* I'm **expecting** a Mr Fernberg at around 6 p.m. Could you call me when he arrives, please.	**erwarten** Ich erwarte Herrn Fernberg gegen 18 Uhr. Könnten Sie mich bitte anrufen, wenn er eintrifft?

hotel foyer *n (GB)*; **hotel lobby** *n (US)*	**Foyer, Lobby**
hotel lounge *n*	**Hotelhalle, Lounge**
hotel reception *n*	**Rezeption**
itemised bill *n (GB)*; **itemized bill** *n (US)*	**Rechnung mit Einzelposten**
message *n* Has anybody left a **message** for me, please?	**Nachricht** Hat jemand eine Nachricht für mich hinterlassen?
porter *n* The **porter** will help you with your luggage, Sir.	**Portier** Der Portier wird Ihnen mit dem Gepäck helfen.
room number *n*	**Zimmernummer**
room service *n*	**Zimmerservice**
under the name of *phrase* Good evening, I've booked a room **under the name of** Mosdal.	**auf den Namen** Guten Abend, ich habe ein Zimmer auf den Namen Mosdal gebucht.
wake-up call *n* I'd like to book a **wake-up call** for 6 a.m., please.	**Weckruf** Ich möchte gern um 6 Uhr morgen früh geweckt werden.

Thematischer Wortschatz

1 Die Wirtschaft

1.1 Wirtschaftliche Grundbegriffe

• **branch of industry** *n* The introduction of the minimum wage affects all **branches of industry**.	**(Industrie)Branche, Zweig** Die Einführung des Mindestlohnes betrifft alle Industriebranchen.
capital intensive *adj*	**kapitalintensiv**
• **CBI (< Confederation of British Industry)** *n (GB)* The views of the **CBI** are taken into account by the government when deciding economic policy.	*(britischer Industrie-/Unternehmerverband) (Äquivalent zum DIHT)* Bei wirtschaftspolitischen Beschlüssen der Regierung wird die Stellungnahme des CBI mit berücksichtigt.
Central Statistical Office *n (GB)*; **Economics and Statistics Administration** *n (US)* The **Central Statistical Office** publishes a number of reports on the UK's economic performance.	**Zentralamt für Statistik** Das Zentralamt für Statistik veröffentlicht eine Reihe von Berichten über die Wirtschaftsentwicklung in Großbritannien.
• **cost** *n*	**Preis**
• **capital cost(s)** *n*	**Kapitalkosten**
• **cost of living** *n* In the former GDR the **cost of living** rose much faster than salaries.	**Lebenshaltungskosten** In der ehemaligen DDR stiegen die Lebenshaltungskosten sehr viel schneller als die Löhne.
Cost of Living Index *n* Last month's **Cost of Living Index** showed consumer prices continuing their upward movement.	**Lebenshaltungskostenindex** Der Lebenshaltungskostenindex des vergangenen Monats zeigte eine weitere Aufwärtstendenz der Verbraucherpreise.

• **costs** *n pl*	**(Herstellungs-), (Anschaffungs)Kosten**
economic cost *n* The long-term **economic cost** of this modernisation programme is incalculable.	**wirtschaftliche Kosten** Die langfristigen wirtschaftlichen Kosten dieses Modernisierungsprogrammes lassen sich schwer berechnen.
• **fixed cost(s)** *n*	**Fixkosten, Festkosten**
• **to hold down cost(s), to keep down cost(s)** *phrase*	**Kosten niedrig halten**
• **recurring cost(s), running cost(s)** *n*	**laufende Kosten**

deflation *n*	**Deflation, Inflationsabbau**

• **demand** *n*	**Nachfrage, Bedarf**
demand determines price *phrase*	**die Nachfrage bestimmt den Preis**
• **demand from abroad** *phrase*	**Auslandsnachfrage**
demand-led *adj* The government is hoping that reducing the tax burden on individuals will create a **demand-led** recovery in economic activity.	**nachfrageinduziert** Durch Reduzierung der individuellen Steuerlast erhofft sich die Regierung eine nachfrageinduzierte Wiederbelebung der Konjunktur.
latent demand *n* We believe there is **latent demand** for these new training courses.	**latenter Bedarf** Wir glauben, dass ein latenter Bedarf für diese neuen Ausbildungskurse besteht.
to satisfy demand *phrase* The economy simply cannot **satisfy** the seemingly infinite **demand** for health care.	**Bedürfnisse befriedigen, Nachfrage befriedigen** Die Wirtschaft kann die scheinbar unendliche Nachfrage nach Gesundheitsfürsorge einfach nicht befriedigen.

• **DTI (< Department of Trade and Industry)** *n (GB)*; **Department of Commerce** *n (US)*	**Ministerium für Handel und Industrie**
The **DTI** has launched a "Languages for Export" campaign to improve the performance of British exporting companies.	Das DTI hat eine „Sprachen für den Export"-Kampagne gestartet, um die Leistung britischer Exportfirmen zu verbessern.
duopoly *n*	**Duopol, Marktkontrolle durch zwei Unternehmen**
earning power *n*	**Erwerbspotenzial, Verdienstpotenzial**
EBIT (< Earnings Before Interest and Tax) *n*	**operatives Betriebsergebnis** *(Betriebswirtschaftliche Kennzahl, die den Gewinn vor Finanzergebnis, außerordentlichem Ergebnis und Steuern bezeichnet.)*
EBIT is an indicator of a company's financial performance.	EBIT ist ein Indikator für den wirtschaftlichen Erfolg einer Gesellschaft.
• **EC (< European Community)** *n*	**EG (< Europäische Gemeinschaft)**
economic *adj*	**wirtschaftsbezogen, wirtschaftswissenschaftlich, (volks)wirtschaftlich**
The Bank of England's interest rate policy is not always decided on purely **economic** grounds.	Die Zinspolitik der Bank von England wird nicht immer aus rein volkswirtschaftlichen Gründen entschieden.
economic indicator *n*	**Konjunkturbarometer**
The **economic indicators** for these countries are not good.	Das Konjunkturbarometer für diese Länder sieht nicht gut aus.
economic performance *n*	**Wirtschaftsleistung**
• **economical** *adj*	**sparsam** *(Verbrauch)*, **wirtschaftlich, ökonomisch**
We need to manage our natural resources in an **economical** way.	Wir müssen sparsam mit unseren natürlichen Resourcen umgehen.

• **economics** *n pl (used with singular verb form)*	**Volkswirtschaft(slehre) (> VWL)**
• **free enterprise economics, market economics** *n pl*	**freie Marktwirtschaft**
• **macro economics** *n pl*	**Volkswirtschaft(slehre), Makroökonomie**
• **micro economics** *n pl*	**Betriebswirtschaft(slehre) (> BWL), Mikroökonomie**
supply-side economics *n pl*	**angebotsorientierte Wirtschaftstheorie**
• **economy** *n*	**(Volks)Wirtschaft, Ökonomie**
black economy *n (GB)*; **underground economy** *n (US)*	**Schattenwirtschaft, schwarzer Arbeitsmarkt**
The size of the **black economy** is difficult to assess, precisely because it consists of undisclosed economic activity.	Der Umfang der Schattenwirtschaft lässt sich schwer bemessen, gerade weil sie aus nicht angezeigten wirtschaftlichen Aktivitäten besteht.
• **command economy, planned economy** *n*	**Planwirtschaft, staatlicher Dirigismus**
The speed of the former GDR's transition from a **planned** to afree enterprise **economy** was unprecedented.	Der rasche Übergang von einer Planwirtschaft zur freien Marktwirtschaft in der früheren DDR war beispiellos.
• **global economy** *n*	**Weltwirtschaft**
• **market economy** *n* (→ **free market economy**)	**Marktwirtschaft**
mixed economy *n*	**gemischte Wirtschaftsform**
real economy *n*	**reale Wirtschaft(sleistung)**
The **real economy** is performing less well than official figures suggest.	Die reale Wirtschaftsleistung ist nicht so gut wie die offiziellen Zahlen dies vermuten lassen.
social market economy *n*	**soziale Marktwirtschaft**
• **EU (< European Union)** *n*	**EU (< Europäische Union)**

free movement of goods *phrase*	**Freizügigkeit im Warenverkehr**
EU member states enjoy **free movement of goods** and capital.	EU-Mitgliedstaaten genießen Freizügigkeit im Waren- und Kapitalverkehr.
• **GDP (< gross domestic product)** *n*	**BIP (< Bruttoinlandsprodukt)**
Recent economic indicators point to a further 2 % fall in **GDP**.	Jüngste Konjunkturindikatoren deuten auf einen weiteren Rückgang des BIP um 2 % hin.
• **GNP (< gross national product)** *n*	**BSP (< Bruttosozialprodukt)**
GNP rose last year mainly as a result of earnings from overseas.	Das BSP stieg im letzten Jahr im Wesentlichen als Folge der Auslandserträge.
• **goods** *n pl*	**Güter, Waren**
index of general business activity *n*	**Konjunkturindex**
index-linked *adj*	**Index-, indexiert, dynamisch** *(Rente)*, **indexgekoppelt**
That would buy you another £ 712 of pension income, **index-linked** to inflation.	Das würde Ihnen weitere 712 Pfund Sterling Renteneinkommen einbringen, indexgekoppelt an die Inflationsrate.
• **industrialised** *adj (GB)*; **industrialized** *adj (US)*	**industrialisiert, Industrie-**
Representatives of major **industrialised** countries met in Rome for their annual summit meeting.	Vertreter der wichtigsten Industriestaaten trafen sich in Rom zu ihrem jährlichen Gipfeltreffen.
• **inflation** *n*	**Inflation**
• **infrastructure** *n*	**Infrastruktur**

● **interest rate** *n* The Governor of the Bank of England announced higher **interest rates** this morning.	**Zinssatz, Zinsrate** Der Präsident der Bank von England kündigte heute Morgen eine Steigerung des Zinssatzes an.
inward investment *n*	**Investition im Inland**
Keynesianism *n* *(Economic theories of John M. Keynes, 1883 – 1946)*	**Keynesianismus** *(nach John M. Keynes benannte Wirtschaftstheorie)*
● **labour** *n (GB)*; **labor** *n (US)*	**Arbeit, Arbeitskraft**
● **labour intensive** *adj* Farming is not nearly as **labour intensive** as it used to be.	**arbeitsintensiv** Die Landwirtschaft ist längst nicht mehr so arbeitsintensiv wie früher.
● **land** *n*	**Boden**
market forces *n pl* The government believes firmly in leaving the economy to **market forces**.	**Marktkräfte** Die Regierung hält es für richtig, die Wirtschaft den Marktkräften zu überlassen.
monetary *adj*	**monetär, finanziell, geldwirtschaftlich**
● **money supply** *n* The Bundesbank is implementing its deflationary policies by restricting the **money supply**.	**Geldmenge, Geldumlauf, Geldvolumen** Die Bundesbank implementiert ihre Anti-Inflationspolitik durch Beschränkung des Geldvolumens.
● **monopoly** *n*	**Monopol**
● **to hold a monopoly** *phrase* British Telecom no longer **holds a monopoly** in the telecommunications market.	**ein Monopol besitzen** Die britische Telekom besitzt auf dem Telekommunikationsmarkt kein Monopol mehr.
national income *n*	**Nationaleinkommen, Volkseinkommen, Nettosozialprodukt zu Faktorpreisen**

● **national output** *n* (→ **economic performance**)	**volkswirtschaftliche Gesamtproduktion, Output**
need *n*	**Bedürfnis, Bedarf**
oligopoly *n*	**Oligopol**
opportunity cost(s) *n*	**Alternativkosten, Opportunitätskosten**
● **per capita income** *n*	**Pro-Kopf-Einkommen**
● **price** *n*	**Preis(angabe), (Börsen)Kurs, Kosten**
price level *n*	**Preisniveau, Preisindex**
public spending *n* The Chancellor of the Exchequer announced another round of **public spending** cuts in his Budget.	**öffentliche Ausgaben** Der Finanzminister kündigte in seinem Haushaltsplan eine weitere Runde von Sparmaßnahmen an.
● **retail price** *n*	**Verbraucherpreis, Endkundenpreis, Wiederverkaufspreis**
retail price index (> RPI) *n* *(GB)*; **Consumer Price Index (> CPI)** *n* *(US)* The **retail price index** rose slightly last year.	**Verbraucherpreisindex** Der Verbraucherpreisindex stieg im letzten Jahr leicht an.
scarce *adj*	**knapp**
scarcity of resources *phrase*	**Ressourcenknappheit**
sector *n*	**Sektor**
● **private sector** *n* The government is promoting the movement of public services into the **private sector**.	**privater Sektor** Die Regierung wirbt für den Übergang von öffentlichen Dienstleistungen in den privaten Sektor.
● **public sector** *n*	**staatlicher Sektor**

state-owned *adj*	**staatseigen, in Staatsbesitz**
• **strength** *n* The **strength** of the pound on the foreign exchange markets is making British exports less competitive.	**Stärke** Die Stärke des englischen Pfundes auf den ausländischen Devisenmärkten macht britische Exporte weniger wettbewerbsfähig.
• **supply** *n*	**Angebot**
• **supply and demand** *n*	**Angebot und Nachfrage**
• **USCC (< United States Chamber of Commerce)** *n* *(US)*	*(amerikanischer Industrie-/ Unternehmerverband) (Äquivalent zum DIHT)*

1.2 Konjunktur

ailing *adj* Britain's **ailing** industries such as ship-building and steel-making have continued to decline.	**krank, kränkelnd** Großbritanniens kränkelnde Industrien wie etwa der Schiffbau oder die Stahlproduktion befinden sich weiterhin im Rückgang.
• **boom** *n* A **boom** in the housing market normally leads to higher prices and can have a detrimental effect on the economy.	**Hochkonjunktur, Aufschwung, Boom** Eine Hochkonjunktur auf dem Wohnungsmarkt führt normalerweise zu höheren Preisen und kann sich nachteilig auf die Gesamtwirtschaft auswirken.
• **to boom** *v/i*	**(Hoch)Konjunktur haben, Aufschwung nehmen, florieren**
buoyant *adj* Car manufacturers were reporting **buoyant** sales.	**sich im Auftrieb befindend, rege** Die Automobilindustrie meldete rege Absätze.
bust *n* The property market has gone from boom to **bust**.	**Niedergang, Pleite** Der Wohnungsmarkt ist von einem Hoch in ein Konjunkturloch gefallen.

dead cat bounce *n*	**kleiner Aufschwung während einer Baisse**
• **declining** *adj*	**rückläufig, fallend**
depression *n*	**Konjunkturrückgang, Wirtschaftskrise**
• **economic climate** *n* The current **economic climate** is not encouraging firms to make longer term investments.	**Wirtschaftsklima** Das augenblickliche Wirtschaftsklima ermutigt Firmen nicht dazu, langfristige Investitionen vorzunehmen.
• **economic cycle** *n*	**Wirtschaftskreislauf**
economic downturn *n* The current **economic downturn** falls short of a recession.	**wirtschaftlicher Rückgang, Wirtschaftsflaute** Die augenblickliche Wirtschaftsflaute gleicht fast einer Rezession.
• **economic growth** *n* The last 3 years have seen a period of continued **economic growth**.	**Wirtschaftswachstum** In den letzten drei Jahren haben wir ein fortschreitendes Wirtschaftswachstum gesehen.
economic model *n* This **economic model** attempts to predict future economic trends.	**Konjunkturmodell** Dieses Konjunkturmodell versucht, zukünftige Wirtschaftstrends vorauszusagen.
• **economic recovery** *n* Economists interpret the latest indicators as the "green shoots" of **economic recovery**.	**Erholung der Konjunktur, Wiederbelebung der Konjunktur** Wirtschaftswissenschaftler interpretieren die jüngsten Indikatoren als erste Anzeichen einer Wiederbelebung der Konjunktur.
economic upturn *n* The long-awaited **economic upturn** looks set to materialise.	**wirtschaftlicher Aufschwung** Es sieht ganz danach aus, dass der lang erwartete wirtschaftliche Aufschwung Wirklichkeit wird.
• **expansion** *n* (→ **growth**)	**Expansion**

● **forecast** *n*	**Voraussage, Vorhersage, Prognose**
The latest economic **forecasts** suggest that the economy is picking up again.	Den jüngsten Wirtschaftsprognosen zufolge befindet sich die Konjunktur wieder im Aufschwung.
● **to forecast** *v/t*	**voraussagen, vorhersagen, prognostizieren**
● **in decline** *phrase*	**im Rückgang (befindlich), rückläufig**
Steel production in most European countries is **in decline**.	Die Stahlproduktion ist in den meisten europäischen Ländern rückläufig.
inflationary spiral *n*	**Inflationsspirale**
There is a real danger of an **inflationary spiral** if wages and prices continue to increase at present rates.	Wenn Löhne und Preise weiterhin mit den jetzigen Zuwachsraten ansteigen, besteht akute Gefahr einer Inflationsspirale.
lipstick effect *n*	**Lippenstifteffekt**
The **lipstick effect** is the tendency for sales of small luxuries to increase during a recession.	Der Lippenstifteffekt ist die Tendenz, während einer Rezession steigende Verkaufszahlen im Bereich kleiner Luxusprodukte zu verzeichnen.
● **outlook** *n*	**Aussicht, Aussichten**
The short-term **outlook** for real growth is only modest.	Die kurzfristigen Aussichten für ein reales Wachstum sind eher bescheiden.
overheating *n*	**Überhitzen, Überhitzung**
The boom in the housing market is indicative of the **overheating** of the economy.	Die Hochkonjunktur auf dem Wohnungsmarkt ist ein Anzeichen für die Überhitzung der Konjunktur.
post 9/11 *(sprich: nine eleven) phrase*	**nach dem 11. September**
price decline *n*	**Preisverfall**
price trend *n*	**Preisentwicklung**

price volatility *n*	**Preisschwankungen, Kursschwankungen**
public sector borrowing requirement (> PSBR) *n* Britain's **PSBR** rose sharply last year, as Government expenditure far outstripped its income.	**Kreditbedarf der öffentlichen Hand** Der Kreditbedarf der öffentlichen Hand stieg in Großbritannien im letzten Jahr stark an, da die Regierungsausgaben die Einnahmen bei Weitem überstiegen.
● **recession** *n*	**Rezession**
double dip recession *n*	**zweifache Rezession**
growth recession *n*	**langsames Wachstum**
runaway *adj* The government took swift action to stem the country's **runaway** inflation rate.	**außer Kontrolle geraten** Die Regierung griff zügig ein, um die außer Kontrolle geratene Inflationsrate einzudämmen.
sluggish *adj* Economic activity remains **sluggish**.	**schleppend, stagnierend** Die Konjunktur bleibt weiterhin stagnierend.
● **slump** *n*	**(Wirtschafts)Krise, Rückgang, Einbruch**
sustained *adj* Recent indicators of consumer demand point to a **sustained** economic growth over the next few months.	**anhaltend** Jüngste Indikatoren der Verbrauchernachfrage deuten auf ein anhaltendes Wirtschaftswachstum in den nächsten Monaten hin.
● **trend** *n* Everything points to an upward **trend** in economic activity in the months ahead.	**Trend** Alles deutet in den vor uns liegenden Monaten auf einen Aufwärtstrend in der Konjunktur hin.
trough *n* The German economy is currently in a **trough**.	**Konjunkturtief** Die deutsche Wirtschaft befindet sich zurzeit in einem Konjunkturtief.
● **upturn** *n* (→ **economic upturn**)	**Aufschwung**

1.3 Wirtschaftspolitik

• **to boost** *v/t (the economy)*	**anheizen** *(die Wirtschaft/Konjunktur)*
• **British Overseas Trade Board (> BOTB)** *n (GB)*; **International Trade Administration** *n (US)*	**britische bzw. amerikanische Überseeabteilung, Außenhandelsabteilung**
The **BOTB** liaises between the government and the private sector to improve export performance.	Die Außenhandelsabteilung vermittelt zwischen der Regierung und dem privaten Sektor, um die Exportbilanz zu verbessern.
British Standards Institute (> BSI) *n (GB)*; **Consumer Product Safety Commission (> CPSC)** *n (US)*	**britisches bzw. amerikanisches Normeninstitut**
Goods which meet the standards of the **BSI** are allowed to use its kite mark.	Waren, die der BSI-Norm entsprechen, dürfen sein Gütesiegel tragen.
British Airports Authority (> BAA) *n (GB)*	**britische Flughafenbehörde**
• **budget** *n*	**(Staats)Haushalt, Etat, Budget**
The **budget** was adopted after a lengthy debate.	Der Haushalt wurde nach langwieriger Debatte verabschiedet.
• **to budget** *v/t*	**Etat aufstellen, (im Haushalt) einplanen**
The Government had not **budgeted** for the rising cost of unemployment.	Die Regierung hatte die steigenden Kosten der Arbeitslosigkeit im Haushalt nicht miteingeplant.
deflationary *adj*	**konjunkturdämpfend**
deflationary measures *n pl*	**konjunkturdämpfende Maßnahmen**
denationalisation *n (GB)*; **denationalization** *n (US)*	**Privatisierung, Reprivatisierung, Entstaatlichung**

to denationalise *v/t (GB)*; **to denationalize** *v/t (US)* (→ **privatise**) The Conservative government **denationalised** British Rail.	**privatisieren, reprivatisieren, entstaatlichen** Die konservative Regierung hat die britische Eisenbahn privatisiert.
● **Department** *n (governmental)*	**Ministerium**
Department of Employment *n (GB)*; **Department of Labor** *n (US)*	**Arbeitsministerium**
Department of the Environment *n (GB)*; **Environmental Protection Agency (> EPA)** *n (US)* Protestors against the planned bypass have appealed to the **Department of the Environment**.	**Umweltministerium** Die Demonstranten gegen die geplante Umgehungsstraße haben beim Umweltministerium Einspruch erhoben.
● **Department of Trade and Industry (> DTI)** *n (GB)*; **Department of Commerce** *n (US)*	**Handelsministerium**
Department of Transport *n (GB)*; **Department of Transportation** *n (US)*	**Verkehrsministerium**
to deregulate *v/t* Labour markets have been **deregulated** and working hours have become more flexible.	**liberalisieren** Der Arbeitsmarkt ist liberalisiert worden, und die Arbeitszeiten sind flexibler geworden.
● **deregulation** *n* The water companies have made record profits since **deregulation**.	**Liberalisierung, Aufhebung der Preiskontrollen** Seit der Aufhebung der Preiskontrollen haben die Wasserwirtschaftsunternehmen Gewinne in Rekordhöhe gemacht.
economic adviser *n*	**Wirtschaftsberater(in)**

• **economic planning** *n*	**Wirtschaftsplanung**
Federal Aviation Administration (> FAA) *n (US)*	**amerikanische Flughafenbehörde**
• **fiscal policy** *n* The government's **fiscal policy** has always been to stabilise public spending.	**Finanzpolitik, Fiskalpolitik, Steuerpolitik** Es ist schon immer die Finanzpolitik der Regierung gewesen, die öffentlichen Ausgaben konstant zu halten.
• **FTC (< Federal Trade Commission)** *n (US)*	**amerikanisches Kartellamt, amerikanische Kartell(aufsichts) behörde**
interest rate policy *n*	**(Kapital)Zinspolitik**
to intervene *v/t* The Bundesbank stated categorically that the government should not **intervene** in monetary policy.	**eingreifen, sich einmischen, intervenieren** Die Bundesbank erklärte kategorisch, dass die Regierung sich nicht in die Geldpolitik einmischen solle.
• **intervention** *n*	**Eingreifen, Einmischung, Intervention**
lobby *n*	**Lobby**
• **MMC (< Monopolies and Mergers Commission)** *n (GB)* The proposed merger between the two major airlines was referred to the **MMC**.	**britisches Kartellamt, britische Kartell(aufsichts)behörde** Die beantragte Fusion zwischen den beiden Hauptfluggesellschaften wurde an das Kartellamt verwiesen.
monetarism *n* (→ **supply-side economics**)	**Monetarismus**
• **monetary policy** *n* The government is keeping a tight rein on **monetary policy** in order to hold back inflation.	**Finanzpolitik, Währungspolitik** Die Regierung zieht in der Finanzpolitik die Zügel an, um die Inflation unter Kontrolle zu halten.

monetary policy committee *n (GB)*	**Ausschuss für Finanzpolitik**
● **to nationalise** *v/t (GB)*; **to nationalize** *v/t (US)* The Labour Party **nationalised** a number of key industries during its periods in government.	**verstaatlichen** Während ihrer Amtszeit in der Regierung verstaatlichte die Labour Party eine Reihe von Schlüsselindustrien.
● **nationalised** *adj (GB)*; **nationalized** *adj (US)*	**verstaatlicht**
Office for Fair Trading *n (GB)*; **Better Business Bureau** *n (US)* The **Office for Fair Trading** protects consumers against unfair practices.	**Verbraucherschutzbehörde, Wettbewerbsaufsichtsbehörde** Die Verbraucherschutzbehörde schützt Verbraucher vor unlauteren Praktiken.
to peg *v/t (GB)*; **to fix** *v/t (US)* The government has **pegged** wages and prices in order to bring down the inflation rate.	**festlegen** *(Preise, Währung)*, **festsetzen, stützen** Die Regierung hat Löhne und Preise festgelegt, um die Inflationsrate zu senken.
● **price-fixing** *n* The **price-fixing** resulted from a gentlemen's agreement between the two companies.	**Preisabsprache** Die Preisabsprache zwischen den beiden Firmen war Resultat eines Frühstückskartells.
prices and incomes policy *n* (→ **peg**)	**Preis- und Einkommenspolitik**
● **privatisation** *n (GB)*; **privatization** *n (US)* The 1980's and 1990's saw a wave of major **privatisations** in Britain.	**Privatisierung** In den achtziger und neunziger Jahren gab es in Großbritannien eine Reihe von größeren Privatisierungswellen.
● **to privatise** *v/t (GB)*; **to privatize** *v/t (US)*	**privatisieren**

to regulate *v/t*	**regeln, ordnen, regulieren**
regulatory bodies *n pl* A number of **regulatory bodies** have been established to monitor the performance of the newly privatised industries.	**Aufsichtsbehörde** Eine Reihe von Aufsichtsbehörden ist eingerichtet worden, um die Leistung der neu privatisierten Industrien zu überwachen.
to stimulate *v/t* The government announced a raft of measures to **stimulate** the economy.	**stimulieren, beleben, anheizen** Die Regierung kündigte eine ganze Reihe von Maßnahmen an, um die Konjunktur zu beleben.
● **to subsidise** *v/t (GB)*; **to subsidize** *v/t (US)* The farmers' lobby would like to persuade us that agricultural production needs to be **subsidised**.	**subventionieren** Die Lobby der Bauern möchte uns glauben machen, dass Agrarprodukte subventioniert werden müssen.
● **subsidy** *n* Surpluses are generally disposed of on world markets with the help of export **subsidies**.	**Subvention** Überschüsse werden im Allgemeinen auf dem Weltmarkt mit Hilfe von Exportsubventionen abgestoßen.
Trade Descriptions Act *n (GB)*; **Federal Trade Commissions Act of 1914** *n (US)* The company was prosecuted under the **Trade Descriptions Act** for providing the public with misleading information.	**Warenkennzeichnungsgesetz** Die Firma wurde wegen Irreführung der Öffentlichkeit nach dem Warenkennzeichnungsgesetz strafrechtlich verfolgt.
● **Treasury** *n (GB)*; **Department of the Treasury** *n (US)*	**Finanzministerium, Schatzamt**

1.4 Wirtschaftssektoren

1.4.1 Primärer Sektor

• **agricultural** *adj*	**landwirtschaftlich**
• **agricultural product** *n* The cost of **agricultural products** is kept artificially high by the EU's Common Agricultural Policy.	**landwirtschaftliches Erzeugnis, Agrarprodukt** Die Kosten für landwirtschaftliche Erzeugnisse werden durch die Gemeinsame Agrarpolitik der EU künstlich hochgehalten.
agriculture *n*	**Agrarwirtschaft**
basic materials *n pl*	**Grundstoffe**
cattle breeding *n*	**Viehzucht**
clear cut *n*	**Kahlschlag**
dairy industry *n*	**Milchwirtschaft**
to drill *v/t* The company has obtained permission to **drill** for oil in the North Sea.	**bohren** Der Firma wurde die Erlaubnis erteilt, in der Nordsee nach Öl zu bohren.
• **energy** *n*	**Energie**
• **alternative energy** *n*	**alternative Energie**
• **energy industry** *n*	**Energiewirtschaft**
wave energy *n*	**Wellenenergie**
wind energy *n*	**Windkraft**
to extract *v/t* Oil and gas are still being **extracted** from the North Sea.	**gewinnen** Öl und Gas werden immer noch aus der Nordsee gewonnen.
extractive *adj* **Extractive** industries remove irreplaceable natural resources.	**Abbau-, Grundstoff-** Grundstoffindustrien bauen unersetzbare natürliche Rohstoffe ab.
to farm *v/t*	**bewirtschaften**

• **farming** *n adj*	**Anbau, landwirtschaftliche Bewirtschaftung, Landwirtschafts-, Agrar-**
European **farming** subsidies are expected to decline in all member states.	Man erwartet, dass die europäischen Agrarsubventionen für alle Mitgliedstaaten rückläufig sein werden.
intensive farming *n*	**landwirtschaftliche Intensivbewirtschaftung**
Environmentalists have expressed concerns about **intensive farming**.	Umweltschützer haben ihre Besorgnis über die Intensivbewirtschaftung zum Ausdruck gebracht.
organic farming *n*	**biologischer Anbau**
• **fishery** *n*	**Fischerei**
• **forestry** *n*	**Forstwirtschaft**
fossil fuel *n*	**fossiler Brennstoff**
The burning of **fossil fuels** such as coal releases harmful chemical compounds into the atmosphere.	Durch Verbrennen fossiler Brennstoffe wie zum Beispiel Kohle werden schädliche chemische Verbindungen in der Atmosphäre freigesetzt.
• **gas industry** *n*	**Gaswirtschaft, Energiewirtschaft**
• **to generate** *v/t*	**erzeugen**
• **generation of electricity** *n*	**Elektrizitätserzeugung**
hydro-electric power *n*	**Wasserkraft**
lumber *n*	**Bauholz, Nutzholz**
• **mine** *n*	**Bergwerk**
• **to mine** *v/t*	**abbauen, fördern** *(unter Tage)*
Coal has been **mined** here for twenty years.	Zwanzig Jahre lang ist in dieser Gegend Kohle abgebaut worden.

mineral resources *n pl*	**Bodenschätze**
• **mining** *n*	**Bergbau**
• **coal mining** *n* **Coal mining** saw its most severe decline in Britain in the seventies and eighties.	**Kohlebergbau** Der Kohlebergbau hat in Großbritannien in den siebziger und achtziger Jahren seinen stärksten Rückgang erlebt.
monoculture *n*	**Monokultur**
• **natural resources** *n pl*	**natürliche Rohstoffe, natürliche Ressourcen**
• **nuclear power** *n* France is heavily dependent on **nuclear power** for its energy needs.	**Atomkraft** Frankreichs Energiebedarf ist sehr stark von der Nuklearkraft abhängig.
off the grid *phrase (US)*	**etwa: mit eigener Energieversorgung, unabhängig vom Netz**
• **oil industry** *n*	**(Erd-), (Mineral)Ölindustrie**
• **oil rig** *n*	**Ölbohrinsel, Ölbohrturm**
• **power station** *n*	**Kraftwerk**
• **power supply** *n*	**Stromversorgung, Energieversorgung**
• **primary** *adj*	**primär**
• **raw materials** *n pl*	**Rohstoffe**
renewable resources *n pl*	**erneuerbare Ressourcen, erneuerbare Energien**
• **to replace** *v/t* Natural resources such as gas and oil cannot be **replaced**.	**ersetzen** Natürliche Rohstoffe wie Gas und Öl sind nicht ersetzbar.

solar power, solar energy *n*	**Solarenergie, Sonnenenergie**
Solar power, wind and wave energy are environmentally friendly forms of energy.	Sonnen-, Wind- und Wellenenergie sind umweltfreundliche Energiefor-men.
transgenic *adj*; **GM (< genetically modified)** *adj*	**genmanipuliert**
• **utility company** *n*	**Versorgungsunternehmen, Energieunternehmen**
Public **utility companies** in the UK are now privately owned.	Öffentliche Versorgungsunterneh-men in Großbritannien sind jetzt in Privatbesitz.
wind farm *n*	**Windkraftanlage**

1.4.2 Sekundärer Sektor

• **aerospace industry** *n*	**Luft- und Raumfahrtindustrie**
The European **aerospace industry** has a successful track record in joint ventures.	Die europäische Luft- und Raum-fahrtindustrie hat eine erfolgreiche Leistungsbilanz bei Joint Ventures.
• **arms industry** *n*	**Waffenindustrie**
• **to assemble** *v/t*	**zusammenbauen, montieren**
• **assembly plant** *n*	**Montagewerk, Fertigungswerk**
Building **assembly plants** in the UK allows Japanese companies free access to European markets.	Das Errichten von Montagewerken in Großbritannien ermöglicht japani-schen Firmen freien Zugang zu eu-ropäischen Märkten.
• **automobile industry** *n* (→ **car industry**)	**Automobilindustrie, Automobil- und Kraftfahrzeugbau**
• **building industry** *n*	**Baugewerbe, Bauindustrie**

● **car industry** *n* The German economy is heavily dependent on the **car industry**.	**Automobilindustrie** Die deutsche Wirtschaft ist sehr stark abhängig von der Automobilindustrie.
● **chemical industry** *n*	**chemische Industrie**
● **civil engineering** *n*	**Hoch- und Tiefbau**
● **clothing industry** *n*	**Bekleidungsindustrie**
● **construction industry** *n* German unification led to a boom in the **construction industry**.	**Bauindustrie** Die deutsche Wiedervereinigung führte zu einem Aufschwung in der Bauindustrie.
consumer durables *n pl*	**langlebige Konsumgüter**
consumer electronics *n pl*	**Unterhaltungselektronik**
consumer goods *n pl*	**Konsumgüter**
● **defence industry** *n (GB)*; **defense industry** *n (US)*	**Rüstungsindustrie**
● **electronics industry** *n*	**Elektronikindustrie, Elektrotechnik**
● **fashion industry** *n*	**Modeindustrie**
finished goods *n pl* Manufacturers are having to hold large stocks of **finished goods** due to a slump in sales.	**fertige Waren, verarbeitete Waren** Wegen einer Verkaufsflaute müssen Hersteller große Vorräte an verarbeiteten Waren auf Lager halten.
food chain *n*	**Nahrungsmittelkette**
● **food industry** *n*	**Nahrungsmittelindustrie**
● **heavy industry** *n*	**Schwerindustrie**
● **iron and steel industry** *n*	**Eisen- und Stahlindustrie**

light industry *n*	**Leichtindustrie**
• **manufacture** *n* We specialise in the **manufacture** of machine tools.	**Herstellung** Wir haben uns auf die Herstellung von Werkzeugmaschinen spezialisiert.
• **to manufacture** *v/t*	**herstellen**
• **manufactured goods** *n pl*	**Fertigware, Fertigerzeugnisse**
manufacturing *adj* **Manufacturing** techniques in the car industry have changed dramatically over the past ten years.	**Herstellungs-, Verarbeitungs-** Die Verarbeitungstechniken in der Automobilindustrie haben sich in den letzten zehn Jahren drastisch geändert.
• **manufacturing industry** *n*	**verarbeitende Industrie**
• **mechanical engineering** *n*	**Maschinenbau**
• **petro-chemical industry** *n*	**petrochemische Industrie**
• **pharmaceutical industry** *n*	**pharmazeutische Industrie, Pharmaindustrie**
planned obsolescence *n*	**geplanter Verschleiß**
plant construction *n*	**Anlagebau**
precision engineering *n*	**Feinmechanik**
• **shipbuilding** *n*	**Schiffsbau**
• **steel industry** *n*	**Stahlindustrie**
• **textile industry** *n*	**Textilindustrie**

1.4.3 Tertiärer Sektor

• **advertising** *n adj* Changes in technology have altered **advertising** methods.	**Werbung(s-)** Der technologische Wandel hat die Werbemethoden verändert.
• **airline** *n* **Airlines** are currently cutting the prices of their services between major European destinations.	**Fluggesellschaft** Die Fluggesellschaften reduzieren momentan ihre Preise für ihren Service zwischen den Hauptflugzielen Europas.
• **banking** *n*	**Bankwesen**
• **commerce** *n*	**Handel, Handelsverkehr**
• **communications** *n pl* The Internet is a major player in global **communications** systems.	**Kommunikation** Das Internet ist einer der Hauptakteure bei den globalen Kommunikationssystemen.
consultancy *n* He took early retirement in order to set up his own **consultancy**.	**Beratung, Beratungsfirma, Beratungstätigkeit** Er trat frühzeitig in den Ruhestand, um seine eigene Beratungsfirma aufzubauen.
distributive sector *n*	**Vertriebssektor**
• **ecotourism** *n*	**Umwelttouristik**
• **education sector** *n*	**Erziehungssektor, Erziehungswesen**
• **entertainment industry** *n* The British **entertainment industry** is alive and kicking.	**Unterhaltungsindustrie** Die britische Unterhaltungsindustrie ist gesund und munter.
estate agency *n*	**Maklerunternehmen**

film and television industry *n* The British **film and television industry** has recently been boosted by substantial funds from the national lottery.	**Film- und Fernsehindustrie** Die britische Film- und Fernsehindustrie ist unlängst durch eine erhebliche Geldsumme aus der Nationallotterie gefördert worden.
forwarding agency *n*	**Spedition**
freight forwarding *n*	**(Güter)Spedition**
health care *n*	**Gesundheitsfürsorge**
• **health service** *n* The privatisation of the **health service** is a most controversial issue.	**Gesundheitswesen** Die Privatisierung des Gesundheitswesens ist ein äußerst kontroverses Thema.
• **hotel and catering industry** *n* The **hotel and catering industry** is a major employer in the south of the country.	**Hotel- und Gaststättengewerbe** Das Hotel- und Gaststättengewerbe ist einer der Hauptarbeitgeber im Süden des Landes.
• **insurance** *n* • **insurance company** *n*	**Versicherung(swesen)** **Versicherungsgesellschaft**
land agent *n (GB)*; **real estate agent** *n (US)*	**Grundstücksmakler(in)**
• **legal service** *n* **Legal services** are expanding as Britain becomes a more litigious country.	**Rechtshilfe** Rechtshilfedienstleistungen expandieren in Großbritannien, da die Zahl der Rechtsstreitigkeiten im Lande zunimmt.
• **media** *n pl*	**Medien**
to provide services *phrase* We are able to **provide** these **services** throughout Europe.	**Dienstleistungen anbieten** Wir können diese Dienstleistungen europaweit anbieten.

provision of services *n* The **provision of services** in the telecommunications sector is second to none in the entire service sector.	**Dienstleistungsangebot** Das Dienstleistungsangebot im Telekomsektor ist im gesamten Dienstleistungssektor unübertroffen.
• **public services** *n pl* Poor **public services** have a detrimental effect on the economy.	**öffentliche Dienstleistungen** Schlechte öffentliche Dienstleistungen wirken sich nachteilig auf die Wirtschaft aus.
publishing *n*	**Verlagswesen**
• **retail business** *n* **Retail businesses** felt the squeeze this year as consumer spending fell below last year's average.	**Einzelhandel** Der Einzelhandel geriet in diesem Jahr unter Druck, da die Verbraucherausgaben unter das Vorjahresniveau fielen.
• **road haulage** *n*	**Transportunternehmen**
• **service industry** *n* The **service industries** are the fastest growing sector of the economy.	**Dienstleistungsindustrie, Dienstleistungssektor, Dienstleistungsgewerbe, tertiärer Sektor** Das Dienstleistungsgewerbe ist der am schnellsten wachsende Wirtschaftssektor.
shipping agency *n*	**Spedition** *(per Schiff)*
socially responsible *adj* The Body Shop™ is often cited as one of the most successful **socially responsible** businesses.	**mit sozialem Bewusstsein** Die Body Shop®-Kette wird häufig als Beispiel für eines der erfolgreichsten Unternehmen mit sozialem Bewusstsein angeführt.
• **telecommunications industry** *n*	**Fernmeldeindustrie, Kommunikationsindustrie**
• **transport** *n (GB)*; **transportation** *n (US)*	**Transport**

2 Das Unternehmen

2.1 Gründung und Auflösung

• **bankruptcy** *n* The stock market crash led to a huge wave of **bankruptcies**.	**Bankrott, Konkurs** Der Börsenkrach führte zu einer riesigen Konkurswelle.
• **to go bankrupt** *phrase* The business **went bankrupt** as a result of severe cash flow problems.	**Bankrott gehen** Das Geschäft ging wegen schwerer Liquiditätsprobleme Bankrott.
to be one's own boss *phrase* Can you draw up a list of objectives which you hope to achieve from **being your own boss**?	**sein eigener Chef sein** Können Sie eine Liste mit den Zielen aufstellen, die Sie als Ihr eigener Chef zu erreichen hoffen?
• **business** *n*	**Geschäft(sbetrieb), Firma, Unternehmen, (Handels)Gewerbe**
business failure *n* The number of **business failures** has fallen to its lowest level since the recession.	**Unternehmenspleite, Firmenzusammenbruch, Firmenpleite** Seit der Rezession ist die Zahl der Firmenzusammenbrüche auf den niedrigsten Stand gefallen.
• **business organisation** *n* *(GB)*; **business organization** *n* *(US)*	**Handelsorganisation, Geschäftsorganisation, Unternehmensorganisation**
• **business plan** *n* A **business plan** helps you to define your longer-term objectives.	**Geschäftsplan, Unternehmensplan** Ein Unternehmensplan hilft Ihnen bei der Festlegung Ihrer längerfristigen Unternehmensziele.
business rate *n* Setting up in an enterprise zone will entitle you to reduced **business rates**.	**Gewerbesteuer(satz)** Wenn Sie sich in einem staatlich geförderten Gewerbegebiet niederlassen, haben Sie ein Anrecht auf einen reduzierten Gewerbesteuersatz.

to drive out of business, to force out of business *phrase*	**aus dem Geschäft verdrängen, zur Geschäftsaufgabe zwingen**
The company was **driven out of business** by foreign competition.	Die Firma wurde durch ausländische Konkurrenz zur Geschäftsaufgabe gezwungen.
• **to go out of business** *phrase*	**Geschäft aufgeben, Betrieb schließen**
The company **went out of business** during the recession.	Die Firma hat während der Rezession ihr Geschäft aufgegeben.
• **small business** *n*	**Kleinunternehmen, Familienunternehmen**
by proxy *phrase*	**durch einen Bevollmächtigten**
The legal aspects of establishing a company are often dealt with **by proxy** or by a solicitor.	Mit den rechtlichen Aspekten einer Firmengründung befasst sich oft entweder ein Bevollmächtigter oder ein Rechtsanwalt.
• **to cease trading, to stop trading** *phrase*	**Geschäft aufgeben**
• **company** *n*	**Firma, Unternehmen, Betrieb, Handelsgesellschaft, Kapitalgesellschaft**
company failure *n* (→ **business failure**)	**Unternehmenspleite, Firmenzusammenbruch, Firmenpleite**
Consumer Credit Act *n*	**Verbraucherkreditgesetz**
dissolution *n*	**Auflösung**
• **to dissolve** *v/t*	**auflösen**
The partnership was **dissolved** two years ago.	Die Personengesellschaft wurde vor zwei Jahren aufgelöst.
• **enterprise** *n*	**Unternehmen**
Government funds are available for pump priming small and medium-sized **enterprises**.	Für kleine und mittelständische Unternehmen steht staatliche Starthilfe zur Verfügung.
• **entrepreneur** *n*	**Unternehmer(in)**

budding entrepreneur *n* There are lots of potential pitfalls for the **budding entrepreneur**.	**angehende(r) Unternehmer(in)** Für angehende Unternehmer gibt es eine Menge potenzieller Fallstricke.
• **to establish a company** *phrase* (→ **to form a company**)	**ein Unternehmen gründen**
establishing *n* The **establishing** of a company requires a great deal of specialist advice.	**(Geschäfts)Gründung** Zur Geschäftsgründung benötigt man eine Menge fachlicher Beratung.
establishment *n*	**Unternehmen, Geschäft, Niederlassung**
Financial Services Act *n* Investment bureaus are governed by the **Financial Services Act** and the Consumer Credit Act.	**Börsengesetz** Anlageinstitute unterliegen dem Börsengesetz und dem Verbraucherkreditgesetz.
• **firm** *n*	**Firma, Betrieb, Unternehmen, Personengesellschaft**
to fold *v/i* The business **folded** as a result of the BSE crisis.	**Bankrott gehen, eingehen, zusammenbrechen** Das Geschäft ist infolge der BSE-Krise eingegangen.
to form a company *phrase* (→ **to establish a company**) When you **form a company** you must first decide on its legal form.	**ein Unternehmen gründen** Wenn Sie ein Unternehmen gründen, müssen Sie sich zuerst für seine Rechtsform entscheiden.
• **formation of a company** *n*	**Unternehmensgründung**
• **to found** *v/t* The company was **founded** in 1986 by the brothers Carl and John McIntyre.	**gründen** Die Firma wurde 1986 von den Brüdern Carl und John McIntyre gegründet.
• **founder** *n*	**Gründer(in)**

● **fund** *n* Initially, you'll also need some extra **funds** to fall back on.	**Kapital, Geldsumme, Geldmittel** Anfänglich werden Sie auch zusätzliche Geldmittel als Rücklage benötigen.
to go bust, to go under *colloq phrase* (→ **to go bankrupt**)	**Bankrott gehen, Pleite machen**
goodwill *n* When estimating a company's value you need to take both its assets and its **goodwill** into account.	**(immaterieller) Firmenwert, Stammkundschaft** Wenn Sie den Wert einer Firma schätzen, müssen Sie sowohl ihren Vermögenswert als auch den immateriellen Firmenwert berücksichtigen.
health and safety at work *phrase* As a new employer you'll need to familiarise yourself with the **Health and Safety at Work** Act.	**Arbeitsschutz** Als neuer Arbeitgeber müssen Sie sich mit dem Arbeitsschutzgesetz vertraut machen.
● **insolvent** *adj* A business is **insolvent** when its liabilities are greater than its assets.	**zahlungsunfähig, insolvent** Eine Firma ist zahlungsunfähig, wenn ihre Verbindlichkeiten ihren Vermögenswert übersteigen.
to liquidate *v/t* The company's assets were **liquidated** by the receiver.	**auflösen, liquidieren** Das Betriebsvermögen wurde durch den Konkursverwalter aufgelöst.
● **liquidation** *n* Creditors received 19p in the £ when the company went into **liquidation**.	**Auflösung, Liquidation** Bei Auflösung der Firma erhielten die Gläubiger 19 Pence pro Pfund Sterling.
compulsory liquidation *n*	**Zwangsauflösung, Zwangsliquidation**
to go into liquidation *phrase* (→ **liquidation**)	**aufgelöst werden, liquidiert werden**
voluntary liquidation *n*	**freiwillige Auflösung, freiwillige Liquidation**

• **location** *n* German companies wanting to expand abroad see the UK as an attractive **location** for investment.	**Standort** Deutsche Unternehmen, die ins Ausland expandieren wollen, sehen Großbritannien als einen attraktiven Standort für Investitionen.
advantageous location *n* Foreign investors regard the UK as an **advantageous location** in many respects, especially in terms of low production costs.	**Standortvorteil** Ausländische Investoren sehen in Großbritannien in vieler Hinsicht Standortvorteile, insbesondere, was die niedrigen Produktions-kosten betrifft.
choice of location *n*	**Standortwahl**
nature of the business *phrase* Please enter the objectives and the **nature of the business**.	**Tätigkeitsbereich, „Gegenstand der Unternehmung"** Bitte tragen Sie Zielsetzung und „Gegenstand der Unternehmung" ein.
off the peg *phrase (GB)*; **off the rack** *phrase (US)* You may be able to buy an existing company **off the peg** rather than start up a new business.	**„von der Stange"** Es ist möglich, dass Sie eine (auf dem Papier) existierende Firma „von der Stange" kaufen, anstatt eine neue Firma zu gründen.
• **to raise money** *phrase* In order to found a business you first need to **raise money**.	**Geld(mittel) aufbringen, beschaffen** Um ein Geschäft zu gründen, müssen Sie zunächst Geldmittel beschaffen.
receiver *n* The **receivers** were called in last week.	**Konkursverwalter(in), Liquidator(in)** Letzte Woche wurden die Konkursverwalter bestellt.
to end up in the hands of the receiver *phrase* The company **ended up in the hands of the receivers**.	**liquidiert werden, in Konkurs gehen** Letztendlich ging die Firma in Konkurs.

to go into receivership *phrase* The company **went into receivership** last year.	**Konkurs machen, in Konkurs gehen** Die Firma ging letztes Jahr in Konkurs.
• **regulation** *n*	**Bestimmung, Verordnung, Dienstvorschrift**
regulatory *adj* The chart provides a guide to the main **regulatory** framework which must be complied with when starting up a business.	**ordnend, regulativ, Aufsichts-** Das Schaubild bietet einen Leitfaden zu den wichtigsten Rahmenbedingungen, die bei einer Firmengründung erfüllt werden müssen.
• **risk** *n*	**Risiko**
• **calculated risk** *n* You stand the best chance of being successful in business if you are prepared to take a **calculated risk**.	**kalkulierbares Risiko** Sie haben die besten Chancen, im Geschäftsleben erfolgreich zu sein, wenn Sie bereit sind, ein kalkulierbares Risiko einzugehen.
high-risk business *n* The production of multi-media software is a high-risk business.	**Geschäft mit hohem Risiko, äußerst riskantes Geschäft** Die Produktion von Multimedia-Software ist ein äußerst riskantes Geschäft.
low-risk venture *n*	**Unternehmen mit geringem Risiko**
• **to run a business** *phrase* Advice on many aspects of **running a business** can be provided by solicitors, accountants and banks.	**ein Geschäft leiten, einen Betrieb leiten, ein Geschäft führen, einen Betrieb führen** Rechtsanwälte, Steuerberater und Banken können Sie bei vielen Fragestellungen zur Geschäftsführung beraten.
• **self-employed** *adj* Some people find the notion of being **self-employed** very attractive, others find it rather intimidating.	**selbstständig (tätig), freiberuflich** Einige Menschen finden die Vorstellung, selbstständig zu sein, sehr attraktiv, andere eher beängstigend.

• **to start a business** *phrase* (→ **business**)	**eine Firma gründen, ein Geschäft eröffnen**
• **to start up** *v/t* (→ **set up**) When we first **started up** the business we had no idea what we were letting ourselves in for.	**gründen** *(Geschäft, Firma)* Als wir unsere Firma gründeten, hatten wir zuerst keine Ahnung, worauf wir uns einließen.
start-up loan *n*	**Existenzgründungsdarlehen, Unternehmensgründungsdarlehen**
undertaking *n* This is rather a large **undertaking** for a sole trader with limited finance.	**Unterfangen, Unternehmen** Dies ist ein ziemlich großes Unterfangen für einen Einzelhändler mit beschränkten Finanzen.
• **to wind up** *v/t* The company was **wound up** after the suppliers refused to sell any more goods on credit.	**ein Geschäft auflösen, eine Firma auflösen** Das Geschäft wurde aufgelöst, nachdem die Zulieferer sich weigerten, weitere Waren auf Kreditbasis zu liefern.
winding-up *n* In a limited company voluntary **winding-up** can occur if 75 % of the members vote for it.	**Geschäftsauflösung, Liquidation** Bei einer GmbH kann die freiwillige Geschäftsauflösung stattfinden, wenn 75 % der Mitglieder dafür stimmen.

2.2 Unternehmensformen

administrative board *n*	**Verwaltungsrat**
advisory board *n* All well-reputed international journals have an **advisory board**.	**Beirat** Alle renommierten internationalen Zeitschriften haben einen wissenschaftlichen Beirat.
• **Annual General Meeting** (> **AGM**) *n*	**Jahreshauptversammlung**

• **approved** *adj* If the documents are not available in English, **approved** translations must be supplied.	**beglaubigt** Sind die Dokumente nicht auf Englisch erhältlich, so müssen notariell beglaubigte Übersetzungen eingereicht werden.
articles of association *n pl (GB)*; **(corporate) bye-laws** *n pl (US)* Your rights and duties as managing director of Hunt UK are detailed in the **Articles of Association**.	**Satzung, Gesellschaftsvertrag** Ihre Rechte und Pflichten als Geschäftsführerin von Hunt UK sind in der Satzung ausgeführt.
assocs (< associates) *n pl*	**Gesellschafter(innen), Teilhaber(innen)**
• **board of directors** *n* (→ **supervisory board**) Corporate policy is the prerogative of the **board of directors**.	**Aufsichtsrat, Vorstand, Direktorium** Unternehmenspolitik ist das Privileg des Aufsichtsrates.
• **branch** *n*	**Filiale, Zweigniederlassung, Zweigstelle**
• **Bros (< Brothers)** *n pl*	**(Ge)Brüder**
• **CEO (< Chief executive officer)** *n*	**Generaldirektor(in), Geschäftsführer(in)**
Certificate of Incorporation *n* Having formed a limited company, the **Certificate of Incorporation** and the registration date need to be displayed publicly.	**Gründungsurkunde** Nach der Gründung einer GmbH müssen die Gründungsurkunde und das Datum der Gründung öffentlich ausgehängt werden.
• **chair(wo)man of the management board** *n*	**Vorsitzende(r) des Vorstandes** *(AG)*, **Vorsitzende(r) der Geschäftsführung** *(GmbH)*
charity *n*	**Wohltätigkeit(sorganisation)**

Companies Act *n (GB)*	*(seit 1985 in GB geltendes)* **Firmengesetz**
Any company established in Great Britain is subject to the regulations laid down in the **Companies Act**.	Jede in Großbritannien etablierte Firma fällt unter die Bestimmungen des „Firmengesetzes".
• **Companies House** *n* (→ **Registrar of Companies**)	*(Name und Sitz des britischen Handelsregisters)*
company secretary *n*	**Verwaltungsdirektor(in), Vorstandssprecher(in)**
• **co-owner** *n*	**Geschäftsteilhaber(in)**
• **executive director, executive manager** *n*	**Vorstandsmitglied, Generalbevollmächtigte(r)**
The majority of **executive directors** are elected to the board on the recommendation of the managing director.	Die Mehrheit der Vorstandsmitglieder wird auf Empfehlung des Geschäftsführers in den Vorstand berufen/gewählt.
• **to float on the stock exchange** *phrase*	**gründen** *(Firma)*, **an der Börse handeln**
PLCs are **floated on the stock exchange** and require an initial authorised share capital of at least £ 50,000.	AGs werden an der Börse gehandelt und erfordern ein Gründungskapital von mindestens 50 000 Pfund Sterling.
• **franchise** *n*	**Franchise(unternehmen), Alleinverkaufsrecht, Lizenz**
A contract for the **franchise** must be made with the franchisor.	Ein Vertrag für das Franchiseunternehmen muss mit dem Lizenzgeber abgeschlossen werden.
to incorporate *v/t (US)*	**gründen, als AG eintragen** *(im Handelsregister)*
incorporated (> inc.) *adj (US)*	**eingetragen** *(amtlich)*
incorporation (of a company) *n (US)*	**Handelsregistereintragung**

• **initial authorised share capital** *n*	**Gründungskapital**
• **liability** *n* The drawback of a partnership is that each partner shares the **liability** for all debts.	**Haftung** Der Nachteil einer Personengesellschaft ist die gemeinsame Haftung für alle Verbindlichkeiten.
with limited liability *phrase*	**mit beschränkter Haftung**
• **limited (> Ltd.)** *adj* Directors of a private **limited** company are liable for debts up to the amount invested in the company.	**beschränkt** Die Geschäftsführer einer GmbH sind für Schulden bis zur Höhe ihrer Stammeinlagen haftbar.
• **management board** *n* (→ **board of directors**) Responsibility for running the group would rest with the **management board**.	**Vorstand** *(AG)*, **Geschäftsführung** *(GmbH)* Die Verantwortung für die Leitung der Gruppe würde beim Vorstand liegen.
• **Managing Director** *n (GB)*; **General Manager** *n (US)* (→ **CEO**) A public company must have two **managing directors** and a private company one.	**(Haupt)Geschäftsführer(in)** Eine Aktiengesellschaft muss zwei, eine GmbH einen Geschäftsführer haben.
memorandum of association *n (GB)*; **articles of incorporation** *n pl (US)* The **memorandum of association** should, among other things, state the name of the company and the location of the registered office.	**Gründungsurkunde** Die Gründungsurkunde sollte unter anderem den Firmennamen und den eingetragenen Sitz der Firma aufführen.
non-profit-making organisation *n (GB)*; **nonprofit organization** *n (US)* As a **non-profit-making organisation** you are exempt(ed) from VAT.	**gemeinnützige Organisation** Als gemeinnützige Organisation sind Sie von der Mehrwertsteuer befreit.

● **partner** *n*	**Gesellschafter(in), Teilhaber(in)**
● **general partner** *n*	**Komplementär(in), persönlich haftende(r) Partner(in)**
In a limited partnership the **general partner** is fully liable for any debts.	In einer KG haftet der Komplementär unbeschränkt für alle Verbindlichkeiten.
● **limited partner** *n*	**Kommanditist(in)**
The **limited partner** is only liable for debts up to the amount he invested in the company.	Der Kommanditist ist nur bis zur Höhe seiner investierten Einlagen haftbar.
● **managing partner** *n*	**geschäftsführende(r) Gesellschafter(in)**
sleeping partner *n (GB)*; **silent partner** *n (US)*	**stille(r) Teilhaber(in)**
● **partnership** *n*	**(Personen)Gesellschaft, Offene Handelsgesellschaft (> OHG)**
deed of partnership *n*	**Gesellschaftsvertrag**
We recommend that you ask your solicitor to draw up a **deed of partnership**.	Wir empfehlen Ihnen, dass Sie Ihren Rechtsanwalt beauftragen, einen Gesellschaftsvertrag aufzusetzen.
to enter into a partnership *phrase*	**in eine Gesellschaft eintreten, eine Teilhaberschaft eingehen**
● **limited partnership** *n*	**Kommanditgesellschaft (> KG)**
limited partnership with limited company as general partner *phrase*	**GmbH & Co. KG**
● **PLC** *n (GB)* (→ **public limited company**); **Inc.** *n (US)*	**AG (< Aktiengesellschaft)**
● **private limited company, Ltd company** *n (GB)*; **closed corporation** *n (US)*	**Gesellschaft mit beschränkter Haftung (> GmbH)**
The form of accounts for a **limited company** is laid down by law.	Bei einer GmbH ist die Form des Jahresabschlusses gesetzlich festgelegt.

• **proprietor** *n* The newspaper industry consists of a large number of titles owned by a small number of **proprietors**.	**Geschäftsinhaber(in)** Zeitungsverlage bestehen aus einer Vielzahl von Titeln, die im Besitz weniger Geschäftsinhaber sind.
public corporation *n*	**Anstalt des öffentlichen Rechts**
• **public limited company (> PLC)** *n (GB)*; **open corporation, joint-stock company** *n (US)* The majority of British Building Societies have been turned into **PLCs**.	**Aktiengesellschaft (> AG)** Die Mehrheit der britischen Bausparkassen sind in Aktiengesellschaften umgewandelt worden.
quango (< quasi-autonomous non-governmental organisation) *n (GB)*	**halbstaatliche Organisation**
• **registered** *adj* Your company will need to be **registered** with the Companies Registration Office in London.	**eingetragen, registriert** Ihre Firma wird im Handelsregister in London eingetragen werden müssen.
• **registered office** *n* Our **registered office** is now in Frankfurt.	**eingetragener Sitz** Der eingetragene Sitz unserer Firma ist jetzt in Frankfurt.
Registrar of Companies *n* (→ **Companies House**)	*(entspricht deutschem)* **Handelsregister**
share *n*	**Aktienanteil, Aktie**
• **shareholder** *n* **Shareholders** voted to restructure the company's debts.	**Aktionär(in)** *(AG)*, **Gesellschafter(in)** *(GmbH)* Die Aktionäre beschlossen, die Firmenschulden umzustrukturieren.
shareholders' meeting *n*	**Hauptversammlung** *(AG)*, **Gesellschafterversammlung** *(GmbH)*

• **signatory** *n*	**Handlungsbevollmächtigte(r), Unterschriftsberechtigte(r), Prokurist(in)**
In our charity we normally have two **signatories**.	In unserer Wohltätigkeitsorganisation haben wir normalerweise zwei Unterschriftsberechtigte.
• **small and medium-sized enterprises (> SMEs)** *n pl*	**kleine und mittelständische Unternehmen**
The Government announced a range of measures to reduce the tax burden for **SMEs**.	Die Regierung kündigte eine Reihe von Maßnahmen zur Reduzierung der Steuerlast für kleine und mittelständische Unternehmen an.
• **sole trader** *n (GB)*; **sole proprietor** *n (US)*	**Einzelunternehmen, Alleinbetrieb, Einzelkaufmann, Einzelkauffrau**
Setting up as a **sole trader** involves the least work and fewest formalities.	Die Gründung eines Einzelunternehmens ist mit der geringsten Arbeit und den wenigsten Formalitäten verbunden.
• **subsidiary** *n*	**Tochterunternehmen, Tochterfirma**
• **supervisory board** *n* (→ **board of directors**)	**Aufsichtsrat**
trading licence *n (GB)*; **business license** *n (US)*	**Gewerbeschein, Gewerbeerlaubnis**
If you're unsure whether you require a **business licence**, please contact your local trading standards department.	Falls Sie unsicher sind, ob Sie einen Gewerbeschein benötigen, erkundigen Sie sich bitte vor Ort bei Ihrem Gewerbeaufsichtsamt.
trading standards department *n*	**Gewerbeaufsichtsamt**
workers co-operative *n*	**Genossenschaft**

2.3 Zusammenschlüsse und Übernahmen

• **acquisition** *n* Experts pointed out that the undisclosed foreign **acquisition** might be a prelude to a big move in the domestic market.	**Akquisition, Aufkauf, Erwerb** Experten verwiesen darauf, dass die geheim gehaltene ausländische Akquisition ein Vorzeichen für größere Bewegungen auf dem Binnenmarkt sein könnte.
antitrust law *n (US)*	**Kartellrecht**
• **buyout** *n* The company was forced to agree to the **buyout** by foreign investors.	**Unternehmenskauf, Aufkauf** Das Unternehmen war gezwungen, dem Aufkauf durch ausländische Investoren zuzustimmen.
leveraged buyout *n*	**fremdfinanzierter Unternehmensaufkauf**
• **management buyout** *n*	**Management-Buyout, Übernahme durch die Geschäftsleitung**
• **cartel** *n*	**Kartell**
core activity *n* Our **core activity** consists of securing European-wide patents for our clients.	**Haupttätigkeit** Unsere Haupttätigkeit besteht darin, Patente für unsere Klienten europaweit zu sichern.
cross-holding *n*	**gegenseitige Kapitalbeteiligung**
• **diversification** *n* Through prudent **diversification** the company has managed to get through the recession unscathed.	**Diversifizierung** Durch umsichtige Diversifizierung ist es dem Unternehmen gelungen, ungeschoren durch die Rezession zu kommen.
• **to diversify** *v/t*	**diversifizieren**
• **dominant** *adj* The merger would lead to a **dominant** position in the market.	**marktbeherrschend** Die Fusion würde zu einer marktbeherrschenden Stellung führen.

• **to hold** *v/t* Yoko **holds** about 15 % of Nico's shares.	**halten** *(Anteile)*, **besitzen** *(Aktien)* Yoko besitzt ca. 15 % von Nicos Aktien.
holding company *n* Once a company has acquired 51 % of another company's shares it is said to be the **holding company**.	**Holdinggesellschaft** Wenn ein Unternehmen 51 % der Aktien eines anderen Unternehmens erworben hat, wird es zur Holdinggesellschaft.
• **industrial concern** *n*	**Industriekonzern**
• **integration** *n*	**Integration**
• **joint venture** *n* Partners in a **joint venture** can be individuals as well as corporate bodies.	**Gemeinschaftsunternehmen, Joint Venture** Als Partner bei einem Gemeinschaftsunternehmen kommen sowohl natürliche als auch juristische Personen in Betracht.
link-up *n* A **link-up** would provide our company with the investment it currently lacks.	**Verbindung, Verflechtung, Zusammenschluss** Ein Zusammenschluss würde unserer Firma die Investitionen beschaffen, die ihr momentan fehlen.
• **to merge** *v/ti* It will never be easy to **merge** large and culturally distinct companies.	**fusionieren, verschmelzen, zusammenlegen** Es wird niemals leicht sein, große und kulturell unterschiedliche Unternehmen miteinander zu verschmelzen.
• **merger** *n* The **merger** between the two Bavarian banks will knock Druckner off its perch in second place behind Deko in the league table of German banks.	**Fusion, Zusammenschluss** *(Firmen)* Die Fusion der beiden bayrischen Banken wird die Druckner vom hohen Ross runterholen und hinter der Deko auf den zweiten Platz in der deutschen Bankenliga verweisen.

merger-mania *n* — **Fusionsmanie, Fusionswahn**

The chairman of Yoko bank stressed that his bank was remaining aloof from the **merger-mania**.

Der Vorsitzende der Yoko Bank betonte, dass seine Bank sich bei der Fusionsmanie zurückhalten werde.

• **multinational (corporation)** *n* — **multinationales Unternehmen, multinationaler Konzern, Multi**

In a global economy **multinationals** will no longer be the exception but the norm.

In einer globalen Wirtschaft werden die Multis nicht länger eine Ausnahme sein, sondern zur Norm werden.

---

to own outright *v/t* — **voll und ganz besitzen, volles Eigentumsrecht besitzen**

wholly-owned, fully-owned *adj* — **im Alleineigentum, 100 %ige Tochter-**

It would be difficult to merge our companies if yours is not **wholly-owned** by you.

Es würde Schwierigkeiten bei der Fusionierung unserer Unternehmen geben, wenn Sie nicht das volle Eigentumsrecht an Ihrem Unternehmen besäßen.

• **parent company** *n* — **Muttergesellschaft**

The **parent company** will retain all decision making powers.

Unsere Muttergesellschaft wird alle Entscheidungsbefugnisse beibehalten.

---

to swallow up *colloq v/t* — **schlucken**

• **to take over** *v/t* — **übernehmen, aufkaufen**

Our company was **taken over** last year by a multinational food chain.

Unser Unternehmen wurde im letzten Jahr von einer multinationalen Lebensmittelkette aufgekauft.

• **takeover** *n* — **Übernahme**

The **takeover** by the German car manufacturer took the Japanese completely by surprise.

Die Übernahme durch den deutschen Automobilhersteller kam für die Japaner völlig überraschend.

friendly takeover *n* — **freundliche Übernahme**

hostile takeover *n* — **feindliche Übernahme**

to launch a takeover-bid *phrase*	**ein Übernahmeangebot machen**
takeover-bid *n* The **takeover-bid** fell through in the end.	**Übernahmeangebot** Das Übernahmeangebot ist schließlich nicht zustande gekommen.
● **trust** *n*	**Stiftung, Treuhand (gesellschaft), Trust**

3 Der Mensch

3.1 Personalplanung und -auswahl

• **to advertise a post** *phrase* The **post** must be **advertised** internally and externally.	**eine Stelle ausschreiben** Die Stelle muss intern und extern ausgeschrieben werden.
affirmative action *n* **Affirmative action** may be applied in favour of women or ethnic minorities when two candidates are of equal ability.	**Quotenregelung** Bei gleicher Qualifikation zweier Kandidaten kann die Quotenregelung zugunsten von Frauen oder ethnischen Minderheiten angewendet werden.
a-geographic *adj*	**ageografisch**
applicant *n* There were 25 **applicants** for this job.	**Bewerber(in)** Für diese Stelle gab es 25 Bewerber.
• **application** *n* Please submit a current CV and a handwritten letter of **application** by	**Bewerbung** Bitte reichen Sie Ihren aktuellen Lebenslauf mit handschriftlichem Bewerbungsbrief bis zum … ein.
• **application deadline** *n* The **application deadline** for this post has been extended by two weeks.	**Bewerbungsfrist, Bewerbungsschluss** Die Bewerbungsfrist für diese Stelle ist um zwei Wochen verlängert worden.
• **application form** *n*	**Bewerbungsformular**
to apply *v/t* Why don't you **apply** for this job?	**sich bewerben** Warum bewerben Sie sich nicht um diese Stelle?
to appoint *v/t* He was **appointed** general manager of Coopers & Lybrand.	**ernennen** Er wurde zum Hauptgeschäftsführer von Coopers & Lybrand ernannt.

appraisal *n* The annual **appraisal** of the job performance of each employee meets with little resistance now.	**Bewertung, Beurteilung** Die jährliche Leistungsbeurteilung eines jeden Mitarbeiters trifft heute kaum noch auf Widerstand.
appraiser *n* Both **appraisers** and appraisees require training.	**Bewerter(in), Beurteilende(r)** Sowohl Bewerter als auch zu Beurteilende benötigen eine Ausbildung.
aptitude test *n* All applicants have to undergo an **aptitude test**.	**Eignungstest** Alle Bewerber müssen sich einem Eignungstest unterziehen.
to assess *v/t* The company **assesses** employees' performanceon an annual basis.	**beurteilen** Das Unternehmen führt eine jährliche Leistungsbeurteilung seiner Mitarbeiter durch.
assessment centre *n (GB)*; **assessment center** *n (US)*	**Assessment-Center** *(Ein- bis dreitägiges Personalauswahl-verfahren, bei dem Kandidaten anhand ihres Verhaltens im Rahmen einer Realitätssimulation beurteilt werden.)*
to be on the dole *colloq phrase (GB)*; **to be unemployed** *phrase (US)*	**arbeitslos sein**
brain drain *n*	**Abwanderung Hochqualifizierter**
• **candidate** *n*	**Kandidat(in)**
• **career** *n* Could you describe your **career** to date?	**Beruf(slaufbahn), Werdegang** Könnten Sie uns Ihren bisherigen Werdegang beschreiben?
clockless worker *n*	**Arbeitskraft ohne Zeitbegrenzung**
closing date *n* (→ **application deadline**)	**Bewerbungsfrist, Bewerbungsschluss**

commuter *n*	**Pendler(in)**
corporate concierge *n*	**Chefsekretär(in)**
corporate image (> CI) *n*	**Erscheinungsbild**
CV (< curriculum vitae) *n* *(GB)*; **résumé** *n (US)*	**Lebenslauf**
discrimination *n* The law does not allow **discrimination** on the basis of race, age, gender or trade union activity.	**Diskriminierung** Diskriminierung aufgrund von Rasse, Alter, Geschlecht oder Gewerkschaftszugehörigkeit verstößt gegen das Gesetz.
• **document** *n* Which **documents** should I include with my letter of application?	**Dokument, (Bewerbungs) Unterlagen** Welche Unterlagen soll ich meinem Bewerbungsschreiben beilegen?
drop-out rate *n* The **drop-out rate** from our in-house training programmes is very low.	**Ausfallquote** Die Ausfallquote in unserem innerbetrieblichen Ausbildungsprogramm ist sehr gering.
education *n*	**Ausbildung**
emotional intelligence *n*	**emotionale Intelligenz**
• **employee** *n*	**Arbeitnehmer(in), Angestellte(r)**
• **employer** *n* The CBI (Confederation of British Industry) represents **employers'** interests.	**Arbeitgeber(in)** Der CBI (Äquivalent zum DIHT) vertritt die Interessen der Arbeitgeber.
employment *n*	**Arbeit, Anstellung, Einstellung**
• **employment agency** *n* Many companies rely on **employment agencies** to provide them with temporary staff.	**private Arbeitsvermittlung, private Stellenvermittlung** Für die Vermittlung von Teilzeitkräften greifen viele Firmen auf private Arbeitsvermittler zurück.

employment history *n*	**beruflicher Werdegang, Berufserfahrung**
His **employment history** has been rather checkered.	Sein beruflicher Werdegang verlief sehr unstetig.
• **full-time employment** *n*	**Vollzeitbeschäftigung**
• **part-time employment** *n*	**Teilzeitbeschäftigung**
• **executive coach** *n*	**Führungskräfte-Trainer(in), Führungskräfte-Coach**
experience *n* The ideal candidate will have extensive **experience** of working overseas.	**Erfahrung** Der ideale Bewerber/die ideale Bewerberin sollte umfangreiche Auslandserfahrung besitzen.
flexecutive *n*	**flexible(r) Büroarbeiter(in)**
• **flexitime** *n (GB)*; **flextime** *n (US)*	**Gleitzeit, gleitende Arbeitszeit**
• **freelance** *adj*	**freiberuflich**
• **fully-qualified crafts(wo)man** *n*	*(entspricht etwa:)* **Meister(in)**
• **Further Education college (> FE college)** *n*	**berufsbildende Schule, Berufsschule**
• **graduate** *n* The number of **graduate** jobs increased this year.	**Hochschulabsolvent(in)** Die Anzahl der Stellen für Hochschulabsolventen ist in diesem Jahr gestiegen.
to headhunt *v/t*	**Führungskräfte abwerben**
to hotdesk *v/i*	*(entspricht etwa:)* **einen flexiblen Arbeitsplatz haben**
In a company that **hotdesks** you could sit at a different desk every day.	Bei einer Firma mit flexiblen Arbeitsplätzen könnte man jeden Tag an einem anderen Schreibtisch sitzen.

● **human resources department (> HR)** *n*	**Personalabteilung, Personalwesen**
● **to instruct** *v/t*	**unterrichten, unterweisen, anleiten**
● **instruction** *n*	**Anweisung, Anleitung**
interview *n*	**Auswahlgespräch, Vorstellungsgespräch**
● **to interview** *v/t* Shortlisted candidates will be **interviewed** on 9 May.	**interviewen** Ausgewählte Kandidaten werden am 9. Mai interviewt.
● **job** *n*	**Arbeit, Beruf, Job**
● **job agency** *n* (→ **employment agency**)	**private Arbeitsvermittlung**
job centre *n (GB)*; **job center** *n (US)*	**Arbeitsamt**
job description *n* The **job description** must identify the duties and responsibilities of the post-holder.	**Stellenbeschreibung** Die Stellenbeschreibung muss die Pflichten und den Verantwortungsbereich des Stelleninhabers benennen.
job evaluation *n*	**Bewertung des Arbeitsplatzes**
● **job experience** *n*	**Berufserfahrung**
job offer *n*	**Stellenangebot**
● **job satisfaction** *n*	**Zufriedenheit im Beruf**
● **job sharing** *n* This post is suitable for **job sharing**.	**Arbeitsplatzteilung** Dieser Job eignet sich für eine Arbeitsplatzteilung.
● **job title** *n*	**Berufsbezeichnung**
● **safe job** *n* There is no such thing as a **“safe” job** anymore.	**sicherer Job, sichere Stelle** So etwas wie eine „sichere“ Stelle gibt es heutzutage nicht mehr.
● **secure job** *n*	**sicherer Job, sichere Stelle**

labour market *n*	**Arbeitsmarkt, Arbeitsmarktsituation**
lack of skilled personnel *n*	**Fachkräftemangel**
● **line of work** *n* What **line of work** are you in?	**Beruf** Was sind Sie von Beruf? In welcher Branche arbeiten Sie?
● **manager** *n*	**Geschäftsführer(in)**
● **virtual manager** *n*	**virtuelle(r) Geschäftsführer(in)**
● **managerial** *adj*	**Führungs-**
● **master crafts(wo)man** *n*	**Meister(in)**
to meet one's need *v/t* The firm is unable to **meet** its **need** for skilled computer personnel.	**seinen Bedarf decken** Die Firma ist nicht imstande, ihren Bedarf an Computerfachleuten zu decken.
● **minority** *n* We promote the employment of suitably qualified ethnic **minorities** and the disabled.	**Minderheit** Bei gleicher Qualifikation werden ethnische Minderheiten und Schwerbehinderte bevorzugt eingestellt.
to multi-task *v/i*	**multitasken** *(mehrere Aufgaben bzw. Programme parallel ausführen)*
National Vocational Qualification (> NVQ) *n (GB)* The Government is keen to promote **NVQs** as an alternative to academic A-levels.	*(national anerkanntes Ausbildungssystem)* Die Regierung bemüht sich um die Förderung von NVQs als Ersatz für die akademischen Abiturfächer.
off the clock *phrase*	**unbezahlt**
office free *adj*	**bürofrei**

Der Mensch

operative *n*	**(Fabrik)Arbeiter(in), Maschinist(in)**
All **operatives** have been issued with a copy of our new safety regulations.	Eine Kopie unserer neuen Sicherheitsvorschriften ist an alle Arbeiter ausgehändigt worden.
to outsource *v/t*	**nach außen vergeben, outsourcen**
panel *n*	**Auswahlausschuss, Komitee**
The formal interview was conducted by a **panel** consisting of five people.	Das formale Vorstellungsgespräch wurde von einem fünfköpfigen Auswahlausschuss geführt.
• **performance related pay (> PRP)** *n*	**leistungsbezogenes Gehalt**
• **personal interests** *n pl*	**persönliche Interessen**
Personal interests can say a lot about an applicant's suitability.	Persönliche Interessen können für die Eignung eines Bewerbers sehr aufschlussreich sein.
• **personnel** *n*	**Personal, Belegschaft**
• **personnel department** *n*	**Personalabteilung**
• **professional training** *n*	**berufliche Ausbildung**
• **promotion** *n*	**Beförderung**
promotion prospects *n pl*	**Aussicht auf Beförderung, Aufstiegschancen**
Promotion prospects depend very much on one's performance.	Die Aussicht auf Beförderung hängt sehr von der eigenen Leistung ab.
qualification *n*	**Qualifikation, Abschluss**
The company actively encourages employees to gain further **qualifications**.	Unser Unternehmen ermutigt seine Mitarbeiter dazu, weiterführende Qualifikationen zu erwerben.
• **additional qualification** *n*	**Zusatzqualifikation**
• **qualified** *adj*	**qualifiziert**

• **to recognise** *v/t (GB)*; **to recognize** *v/t (US)*	**anerkennen**
There are 380 qualifications **recognised** under the German day-release system.	Im deutschen dualen System gibt es 380 anerkannte Berufe.
recruitment agency *n* (→ **employment agency**)	**private Stellenvermittlung, Fachvermittlungsdienst, Agentur**
Our company pays high fees to a specialised **recruitment agency** to find the right person for the job.	Unser Unternehmen zahlt hohe Beträge an einen Fachvermittlungsdienst für die Anwerbung geeigneter Mitarbeiter.
• **reference** *n*	**Gutachten, Referenz**
References will normally be taken up prior to the interview.	Normalerweise werden Gutachten vor dem Auswahlgespräch eingeholt.
• **rejection** *n*	**Ablehnung**
The reasons for the **rejection** of a candidate must be recorded and given if asked for.	Die Gründe für die Ablehnung eines Kandidaten müssen schriftlich festgehalten und auf Anfrage mitgeteilt werden.
• **requirement** *n*	**Anforderung, Voraussetzung**
The ability to work under pressure and to meet deadlines is an absolute **requirement** for this post.	Die Fähigkeit, unter Druck zu arbeiten und Termine einhalten zu können, ist unbedingte Voraussetzung für diese Stelle.
• **school leaver** *n (GB)*; **high school graduate** *n (US)*	**Schulabgänger(in)**
The firm takes on **school leavers** and trains them itself.	Die Firma stellt Schulabgänger ein und bildet diese selbst aus.
• **selection process** *n*	**Auswahlverfahren**
• **semi-skilled** *adj*	**angelernt**
• **senior** *adj*	**berufserfahren, Senior-**
You need to speak to our **senior** manager about this matter.	In dieser Angelegenheit müssen Sie mit unserem Seniorchef sprechen.

to shortlist *v/t* We have **shortlisted** five candidates for this post.	**in die engere Wahl ziehen** Wir haben für diese Stelle fünf Kandidaten in die engere Wahl gezogen.
• **skilled person, qualified person** *n*	**Fachkraft**
• **skilled worker, qualified worker** *n*	**Facharbeiter(in)**
smartsizing *n*	**leistungsorientierte Kündigung**
specialisation *n (GB)*; **specialization** *n (US)* A feature of modern business is **specialisation**.	**Spezialisierung** Spezialisierung ist ein Merkmal der modernen Arbeitswelt.
specialist employment agency *n* We tend to use a **specialist employment agency** when we recruit specialised computer personnel.	**Fachvermittlungsdienst** Für die Anwerbung von Computerfachleuten benutzen wir normalerweise einen Fachvermittlungsdienst.
• **staff** *n*	**Belegschaft, Mitarbeiter(innen)**
staff turnover *n* **Staff turnover** was high last year due to the setting up of another machine tool plant nearby.	**Fluktuation der Arbeitskräfte** Wegen der Gründung einer weiteren Werkzeugmaschinenfabrik in unserer Nähe hatten wir im vergangenen Jahr eine große Fluktuation von Arbeitskräften.
• **suitable** *adj*	**geeignet**
• **to take on** *v/t* Due to the overall economic situation we are no longer able to **take on** any more apprentices.	**einstellen** Aufgrund der allgemeinen Wirtschaftslage sehen wir uns nicht mehr imstande, weitere Lehrlinge einzustellen.

● **testimonial** *n (GB)*; **letter of recommendation** *n (US)*	**Arbeitszeugnis**
The **testimonial** from his previous employer is good but it is now 5 years old.	Das Arbeitszeugnis von seinem vorherigen Arbeitgeber ist gut, aber bereits 5 Jahre alt.
unemployed *adj*	**arbeitslos**
● **university degree** *n*	**Universitätsabschluss**
● **unskilled** *adj*	**ungelernt, Aushilfs-**
● **unsuitable** *adj*	**ungeeignet**
vacancy *n*	**offene Stelle, freie Stelle**
I regret to inform you that there are no **vacancies** in our company at the moment.	Wir müssen Ihnen leider mitteilen, dass es in unserem Unternehmen zurzeit keine offenen Stellen gibt.
to fill a vacancy *phrase*	**eine Stelle besetzen**
● **with a first degree** *phrase (GB)*; **with a Bachelor's degree** *phrase (US)*	**mit abgeschlossenem Hochschulstudium, mit einem Bachelor-Abschluss**
(blue-collar) worker *n*	**Arbeiter(in)**
open-collar worker *n*	**Telearbeiter(in)**
pink-collar worker *n*	**einen typischen Frauenberuf Ausübende(r)**
white-collar worker *n*	**Büroangestellte(r)**
working conditions *n pl*	**Arbeitsbedingungen**
Working conditions have worsened considerably under the present government.	Die Arbeitsbedingungen haben sich unter der amtierenden Regierung erheblich verschlechtert.
working from home *n*; **telecommuting** *n*	**Telearbeit**

Der Mensch

3.2 Arbeitsvertrag und Tarifvertrag

● **absence** *n* The **absence** record is unsatisfactory.	**Abwesenheit** Die Anzahl der Fehltage lässt zu wünschen übrig.
absenteeism *n* The rate of **absenteeism** is too high in your department.	**Abwesenheit, Fehlzeit** Die Abwesenheitsrate in Ihrer Abteilung ist zu hoch.
● **attendance** *n*	**Anwesenheit**
● **bereavement** *n* Employees are allowed compassionate leave in the event of a **bereavement**.	**Trauerfall** Mitarbeiter können aus familiären Gründen (z. B. Trauerfall) Urlaub erhalten.
to clock in *v/i*	**einstempeln**
to clock out *v/i*	**ausstempeln**
collective *n*	**Genossenschaft**
● **collective agreement** *n*	**Tarifvertrag**
● **collective bargaining** *n* **Collective bargaining** takes place between representatives of the employers and of the trade unions.	**Tarifverhandlungen** Tarifverhandlungen finden zwischen den Vertretern der Arbeitgeber und den Gewerkschaften statt.
● **to commence** *v/t* You will have to hand in your notice now if you wish to **commence** your new job as of 1 September.	**beginnen** Sie müssen jetzt kündigen, wenn Sie Ihre neue Tätigkeit mit Wirkung vom 1. September aufnehmen wollen.
● **commencement** *n*	**Beginn**
● **compensation** *n* Employees with at least two years' service are entitled to redundancy **compensation**.	**Entschädigung** Bei einer Mindestbeschäftigungsdauer von zwei Jahren haben Mitarbeiter im Falle einer Entlassung Anspruch auf Entschädigung.
conditions of employment *n pl*	**Arbeitsbedingungen**

• **consultation** *n* The management acted in full **consultation** with employees.	**Absprache, Einverständnis** Die Geschäftsleitung handelte in vollem Einverständnis mit den Mitarbeitern.
• **contract** *n*	**Vertrag**
• **fixed-term contract** *n* Employees on a **fixed-term contract** cannot claim unfair dismissal if their contract is not renewed when it expires.	**Zeitvertrag, zeitlich begrenzter Vertrag** Arbeitnehmer mit Zeitverträgen können sich nicht auf unrechtmäßige Entlassung berufen, wenn ihr Vertrag nach Ende der Vertragsdauer nicht erneuert wird.
• **part-time contract** *n* She currently has a **part-time contract** and is interested in a full-time post.	**Teilzeitvertrag** Sie hat momentan einen Teilzeitvertrag und ist an einer Vollzeitstelle interessiert.
termination of contract *n*	**Auflösung des Arbeitsvertrags, Beendigung des Arbeitsvertrags, Kündigung des Arbeitsvertrags**
contractual arrangements *n pl* The employee complained about an infringement of the companies' **contractual arrangements**.	**Vertragsbestimmungen** Der Arbeitnehmer beschwerte sich über einen Verstoß gegen die Vertragsbestimmungen seitens der Firmenleitung.
custom and practice *phrase* The contract of employment contains implied terms based on **custom and practice** in the printing industry.	**handelsüblich** Der Arbeitsvertrag enthält implizite Regelungen, die in der Druckindustrie handelsüblich sind.
death-in-service benefit *n* The employee's dependants are entitled to **death-in-service benefit** if he dies while in employment.	**finanzielle Unterstützung bei tödlichem Arbeitsunfall** Falls ein Mitarbeiter einen tödlichen Arbeitsunfall erleidet, haben die Angehörigen Anrecht auf finanzielle Unterstützung.

demotion *n*	**Herabstufung**
● **discretion** *n* The terms of employment may be varied at the **discretion** of the employer.	**Ermessen** Es steht im Ermessen des Arbeitgebers, die Arbeitsbedingungen zu ändern.
to dismiss *v/t*	**entlassen**
dismissal *n*	**Entlassung**
unfair dismissal *n* The employee claimed **unfair dismissal** on the grounds that the company had changed his contract of employment without his consent.	**rechtswidrige Entlassung, unrechtmäßige Entlassung** Der Mitarbeiter behauptete, er sei rechtswidrig entlassen worden, da die Firma seinen Arbeitsvertrag ohne seine Zustimmung geändert habe.
● **duty** *n* The employee shall undertake such **duties** as the employer may reasonably require.	**Pflicht, Aufgabe** Dem Arbeitnehmer obliegen solche Pflichten, die der Arbeitgeber als zumutbar verlangen kann.
● **to be entitled to** *v/t* You **are entitled to** take four weeks paid holiday per year.	**Anspruch haben auf** Sie haben Anspruch auf vier Wochen bezahlten Urlaub im Jahr.
EOE (< equal opportunity employer) *n (US)*	**auf Chancengleichheit achtende(r) Arbeitgeber(in)**
● **equal pay** *n*	**gleiche Bezahlung, gleiche Entlohnung**
● **Equal Pay Act** *n* The **Equal Pay Act** gives both men and women the right to equal treatment in employment contracts.	**Gesetz über gleiche Entlohnung** Das Gesetz über gleiche Entlohnung sichert Männern und Frauen das Gleichbehandlungsrecht bei Anstellungsverträgen zu.

• **equal opportunities** *n pl* The **Equal Opportunities** Commission's Code of Practice requires employers to treat men and women equally in all respects.	**Chancengleichheit** Der Verhaltenskodex der Kommission für Chancengleichheit fordert von den Arbeitgebern eine Gleichbehandlung von Männern und Frauen in jeder Hinsicht.
flat-rate (state) pension *n* The **flat-rate pension** is payable to everyone of pensionable age.	**staatliche Einheitsrente, Mindestrente** Die staatliche Mindestrente steht jedem Bürger im Rentenalter zu.
glass ceiling *n*	**gläserne Decke** *(unsichtbare Barriere, die Frauen und Angehörige von Minderheiten am Aufstieg hindert)*
silver ceiling *n*	**silberne Decke** *(unsichtbare Barriere, die ältere Angestellte am Aufstieg hindert)*
gross misconduct *n* After physically assaulting a fellow employee he was dismissed without notice for **gross misconduct**.	**grobes Fehlverhalten** Nach einem tätlichen Angriff auf einen Mitarbeiter wurde er wegen groben Fehlverhaltens fristlos entlassen.
health and safety *n*	**Arbeitsschutz**
industrial injury *n*	**Betriebsunfall**
• **infringement** *n*	**Regelverstoß**
• **infringement of contract** *n* She claimed that the new requirement to work on a Saturday was an **infringement of** her **contract**.	**Vertragsverstoß** Sie behauptete, dass die neue Regelung, samstags zu arbeiten, einen Vertragsverstoß darstelle.
job security *n*	**Arbeitsplatzsicherheit**

Der Mensch

leave, holiday *n (GB)*; **vacation** *n (US)*	**Urlaub, Beurlaubung**
• **annual leave** *n*	**Jahresurlaub**
• **compassionate leave** *n (GB)*; **family leave** *n (US)*	**Urlaub aus familiären Gründen**
leave entitlement *n* The post carries an annual **leave entitlement** of five weeks.	**zustehender Urlaub** In dieser Stelle steht Ihnen ein Jahresurlaub von fünf Wochen zu.
• **maternity leave** *n*	**Mutterschaftsurlaub**
• **on leave** *phrase* She is **on leave** this week.	**beurlaubt, im Urlaub** Sie ist diese Woche beurlaubt.
paternity leave *n*	**Vaterschaftsurlaub**
sick leave *n*	**Beurlaubung wegen Krankheit**
length of service *n* In a money purchase scheme the pension is determined by the amount of money invested, **length of service** is irrelevant.	**Dienstjahre** Bei einer Geldmarktanlage wird die Rente durch die Höhe der Investitionssumme festgelegt, die Dienstjahre sind dabei irrelevant.
liability *n* The employer denied **liability** for the accident.	**Haftung** Der Arbeitgeber bestritt, für den Arbeitsunfall haftbar zu sein.
lump sum *n* On retirement a long-serving employee receives a **lump sum** equivalent to one year's pay.	**Pauschale, Pauschalsumme** Langjährige Mitarbeiter erhalten bei ihrer Pensionierung eine einmalige Pauschale in der Höhe ihres Jahreseinkommens.
• **to make s.o. redundant** *phrase (GB)*; **to give s.o. the pink slip** *phrase (US)* Then he was **made redundant** for the third time in two years.	**jdn entlassen** Dann wurde er zum dritten Mal innerhalb von zwei Jahren arbeitslos.

national minimum wage *n* Opponents of a **national minimum wage** fear it would increase unemployment.	**nationaler Mindestlohn** Gegner eines national geregelten Mindestlohns befürchten, dass dieser zu einer steigenden Arbeitslosigkeit führen würde.
• **notice** *n* A three month period of **notice** is required.	**Kündigung** Eine dreimonatige Kündigungsfrist ist erforderlich.
to give notice *n*	**die Kündigung einreichen**
• **occupational health** *n*	**berufliche Gesundheitsfürsorge**
party *n* The two **parties** were satisfied with the outcome of their negotiations.	**Tarifpartner, Tarifpartei** Beide Tarifpartner erklärten sich zufrieden mit dem ausgehandelten Ergebnis.
• **probation** *n* (→ **probationary period**)	**Probezeit**
• **probationary period** *n* A recruit must serve a **probationary period** of one year, after which his/her appointment is confirmed.	**Probezeit** Vor ihrer Festanstellung müssen neue Mitarbeiter zunächst eine Probezeit von einem Jahr absolvieren.
redeployment *n*	**Wiederbeschäftigung, erneute Beschäftigung**
• **redundancy** *n* The management promised that they would not lay off staff indiscriminately but operate a voluntary **redundancy** scheme instead.	**Entlassung, Ausscheiden** Die Geschäftsleitung versprach, Mitarbeiter nicht wahllos zu entlassen, sondern stattdessen Möglichkeiten zum freiwilligen Ausscheiden anzubieten.
• **to reinstate** *v/t* The tribunal ordered that the employee be **reinstated** in the same post.	**wieder einstellen** Das Arbeitsgericht ordnete an, die Mitarbeiterin in ihre frühere Position wieder einzustellen.
• **to resign** *v/i*	**kündigen, zurücktreten**

● **resignation** *n*	**Kündigung, Rücktritt**
responsibility *n*	**Verantwortungsbereich, Zuständigkeit**
to retire *v/i*	**in Pension gehen, in Ruhestand treten**
● **retirement** *n*	**Ruhestand**
● **early retirement** *n*	**Frühpension, vorzeitiger Ruhestand**
He opted for **early retirement**.	Er entschied sich dazu, vorzeitig in den Ruhestand zu gehen.
● **to sack** *v/t (GB)*; **to fire** *v/t (US)*	**entlassen, feuern, hinauswerfen**
safeguard *n*	**Absicherung, Sicherheit**
This exclusivity clause is included as a **safeguard** against the divulgence of confidential information to competitors.	Diese Exklusivitätsklausel ist eingefügt, um die Weitergabe von vertraulicher Information an Konkurrenten zu verhindern.
severance pay *n*	**Abfindung(ssumme)**
short-time working *n*	**Kurzarbeit**
Because of a slump in orders the management introduced **short-time working**.	Aufgrund von Auftragsrückgängen führte die Geschäftsleitung Kurzarbeit ein.
statutory requirement *n*	**gesetzliche Anforderung, Satzungsanforderung**
In accordance with the **statutory requirements** …	Satzungsgemäß …
● **to suspend** *v/t*	**beurlauben, suspendieren**
The employee was **suspended** from work during the investigation of the case.	Der Mitarbeiter wurde während der Untersuchung des Falles vom Dienst suspendiert.
● **suspension** *n*	**Suspendierung** *(vom Dienst)*

• **temp** *colloq* **(< temporary worker)** *n*	**Aushilfskraft, Zeitarbeitskraft**
He worked as a **temp** for an employment agency.	Er hat als Aushilfskraft für eine Stellenvermittlung gearbeitet.
to temp *colloq v/i*	**als Aushilfskraft arbeiten, Zeitarbeit machen**
time off from work *phrase*	**Freistellung von der Arbeit**
The employee is entitled to **time off from work** for union activities.	Der Angestellte hat das Recht, für Gewerkschaftsangelegenheiten von der Arbeit freigestellt zu werden.
time off in lieu *phrase*	**Gleittag, freie Zeit für geleistete Überstunden**
Unfortunately we are unable to pay overtime, but you may take **time off in lieu**.	Leider können wir keine Überstunden bezahlen, aber Sie können sich die entsprechende Zeit freinehmen.
welfare *n*	**Fürsorge**
The company provides a **welfare** and counselling service.	Unsere Firma bietet einen Fürsorge- und Beratungsdienst an.
• **workforce** *n*	**Belegschaft, Arbeitskräfte**
• **working hours** *n pl*	**Arbeitszeit**
Normal **working hours** are 9 a.m. to 5 p.m.	Die normale Arbeitszeit dauert von 9 bis 17 Uhr.
• **workplace** *n*	**Arbeitsplatz**
Smoking at the **workplace** is not allowed.	Das Rauchen am Arbeitsplatz ist nicht gestattet.

3.3 Löhne und Gehälter

additional voluntary contributions (> AVCs) *n pl* With an employer's pension scheme you can pay **additional voluntary contributions** to increase your final pension.	**freiwillige Zusatzbeiträge** Bei einer betrieblichen Rentenversicherung kann man freiwillige Zusatzbeiträge einzahlen, um die Endsumme der Rente zu erhöhen.
• **annual** *adj*	**jährlich, Jahres-**
• **annually** *adv*	**jährlich**
• **bonus** *n*	**Bonus, Prämie**
• **to buy back** *v/t* Public service employees have the option to **buy back** added years for their pension schemes.	**zurückkaufen, erkaufen** Angestellte im öffentlichen Dienst haben die Möglichkeit, verlorene Jahre für ihre Rentenversicherung zurückzukaufen.
to contract out *v/ti* Many employees **contract out** of SERPS and join an employer's pension scheme or have their own personal pension.	**sich befreien lassen, sich nicht beteiligen** Viele Arbeitnehmer lassen sich von der staatlichen Altersversorgung befreien und treten einer betrieblichen Rentenversicherung bei oder haben ihre eigene private Altersversorgung.
contribution *n*	**Beitrag(sleistung), Zuschuss**
contributory pension scheme *n (GB)*; **retirement fund** *n (US)* Employees contribute around 6 % of their earnings to the **pension scheme**.	**beitragspflichtige Altersversorgung** Die Beschäftigten tragen etwa 6 % ihres Verdienstes zu ihrer Altersversorgung bei.
daily allowance *n (GB)*; **per diem** *n (US)*	**Tagessatz**
• **deduction** *n*	**Abzug**
• **fixed deductions** *n pl*	**feste Abzüge**

• **variable deductions** *n pl*	**variable Abzüge**
• **double time** *n*	**zweifacher Lohn, hundertprozentige Zulage**
• **earnings** *n pl*	**Einkünfte**
on target earnings (> O.T.E.) *n pl*	**zu erreichendes Einkommen**
The basic pay is low but the commission on sales gives **O.T.E.** of £ 60,000 p.a. (per annum).	Das Grundgehalt ist niedrig, aber das durch Verkaufsprovision zu erreichende Jahreseinkommen beträgt £ 60 000.
• **employer's pension scheme** *n (GB)*; **retirement plan** *n (US)*	**betriebliche Altersversorgung**
• **expenses** *n pl*	**Spesen**
Expenses can only be refunded on presentation of receipts.	Spesen können nur gegen Vorlage von Quittungen erstattet werden.
fringe benefit *n*	**Zusatzleistungen** *(des Arbeitgebers)*
The **fringe benefits** include private healthcare paid by the employer.	Die Zusatzleistungen des Arbeitgebers schließen die Zahlung einer privaten Krankenversicherung ein.
golden handshake *n*	**goldener Handschlag** *(Abfindung für vorzeitiges Ausscheiden)*
• **gross** *adj adv*	**brutto**
incentive *n*	**Leistungsanreiz, Leistungsprämie**
The company rewards patentable inventions through an **incentive** scheme.	Die Firma bietet Leistungsprämien für patentierbare Erfindungen.
• **income tax** *n*	**Lohnsteuer, Einkommenssteuer**
• **increment** *n*	**Gehaltsstufe, Steigerung(sstufe)**
Your salary will increase by one **increment** each year.	Ihr Gehalt erhöht sich jedes Jahr um eine Gehaltstufe.

• **monthly** *adv*	**monatlich, pro Monat**
national insurance *n*	**Sozialversicherung**
national insurance contributions *n pl (GB)*; **social security contributions** *n pl (US)*	**Beiträge zur Sozialversicherung**
National insurance contributions are automatically deducted from your pay.	Beiträge zur Sozialversicherung werden automatisch von Ihrem Gehalt einbehalten.
• **net** *adj adv*	**netto**
on a pro rata basis *phrase*	**anteilig, anteilsmäßig**
Employees on part-time contracts are paid **on a pro rata basis**.	Arbeitnehmer mit Teilzeitverträgen werden anteilsmäßig bezahlt.
• **to opt out** *v/ti* (→ **contract out**)	**sich befreien lassen**
• **overtime** *n*	**Überstunden**
• **pay** *n*	**Entgelt, Gehalt**
After tax and other deductions your take home **pay** will be in the region of 2,500 euros per month.	Nach Abzug von Steuern und Sozialabgaben werden Ihnen netto ca. 2500 Euro im Monat übrig bleiben.
back pay *n*	**Gehaltsnachzahlung**
You are entitled to **back pay** because your starting salary was incorrectly calculated.	Sie haben Anrecht auf eine Gehaltsnachzahlung, da Ihr Anfangsgehalt falsch berechnet wurde.
• **basic pay** *n*	**Grundgehalt**
• **hourly (rate of) pay** *n*	**Stundenlohn**
What is the going **hourly rate of pay** for a receptionist these days?	Wie hoch ist der gängige Stundenlohn für eine Empfangsdame heutzutage?
maternity pay *n*	**Mutterschaftsgeld**
• **pay scale** *n*	**Gehaltsskala**
You are presently on point 11 of the **pay scale**.	Sie sind zurzeit auf der Stufe 11 in der Gehaltsskala.

● **pay statement** *n (GB)*; **pay stub** *n (US)*	**Gehaltsauszug**
The **pay statement** is itemised to show deductions.	Die Gehaltsabrechnung weist Einzelposten auf, so dass die Abzüge ersichtlich sind.
● **sick pay** *n*	**Krankengeld**
take home pay *n*	**Nettoverdienst**
● **to pay** *v/ti*	**(be)zahlen**
to pay in advance *v/t*	**vorauszahlen**
The rent has to be **paid** 2 months **in advance**.	Die Miete muss zwei Monate im Voraus bezahlt werden.
● **payable** *adj*	**zahlbar**
Income tax is **payable** on your earnings less your personal allowance.	Die Lohnsteuer ist zahlbar von Ihrem Gehalt abzüglich des Freibetrages.
PAYE (< pay as you earn) *phrase (GB)*; **pay as you go** *phrase (US)*	**Lohnsteuerabzug, Quellenbesteuerung**
With a limited company, tax is deducted from your salary each month under the **PAYE** system.	Bei einer GmbH werden die Steuern monatlich im Lohnsteuerabzugsverfahren entrichtet.
● **pension scheme** *n (GB)*; **pension plan** *n (US)*	**Altersversorgung, Rentenversorgung, Pension**
non-contributory pension scheme *n (GB)*; **plan** *n (US)*	**nicht beitragspflichtige Altersversorgung**
Our company used to operate a **non-contributory pension scheme**.	In unserer Firma gab es eine nicht beitragspflichtige Altersversorgung.
pension top-up scheme *n*	**Zusatzrente**
Since 1995, employers have been obliged to offer **pension top-up schemes**.	Seit 1995 sind Arbeitgeber verpflichtet, eine Zusatzrente anzubieten.
● **per annum (> p.a.)** *adv*	**pro Jahr, jährlich**
● **per month** *adv*	**pro Monat, monatlich**

perk *colloq n*	**(Zusatz)Vergünstigung, Nebenleistung**
Big companies spend too much money on **perks** for management.	Große Firmen geben zu viel Geld an Nebenleistungen für die Geschäftsleitung aus.
● **personal allowance** *n*	**(Steuer)Freibetrag**
A married man's **personal allowance** currently stands at £ 3,765 per year.	Der Steuerfreibetrag für Verheiratete beträgt zurzeit £ 3765.
● **personal pension** *n (GB)*; **individual retirement account (> IRA)** *n (US)*	**private Rentenversicherung**
The self-employed are advised to take out a **personal pension**.	Selbstständige Erwerbstätige werden angehalten, eine private Rentenversicherung abzuschließen.
piece rate *n*	**Stücklohn**
● **profit-sharing** *n*	**Gewinnbeteiligung**
remuneration *n*	**Entgelt, Honorar, Vergütung**
I'm afraid there is no **remuneration** for this honorary post.	Leider gibt es für diese ehrenamtliche Tätigkeit keine Vergütung.
● **rise** *n (GB)*; **raise** *colloq n (US)*	**Lohnerhöhung, Gehaltserhöhung**
Pay **rises** decline when profitability falls.	Lohnerhöhungen gehen zurück, wenn die Rentabilität fällt.
● **salary** *n*	**Gehalt**
The **salary** is payable at the end of each calendar month.	Das Gehalt wird jeweils am Monatsende ausgezahlt.
final salary *n*	**Endgehalt**
● **salary slip** *n*	**Gehaltsabrechnung**
SERPS (< State Earnings Related Pension Scheme) *n*	**staatliche Altersversorgung** *(die sich nach der Höhe des Gehaltes richtet)*
shift *n*	**Schicht**

late shift *n*	**Spätschicht**
The **late shift** is also called the graveyard shift in the States.	In den Staaten wird Spätschicht auch „Friedhofsschicht" genannt.
shift pay *n*	**Schichtzulage**
• **statutory** *adj*	**gesetzlich**
The **statutory** deductions for National Insurance are listed on your salary slip.	Die gesetzlichen Abzüge für die Krankenkasse sind auf Ihrer Gehaltsabrechnung vermerkt.
suggestion scheme *n*	**System für Verbesserungsvorschläge**
• **tax return** *n*	**Einkommenssteuererklärung**
The Inland Revenue requires you to complete a **tax return** every year.	Das Finanzamt verlangt eine jährliche Einkommenssteuererklärung.
time and a half *phrase*	**anderthalbfacher Lohn, anderthalbfache Überstundenzulage**
Overtime rates are **time and a half** on Saturdays and double time on Sundays.	Samstags gibt es eine anderthalbfache und sonntags eine doppelte Überstundenzulage.
• **unemployment benefit** *n*	**Arbeitslosengeld**
• **wage** *n*	**Lohn**
• **basic wage** *n (GB)*; **base wage** *n (US)*	**Grundlohn**
The **basic wage** at our Munich plant is euro 10.50 per hour.	Der Grundlohn in unserer Münchner Fabrik beträgt 10,50 Euro pro Stunde.
• **wage claim** *n*	**Gehaltsforderung**
wage freeze *n*	**Lohnstopp**
to work unsocial hours *phrase*	**außerhalb der normalen Arbeitszeit arbeiten**
Due to unprecedented demand staff were asked to **work unsocial hours**.	Wegen der außergewöhnlichen Nachfrage wurde die Belegschaft gebeten, außerhalb der normalen Arbeitszeit zu arbeiten.

3.4 Aus- und Fortbildung

• **apprentice** *n (GB)*; **intern** *n (US)* It is illegal for the training company to bind the **apprentice** in any way.	**Auszubildende(r), Lehrling** Jegliche Form der Bindung des Auszubildenden an das Unternehmen ist rechtlich unzulässig.
• **apprenticeship** *n (GB)*; **internship** *n (US)* Almost all of our German employees have vocational qualifications based on a three-year **apprenticeship**.	**Lehre, Lehrzeit** Fast alle unserer deutschen Mitarbeiter haben als Berufsabschluss eine dreijährige Lehre absolviert.
• **day-release scheme** *n* The company's **day-release scheme** enables employees to gain additional qualifications.	**Freistellung zu Ausbildungszwecken, „Duales System"** Die tageweise Freistellung zu Ausbildungszwecken ermöglicht es Arbeitnehmern, zusätzliche Qualifikationen zu erwerben.
deskilling *n* Widespread use of information technology is leading to the **deskilling** of sections of the workforce.	**Herabstufung von Arbeitsplätzen** Die weitverbreitete Benutzung von Informationstechnologie hat bei einigen Berufsgruppen zu einer Herabstufung von Arbeitsplätzen geführt.
in-company training *n*	**Ausbildung** *(vor Ort, im Haus)*
• **induction** *n* **Induction** familiarises new employees with the organisation.	**Einführung, Einweisung, Einarbeitung** Die Einführung dient dazu, neue Mitarbeiter mit dem Unternehmen vertraut zu machen.
in-service training *n* We have opted for a three-day **in-service training** programme this year.	**innerbetriebliche Aus-, Fortbildung** Wir haben uns in diesem Jahr für ein dreitägiges innerbetriebliches Fortbildungsprogramm entschieden.
• **on-the-job training** *n*	**Ausbildung (am Arbeitsplatz), betriebsinterne Ausbildung**

professional development *n*	**(berufliche) Weiterbildung**
● **to release** *v/t*	**freistellen**
● **to retrain** *v/t* Our company has **retrained** a number of existing staff who otherwise would have been made redundant.	**umschulen** Unsere Firma hat eine Anzahl bisheriger Mitarbeiter umgeschult, die ansonsten arbeitslos geworden wären.
● **retraining** *n*	**Umschulung**
● **skill** *n* New technologies bring into being a host of new jobs needing new **skills**.	**Fertigkeit, Fähigkeiten, Fachkenntnisse** Neue Technologien schaffen eine Menge neuer Stellen, die neue Fachkenntnisse erfordern.
● **language skills** *n pl*	**Sprachkenntnisse**
skill shortage *n* When there is a **skill shortage** you cannot assume that training is always going to provide the answer.	**Fachkräftemangel** Es wäre falsch anzunehmen, dass ein Fachkräftemangel allein durch Ausbildung behoben werden kann.
● **skilled** *adj* We need **skilled** employees in order to remain competitive.	**ausgebildet, qualifiziert** Wir brauchen gut ausgebildete Mitarbeiter, um konkurrenzfähig zu bleiben.
● **supervisor** *n*	**Ausbilder(in), Vorgesetzte(r), Vorarbeiter(in)**
syllabus *n*	**Lehrplan**
● **to train** *v/t*	**ausbilden**
● **trainee** *n* The employer must release the **trainee** for a day or two each week to attend a vocational college.	**Auszubildende(r)** Der Arbeitgeber muss den Auszubildenden ein oder zwei Tage pro Woche für den Besuch einer Berufsschule freistellen.

• **training** *n*	**Ausbildung, Schulung**
Training Agency *n*	**Training Agency, Amt für Ausbildungskoordination**
training and development *n* We have increased our **training and development** budget by 5 % this year.	**Aus- und Fortbildung** Wir haben unser Budget für Aus- und Fortbildung in diesem Jahr um 5 % erhöht.
• **training centre** *n (GB)*; **training center** *n (US)*	**Ausbildungszentrum**
• **training course** *n* Places for **training courses** will be allocated on a first come first served basis.	**Fortbildungskurs, Seminar** Plätze für Fortbildungsseminare werden strikt der Reihenfolge der Anmeldungen nach vergeben.
• **training manager** *n*	**Ausbildungsleiter(in)**
• **training period** *n*	**Ausbildungszeit**
training providers *n pl* **Training providers** include TECs (Training & Enterprise Councils), Colleges of Further Education, universities and private-sector agencies.	**Anbieter von (Berufs) Ausbildungsprogrammen** Anbieter von Ausbildungsprogrammen schließen staatliche Einrichtungen wie die TECs, Berufsschulen, Universitäten sowie private Ausbildungsstätten ein.
• **vocational training** *n*	**berufliche Ausbildung**

3.5 Gewerkschaften und Mitbestimmung

ACAS (< Advisory, Conciliation and Arbitration Service) *n* — **staatliche Schlichtungsstelle**

Despite some failures **ACAS** has had much success in bringing industrial disputes to a peaceful conclusion.

Trotz mancher Fehlschläge hat ACAS bei der friedlichen Beilegung von Arbeitskämpfen viele Erfolge zu verzeichnen.

AFL-CIO (< American Federation of Labor and Congress of Industrial Organizations) *n (US)* — **Dachverband der amerikanischen Industriegewerkschaften**

● **agreement** *n* — **Einigung**

An **agreement** was reached after four rounds of secret talks between the key negotiators.

Nach vier geheimen Gesprächsrunden zwischen den Hauptverhandlungsführern wurde eine Einigung erzielt.

no-strike agreement *n* — **Übereinkunft, nicht zu streiken**

● **pay agreement** *n* — **ausgehandelter Tariflohn**

The Ford **pay agreement** serves as a benchmark for the rest of the motor industry.

Der von Ford ausgehandelte Tariflohn setzt Maßstäbe für die Verhandlungen in der restlichen Automobilindustrie.

arbitration *n* — **Schlichtung**

Arbitration means that both sides agree to accept the verdict of a third party.

Schlichtung bedeutet, dass beide Seiten das Urteil einer dritten Partei akzeptieren.

arbitrator *n* — **Schlichter(in)**

The ACAS **arbitrator** seeks to help the parties in dispute to reach a settlement through discussion and compromise.

Der ACAS Schlichter versucht mit den Streitparteien durch Diskussion und Kompromissvorschläge eine Einigung zu erzielen.

• **to avert** *v/t* After two days of intense negotiations a strike was finally **averted**.	**vermeiden, abwenden** Nach zwei Tagen intensiver Verhandlungen konnte ein Streik schließlich doch noch vermieden werden.
• **ballot** *n* When all attempts at arbitration had failed the unions called a strike **ballot**.	**Abstimmung, Urabstimmung** Nachdem alle Schlichtungsversuche gescheitert waren, riefen die Gewerkschaften zur Urabstimmung über Kampfmaßnahmen auf.
• **secret ballot** *n*	**geheime Abstimmung**
• **to bargain** *v/ti* As in previous years the union will want to **bargain** for a reduction in the hours worked per week.	**aushandeln, verhandeln** Wie in den Jahren zuvor wird die Gewerkschaft eine Reduzierung der wöchentlichen Arbeitszeit aushandeln wollen.
• **to break down** *v/i*	**scheitern**
• **breakdown** *n* Both sides blamed each other for the **breakdown** in negotiations.	**Scheitern** Für das Scheitern der Verhandlungen wiesen sich beide Partner gegenseitig die Schuld zu.
closed shop *n* In a **closed shop** an employee has to belong to a trade union.	**gewerkschaftspflichtiger Betrieb** In einem gewerkschaftspflichtigen Betrieb muss jeder Arbeitnehmer einer Gewerkschaft angehören.
code of practice *n* The EOC's **code of practice** deals with many types of discrimination.	**Verhaltensmaßregel, Verhaltenskodex** Der Verhaltenskodex der Kommission für Chancengleichheit befasst sich mit vielen Arten der Diskriminierung.
• **co-determination** *n (GB)*; **codetermination** *n (US)*	**Mitbestimmung**

• **compensation** *n* The employee claimed **compensation** for loss of earnings during the lockout.	**Entschädigung, Schadensersatz** Der Arbeitnehmer verlangte Schadensersatz für den Verdienstverlust während der Aussperrung.
conciliation *n* The chances of reaching an agreement by **conciliation** are minimal in this dispute.	**gütliche Einigung** Die Chancen auf eine gütliche Einigung in diesem Konflikt sind äußerst gering.
• **confrontation** *n*	**Konfrontation**
cooling-off period *n* The Government proposed a one month **cooling-off period** in the postal dispute to avoid further strikes.	**Friedenspflicht** Die Regierung schlug für den Poststreik eine Friedenspflicht von einem Monat vor, um weitere Kampfmaßnahmen zu vermeiden.
• **deal** *n* A **deal** between employers and trade union representatives was announced at 12.30 a.m.	**Einigung** Eine Einigung zwischen Arbeitgebern und Gewerkschaftsvertretern wurde um 0.30 Uhr bekannt gegeben.
demand *n* Union **demands** were not met by the firm.	**Forderung** Die Firma gab den Forderungen der Gewerkschaft nicht nach.
Department for Education and Skills (> DfES) *n (GB) (since 2001)*	**Ministerium für Bildung und Ausbildung** *(ungefähre deutsche Entsprechung: Bundesministerium für Bildung und Forschung, BMBF)*
Department for Work and Pensions (> DWP) *n (GB) (since 2001)*	**Ministerium für Arbeit und Rentenversorgung** *(ungefähre deutsche Entsprechung: Bundesministerium für Arbeit und Soziales, BMAS)*
disciplinary procedure *n*	**Disziplinarverfahren**

to down tools *phrase* In protest at the dismissal of a colleague union members **downed tools** for an unspecified period of time.	**die Arbeit niederlegen** Aus Protest gegen die Entlassung eines Kollegen legten die Gewerkschaftler auf unbestimmte Zeit ihre Arbeit nieder.
downsizing *n* The unions reacted angrily to the management's **downsizing** plans.	**„Herunterfahren", Rationalisierung** Die Gewerkschaften reagierten mit Verärgerung über die Rationalisierungspläne der Geschäftsführung.
Equal Opportunities Commission (> EOC) *n*	**Kommission für Chancengleichheit**
grievance *n* The worker took out a **grievance** procedure against his employer.	**Beschwerdeverfahren** Der Arbeitnehmer leitete ein Beschwerdeverfahren gegen seinen Arbeitgeber ein.
• **industrial action** *n* About a quarter of the employees voted for **industrial action** while the majority abstained.	**Kampfmaßnahme** Etwa ein Viertel der Arbeitnehmer stimmte für Kampfmaßnahmen, während sich die Mehrheit der Stimme enthielt.
• **industrial relations** *n pl* Industries hit by the recession often have problems with **industrial relations**.	**Arbeitgeber-Arbeitnehmerbeziehungen** Von der Rezession betroffene Unternehmen haben oft Probleme mit den Arbeitgeber-Arbeitnehmerbeziehungen.
industrial tribunal *n* The **industrial tribunal** found in favour of the sacked employee and awarded substantial damages.	**Schiedsgericht** Das Schiedsgericht gab dem entlassenen Arbeitnehmer Recht und gewährte ihm eine beträchtliche Entschädigungssumme.
• **labour dispute** *n (GB)*; **labor dispute** *n (US)*	**Arbeitskonflikt**

labour relations *n pl (GB)*; **labor relations** *n pl (US)* (→ **industrial relations**)	**Arbeitgeber-Arbeitnehmer-beziehungen**
to lay off *v/t*	**entlassen** *(aufgrund von Arbeitsmangel)*
Due to fierce competition from abroad the company had to **lay off** 60 staff.	Wegen starker Konkurrenz aus dem Ausland musste die Firma 60 ihrer Mitarbeiter entlassen.
to lock out *v/t*	**aussperren**
lock-out *n*	**Aussperrung**
Employers may respond to an unofficial strike by a **lock-out**.	Arbeitgeber können auf einen inoffiziellen Streik mit Ausperrung reagieren.
mediation *n*	**Schlichtung, Vermittlung**
Although employers and unions had been at loggerheads for several days, **mediation** by ACAS was ultimately successful.	Obwohl die Arbeitgeber mit den Gewerkschaften mehrere Tage im Clinch lagen, war die Schlichtung durch ACAS doch schließlich erfolgreich.
mediator *n* (→ **arbitrator**)	**Vermittler(in)**
In contrast to the arbitrator, a **mediator** can only achieve conciliation in a labour dispute.	Im Gegensatz zum Schlichter kann ein Vermittler nur eine gütliche Einigung in einem Arbeitskonflikt erreichen.
to negotiate *v/t*	**verhandeln**
picket *n*	**Streikposten**
picket line *n*	**Streikkette**
to picket *v/t*	**Streikposten stehen**
secondary picketing *n*	**Bestreiken von Drittbetrieben**
Secondary picketing is illegal nowadays.	Das Bestreiken von Drittbetrieben ist heutzutage illegal.

rank and file *n* The **rank and file** regarded the deal negotiated by their union as a sell-out.	**Basis** Von der Basis wurde das Verhandlungsergebnis als Ausverkauf betrachtet.
scab *slang n* Workers refusing to go on strike were denounced as **scabs**.	*(Schimpfname für Streikbrecher)* Arbeiter, die sich dem Streik widersetzten, wurden als Streikbrecher beschimpft.
● **to settle a conflict** *phrase*	**einen Konflikt beilegen**
● **settlement** *n*	**gütliche Beilegung, Einigung**
● **shop steward(ess)** *n* In unionised plants employee representatives are usually known as **shop stewards**.	**Vertrauensperson, Betriebsobmann, Betriebsobfrau** In gewerkschaftlich organisierten Betrieben werden die Vertreter der Arbeitnehmer normalerweise als Vertrauenspersonen bezeichnet.
stoppage *n* Any **stoppages** would be extremely costly for the management in this branch of industry.	**Arbeitsniederlegung** Jede Arbeitsniederlegung in dieser Industriebranche wäre äußerst kostspielig für die Geschäftsführung.
● **strike** *n*	**Streik**
all-out strike *n* An **all-out strike** brought production to a halt for two days.	**allgemeiner Streik** Ein allgemeiner Streik brachte die Produktion zwei Tage lang zum Stillstand.
go-slow strike *n (GB)*; **slowdown strike** *n (US)*	**Bummelstreik**
● **official strike** *n* An **official strike** has union backing.	**offizieller Streik** Ein offizieller Streik wird von der Gewerkschaft unterstützt.
selective strike *n*	**Schwerpunktstreik**
strike fund *n*	**Streikkasse, Streikfond**

● **strike pay** *n* All union members are entitled to **strike pay** during an industrial dispute.	**Streikgeld** Alle Gewerkschaftsmitglieder haben ein Anrecht auf Streikgeld während eines Arbeitskampfes.
token strike *n* The union called a **token** one-hour **strike** as a warning to management.	**Warnstreik** Um der Geschäftsführung ein Warnzeichen zu setzen, rief die Gewerkschaft einen einstündigen Warnstreik aus.
unofficial strike *n* (→ **official strike**)	**inoffizieller Streik**
wildcat strike *n* The union official criticised the decision to call a **wildcat strike**.	**wilder Streik** Der Gewerkschaftsvertreter kritisierte die Entscheidung, einen wilden Streik auszurufen.
● **to strike** *v/i*	**streiken**
● **trade union** *n (GB)*; **labor union** *n (US)* German companies in the UK prefer to deal with a single **trade union** rather than several.	**Gewerkschaft** Deutsche Firmen in GB ziehen es vor, mit einer Einzelgewerkschaft anstatt mit mehreren Gewerkschaften zu verhandeln.
● **trade unionist** *n (GB)*; **labor unionist** *n (US)* **Trade unionists** wanted to reach an agreement with employers at a national level.	**Gewerkschaftler(in)** Die Gewerkschaftler wollten mit den Arbeitgebern eine Einigung auf nationaler Ebene erreichen.
TUC (< Trades Union Congress) *n (GB)* The **TUC** is the umbrella organisation of the trade unions and represents the majority of unions in Britain.	**Gewerkschaftsbund** *(ähnlich dem DGB)* Der TUC ist der Dachverband der Gewerkschaften und vertritt die Mehrheit der Gewerkschaften in Großbritannien.
umbrella organisation *n*	**Dachverband**

walkout *n*
The union asked workers in the Production department to stage an unofficial **walkout** in protest over a sacked colleague.

Arbeitsniederlegung
Als Protest gegen die Entlassung eines Kollegen forderte die Gewerkschaft Arbeiter in der Produktionsabteilung zu einer inoffiziellen Arbeitsniederlegung auf.

---

work-to-rule *n*
Having been told they would not be paid overtime rates for longer working hours the unions started a **work-to-rule** campaign.

Dienst nach Vorschrift
Nachdem man den Gewerkschaften mitgeteilt hatte, dass keine Überstundentarife für längere Arbeitszeiten bezahlt würden, begannen sie ihre Dienst-nach-Vorschrift-Kampagne.

● **worker participation** *n*

Mitbestimmung

● **worker representation** *n*

Arbeitnehmervertretung, Betriebsrat

● **works council** *n*

Betriebsrat, Belegschaftsvertretung

Works councils include workers' representatives who may or may not be trade unionists.

Betriebsräte schließen Arbeitnehmervertreter ein, die Gewerkschaftsvertreter sein können, aber nicht zu sein brauchen.

4 Besprechungen

4.1 Offizielle Besprechungen

4.1.1 Vorsitz führen

● **to abstain** *v/i* If you feel unable to vote in favour or against the proposal, then you may of course **abstain**.	**sich enthalten** Wenn Sie weder für noch gegen den Vorschlag stimmen wollen, können Sie sich natürlich auch enthalten.
abstention *n* Are there any **abstentions**?	**Enthaltung** Gibt es irgendwelche Enthaltungen?
● **action points** *n pl* Some of the matters arising take the form of **action points**.	**„zur Bearbeitung"** Einige der Anmerkungen zum letzten Protokoll sind als „zur Bearbeitung" vermerkt.
● **to address to** *v/t* Would you please **address** your remarks **to** the Chair?	**richten an** Würden Sie Ihre Bemerkungen bitte an den Vorsitzenden richten?
to adjourn *v/t* I can see no alternative but to **adjourn** this meeting until we have reliable figures.	**vertagen, unterbrechen** Ich sehe keine andere Möglichkeit, als die Sitzung zu vertagen, bis wir verlässliche Zahlen haben.
● **agenda** *n* As you will see, we have an extremely full **agenda** today.	**Tagesordnung** Wie Sie sehen, haben wir heute eine äußerst volle Tagesordnung.
amendment *n* The proposed **amendment** is rejected by 7 votes.	**Änderung(svorschlag)** Der Änderungsvorschlag wird mit einer Mehrheit von 7 Stimmen abgelehnt.
● **AOB (< Any Other Business)** *n*	**Sonstiges, weitere Punkte**
● **apologies for absence** *n pl* Are there any **apologies for absence**?	**Entschuldigungen für Abwesenheit** Lässt sich jemand entschuldigen?

to send apologies *phrase* Eric Jones **sends** his **apologies**.	**sich entschuldigen lassen** Eric Jones lässt sich entschuldigen.
at issue *phrase* The point **at issue** here is whether the data is reliable.	**strittig, zur Debatte stehend, zur Diskussion stehend** Der strittige Punkt ist hier, ob die Zahlen verlässlich sind.
● **to attend** *v/ti* Thank you for **attending** this meeting.	**teilnehmen, anwesend sein** Ich danke Ihnen für die Teilnahme an der Besprechung.
● **attendance list** *n*	**Anwesenheitsliste**
brainstorming *n*	**Brainstorming**
to brief *v/t* Ray Holmes will **brief** us on the impact of EU legislation on manufacturing standards.	**informieren, instruieren, einweisen** Ray Holmes wird uns über die Auswirkungen der EU-Gesetzgebung auf die Herstellungsnormen informieren.
briefing *n*	**Informationen, Anweisungen, (Lage)Besprechung, Briefing**
to call to order, to appeal for order *phrase* I really must **appeal for order**, ladies and gentlemen.	**zur Ordnung rufen, ermahnen, sich an die Verfahrensordnung zu halten** Meine Damen und Herren, ich muss Sie wirklich bitten, sich an die Verfahrensordnung zu halten.
● **chair** *n* Could you address all questions to the **chair**, please.	**Vorsitz, Vorsitzende(r)** Könnten Sie bitte alle Fragen direkt an den Vorsitzenden richten?
● **chairperson, chairman, chairwoman** *n*	**Vorsitzende(r)**

• **to chair** *v/t* Mr Fromkin will be **chairing** the annual general meeting.	**den Vorsitz führen** Herr Fromkin wird den Vorsitz bei der Jahreshauptversammlung führen.
to circulate *v/ti*	**herumgehen (lassen), zirkulieren (lassen), in Umlauf bringen, umlaufen**
The accompanying information was **circulated** at the beginning of last week.	Die dazugehörige Information wurde zu Beginn letzter Woche in Umlauf gebracht.
compromise *n* I can see some common ground between your points of view and would like to suggest the following **compromise**.	**Kompromiss** Ich kann durchaus eine gemeinsame Basis zwischen IhrenStand punkten sehen undwürde folgen den Kompromiss vorschlagen.
consensus *n*	**Übereinstimmung, Einigkeit, Konsens**
I sense a possible **consensus** emerging around Mr Whittaker's proposal.	Ich habe den Eindruck, dass wir uns einem Konsens nähern, der in etwa auf Herrn Whittakers Vorschlag hinausläuft.
to convene *v/t* This working party was first **convened** six months ago and has met on a monthly basis since then.	**einberufen** Dieser Arbeitsausschuss wurde vor sechs Monaten zum ersten Mal einberufen und hat seither einmal pro Monat getagt.
to defer *v/t* The next item was **deferred** the last meeting because the accompanying figures were incomplete.	**verschieben, vertagen** Der nächste Punkt wurde von der letzten Sitzung (auf heute) verschoben, da das begleitende Zahlenmaterial unvollständig war.
to digress *v/i*	**abschweifen**
• **to direct at** *v/t* (→ **address to**)	**richten an**

Besprechungen

dissent *n*	**Ablehnung, Nichtübereinstimmung, andere Meinung**
Your **dissent** will be noted in the minutes but we must move on to the next item now.	Ihre Ablehnung wird im Protokoll vermerkt, aber wir müssen jetzt zum nächsten Punkt übergehen.
to distribute *v/t*	**verteilen**
The minutes of this meeting will be **distributed** within 5 working days.	Wir werden das Protokoll dieser Sitzung innhalb von 5 Arbeitstagen verteilen.
to draw to a close *phrase*	**zum Abschluss bringen**
I'd like to **draw** the meeting **to a close** now.	Ich möchte die Sitzung jetzt zum Abschluss bringen.
• **eligible** *adj*	**(teilnahme)berechtigt**
exchange of views *n*	**Meinungsaustausch**
We have had a useful **exchange of views** even if it has been difficult to agree on all points.	Wir hatten einen nützlichen Meinungsaustausch, selbst wenn es schwierig war, in allen Punkten eine Einigung zu erzielen.
explicit *adj*	**explizit, ausführlich**
• **floor** *n*	**Publikum, Zuhörerschaft**
Are there any further questions from the **floor**?	Gibt es noch weitere Fragen aus dem Publikum?
to take the floor *phrase*	**das Wort ergreifen**
formal *adj*	**formell, offiziell**
All **formal** meetings have to be minuted.	Alle offiziellen Besprechungen müssen protokolliert werden.
to get through a lot of business *phrase*	**eine Menge erledigen**
We have **a lot of business to get through**, so I suggest we make a prompt start.	Wir haben eine Menge zu erledigen, deshalb schlage ich vor, dass wir pünktlich beginnen.

to give s.th. a good airing *phrase*	**etwas (ausführlich) besprechen, einen Punkt (erschöpfend) behandeln**
I think we have **given** this point **a good airing** and propose to move on to the next agenda item.	Ich denke, wir haben diesen Punkt nun ausführlich besprochen, und schlage vor, dass wir zum nächsten Tagesordnungspunkt übergehen.
informal *adj*	**informell**
• **inquorate** *adj* (→ **quorate**)	**nicht beschlussfähig**
to invite *v/t*	**auffordern, bitten**
I would like to **invite** the Company Secretary to comment on his proposal before I open up the general debate.	Ich möchte den Verwaltungsleiter bitten, zunächst seinen Vorschlag zu kommentieren, bevor ich die allgemeine Debatte darüber eröffne.
• **item** *n*	**(Tagesordnungs)Punkt**
The first **item** on the agenda is the planned share flotation.	Der erste Tagesordnungspunkt ist die geplante Aktienemission.
• **to make a start** *phrase*	**einen Anfang machen, beginnen**
• **matters** *n pl*	**Angelegenheiten, Punkte**
matters arising *phrase*	**Anmerkungen zum Protokoll der letzten Sitzung**
There are a number of **matters arising** from the minutes of the last meeting.	Es gibt eine Reihe von Anmerkungen zum Protokoll der letzten Sitzung.
• **to raise matters** *phrase*	**Angelegenheiten zur Sprache bringen, Punkte zur Sprache bringen**
Could you please notify me of any **matters** you wish to **raise** under Any Other Business?	Könnten Sie mich bitte darüber informieren, ob Sie irgendwelche Punkte unter „Sonstiges“ zur Sprache bringen möchten?
• **meeting** *n*	**Besprechung, Konferenz, Sitzung, Tagung, Versammlung**
The next **meeting** of the Works Committee will take place in Room 101 on Monday 8 April at 3 p.m.	Die nächste Betriebsratsversammlung findet am Montag, dem 8. April, um 15 Uhr in Raum 101 statt.

• **to call a meeting** *phrase*	**eine Sitzung einberufen, eine Konferenz einberufen, eine Besprechung einberufen**
I have **called** this **meeting** so that we can discuss the strategy for the impending merger with ASA UK.	Ich habe diese Sitzung einberufen, damit wir unsere Strategie für den bevostehenden Zusammenschluss mit ASA UK besprechen können.
minutes *n pl*	**Protokoll**
• **to check the minutes** *phrase*	**das Protokoll (über)prüfen**
Can we first **check the minutes** of the last meeting for accuracy?	Können wir zunächst das Protokoll auf seine Korrektheit überprüfen?
to take the minutes *phrase*	**Protokoll führen**
to misrepresent *v/t*	**falsch wiedergeben, falsch darstellen**
On page 3, the third and fourth sentences in paragraph 2 **misrepresent** the point I made.	Satz 3 und 4 auf Seite 3, Abschnitt 2, stellen meine Ausführungen falsch dar.
objection *n*	**Einwand**
I am unclear as to whether your **objection** is one of form or substance.	Mir ist nicht klar, ob sich Ihr Einwand auf die Form oder den Inhalt bezieht.
• **open** *adj*	**eröffnet**
I hereby declare this annual general meeting **open**.	Ich erkläre die Jahreshauptversammlung hiermit als eröffnet.
to overrule *v/t*	**überstimmen**
• **papers** *n pl*	**Dokumente**
Can you please check that you have the following **papers** in front of you?	Können Sie sich bitte vergewissern, dass Sie die folgenden Dokumente vor sich liegen haben?
point *n*	**Punkt**
to address the point *phrase*	**auf einen Punkt eingehen**
Can you **address the point** Mrs Kite is making, please?	Können Sie bitte auf den Punkt eingehen, den Frau Kite angesprochen hat?

to expand on the point *phrase*	**einen Punkt näher erläutern**
I think colleagues would appreciate your **expanding** a little **on that point**.	Ich glaube, die Kollegen wären Ihnen dankbar, wenn Sie diesen Punkt etwas näher erläutern könnten.
to miss the point *phrase*	**etwas missverstehen**
You seem to be **missing the point** to some extent, John.	Du hast anscheinend nicht ganz verstanden, worauf ich hinauswollte, John.
on a point of order *phrase*	**zur Geschäftsordnung**
On a point of order, shouldn't we deal with this item under "Any Other Business"?	Zur Geschäftsordnung: Sollten wir diesen Punkt nicht unter „Sonstiges" behandeln?
to stick to the point *phrase*	**bei der Sache bleiben**
Can we **stick to the point** please, colleagues?	Kollegen, können wir bitte bei der Sache bleiben?
to understand the point *phrase*	**etwas verstehen, begreifen**
I am not sure that I **understand the point** you are making.	Ich bin nicht sicher, ob ich verstehe, worauf Sie hinauswollen.
quorate *adj* (→ **inquorate**)	**beschlussfähig**
I note with regret that we do not appear to be **quorate**.	Ich stelle mit Bedauern fest, dass wir nicht beschlussfähig zu sein scheinen.
• **quorum** *n*	**beschlussfähige Mehrheit, Quorum**
The constitution of this committee requires that at least two thirds of its members be present for there to be a **quorum**.	Die Satzung dieses Ausschusses erfordert zur Beschlussfähigkeit die Anwesenheit von mindestens zwei Dritteln seiner Mitglieder.
• **to raise one's hand** *phrase*	**die Hand (er)heben, sich melden**
Would all those in favour of/against the proposal please **raise** their **hands**.	Würden bitte alle, die für/gegen den Vorschlag sind, die Hand heben?
rapporteur *n (GB)*; **reporter** *n (US)*	**Berichterstatter(in)**

recess *n (US)*; **break** *n (GB)*	**Pause**
to reconcile *v/t* It is quite clear to me as Chair that your views cannot be **reconciled**.	**miteinander vereinbaren** Als Vorsitzender ist es mir offensichtlich, dass sich Ihre Standpunkte nicht miteinander vereinbaren lassen.
to refrain *v/i* Could you please **refrain** from talking among yourselves so that we can hear what the speaker is saying?	**unterlassen** Könnten Sie bitte die Unterhaltung miteinander unterlassen, damit wir den Vortragenden verstehen können?
to relate to *v/t* Does your point **relate** directly **to** the one made by the last speaker?	**sich beziehen auf, in Zusammenhang stehen mit** Bezieht sich Ihr Punkt direkt auf den (Beitrag) des letzten Sprechers?
resolution *n* Can I remind the meeting that the **resolution** to resist the takeover was passed at the shareholders' meeting?	**Beschluss, Entschließung, Resolution** Darf ich die Versammlung daran erinnern, dass der Beschluss, sich der Übernahme zu widersetzen, auf der letzten Aktionärsversammlung gefasst wurde?
• **to respond** *v/i* Would you like to **respond** to the point made by the last speaker?	**antworten, eingehen auf** Möchten Sie auf den Punkt des letzten Redners eingehen?
right to reply *n* I think we should allow the last speaker the **right to reply**.	**Recht auf Erwiderung** Ich denke, wir sollten dem letzten Sprecher das Recht auf Antwort einräumen.
to shelve *v/t (GB)*; **to table** *v/t (US)*	**zurückstellen, auf Eis legen**
• **show of hands** *phrase* Can I ask for a **show of hands**?	**Abstimmung per Handzeichen, offene Abstimmung** Darf ich Sie um Abstimmung per Handzeichen bitten?

● **sub-committee** *n*	**Unterausschuss**
● **to summarise** *v/t (GB)*; **to summarize** *v/t (US)*	**zusammenfassen, resümieren**
I think your respective views can be **summarised** as follows.	Ich denke, Ihre jeweiligen Standpunkte lassen sich wie folgt zusammenfassen.
● **to table a paper** *phrase (GB)*; **to introduce a paper** *phrase (US)*	**ein Dokument einbringen, vorlegen**
In addition to the papers circulated with the agenda two further **papers** have just been **tabled**.	Zusätzlich zu den Dokumenten, die mit der Tagesordnung verteilt wurden, sind gerade zwei weitere Dokumente vorgelegt worden.
terms of reference *n pl*	**Aufgabenbereich, Zuständigkeitsbereich**
Can I remind you of the **terms of reference** of this working party?	Darf ich Sie an den Aufgabenbereich dieses Ausschusses erinnern?
● **tie** *n*	**Stimmengleichheit**
true and accurate *adj*	**wahrhaftig und korrekt**
Is it the view of the meeting that the minutes provide a **true and accurate** account of the last meeting?	Vermittelt das Protokoll nach Ansicht der Anwesenden eine wahrhaftige und korrekte Wiedergabe der letzten Sitzung?
● **unanimously** *adv*	**einstimmig**
The Board's proposal was accepted **unanimously**.	Der Vorschlag des Vorstandes wurde einstimmig angenommen.
veto *n*	**Veto**
● **vote** *n*	**Stimme, Abstimmung**
anonymous vote *n*	**anonyme Abstimmung**
I think in the circumstances it might be advisable to take an **anonymous vote**.	Ich denke, unter den gegebenen Umständen wäre es ratsam, eine anonyme Abstimmung vorzunehmen.

● **to cast a vote** *phrase*	**(ab)stimmen, wählen, seine Stimme abgeben**
Please **cast your vote** by completing the slips and returning them to Ms Jenkins.	Bitte füllen Sie für Ihre Stimmabgabe die Zettel aus und geben Sie sie bei Frau Jenkins ab.
casting vote *n (GB)*; **tie breaking vote** *n (US)*	**ausschlaggebende Stimme**
May I remind you that in the event of a tie, the Chair has the **casting vote**?	Darf ich Sie daran erinnern, dass der Vorsitzende bei Stimmengleichheit die ausschlaggebende Stimme hat?
to put s.th. to the vote *phrase*	**über etwas abstimmen, etwas zur Abstimmung bringen**
I suggest we **put** the proposal **to the vote**.	Ich schlage vor, über den Vorschlag abzustimmen.
● **to take a vote** *phrase*	**abstimmen**
tie(d vote) *n*	**Stimmengleichheit**
● **to vote** *v/ti*	**(ab)stimmen, wählen, seine Stimme abgeben**
working party *n (GB)*; **committee** *n (US)*	**Arbeitsausschuss**

4.1.2 Protokoll führen

● **to agree** *v/ti*	**vereinbaren, zustimmen, sich einverstanden erklären, einer Meinung sein**
It was **agreed** to defer a decision on new premises until the next meeting.	Es wurde vereinbart, die Entscheidung über die neuen Räumlichkeiten auf die nächste Sitzung zu vertagen.
● **to carry** *v/t*	**annehmen** *(Antrag, Entschließung)*
The motion was **carried** by 7 votes to 3.	Der Antrag wurde mit 7 zu 3 Stimmen angenommen.

• **to close** *v/t*	**enden, beenden, schließen**
The meeting **closed** at 11.30 a.m.	Die Sitzung endete um 11.30 Uhr.
to conclude *v/t*	**beenden, folgern, zu dem Schluss kommen**
The board of directors **concluded** that the advice given by the company's solicitors had proved to be very sound.	Der Aufsichtsrat kam zu dem Schluss, dass sich der Ratschlag der Rechtsanwälte der Firma als gut fundiert herausgestellt hat.
to convey *v/t*	**ausdrücken, klarmachen, vermitteln**
It was stated that item 2.4 of the minutes did not **convey** what was actually said.	Es wurde angemerkt, dass Punkt 2.4 des Protokolls nicht das ausdrückt, was tatsächlich gesagt wurde.
• **to end** *v/ti*	**enden, beenden**
The meeting **ended** at 4 p.m.	Die Sitzung endete um 16 Uhr.
• **to express the view** *phrase*	**ausdrücken, zum Ausdruck bringen, den Standpunkt vertreten**
Several employees **expressed the view** that the present marketing strategy was not viable.	Einige Mitarbeiter vertraten den Standpunkt, dass die augenblickliche Marketingstrategie nicht realisierbar sei.
• **to feel** *v/t*	**das Gefühl haben, der Meinung sein**
A minority of the shareholders **felt** that flotation on the stock exchange clashed with the founding principles of the building society.	Eine Minderheit der Aktionäre war der Meinung, dass sich eine Aktienemission an der Börse nicht mit den Grundprinzipien einer Bausparkasse verträgt.
• **inaccuracy** *n*	**Ungenauigkeit**
• **introductory remarks** *n pl*	**einführende Bemerkungen, einleitende Worte**
In his **introductory remarks** the Chair explained why the meeting had been called at such short notice.	In seinen einführenden Bemerkungen erklärte der Vorsitzende, warum die Sitzung so kurzfristing einberufen wurde.

minutes secretary *n*	**Protokollant(in)**
misspelling *n* It was noted that the **misspellings** in the minutes created a very poor impression.	**Rechtschreibfehler, orthographischer Fehler** Es wurde angemerkt, dass die Rechtschreibfehler im Protokoll einen sehr schlechten Eindruck hinterließen.
• **to note** *v/t* The meeting **noted** its concern about the downward trend in sales.	**bemerken, zur Kenntnis nehmen, äußern** Die Versammlung äußerte ihre Besorgnis über den Abwärtstrend der Verkaufszahlen.
• **to omit** *v/t* Two key points seemed to have been **omitted** from section 4.2 of the minutes.	**auslassen** Zwei wesentliche Punkte scheinen im Abschnitt 4.2 des Protokolls zu fehlen.
punctuation *n* Ms Jones observed that the **punctuation** of the minutes left something to be desired.	**Zeichensetzung, Interpunktion** Frau Jones stellte fest, dass die Zeichensetzung im Protokoll einiges zu wünschen übrig ließ.
• **to read** *v/i* It was agreed that the minutes should be corrected to **read** as follows.	**lauten** Es wurde vereinbart, dass der korrigierte Protokollsatz wie folgt lauten soll.
• **to remark** *v/ti* Several members **remarked** that a secret ballot would have been preferable to a show of hands.	**anmerken, bemerken** Mehrere Mitglieder bemerkten, dass sie eine geheime Abstimmung der Wahl per Handzeichen vorgezogen hätten.
• **to report on** *v/ti* The Chair **reported on** a number of matters arising directly from the minutes.	**berichten über** Der Vorsitzende berichtete über eine Reihe von Angelegenheiten, die sich unmittelbar aus dem Protokoll ergaben.

4.2 Das Wort ergreifen

● **to allow** *v/t*	**erlauben, gestatten**
If you would **allow** me to continue.	Wenn Sie mir gestatten würden weiterzureden.
to butt in *colloq v/i*	**sich einmischen, dazwischenfunken**
Excuse me for **butting in**, but the figures you have just quoted are wrong.	Entschuldigen Sie, wenn ich mich da einmische, aber die Zahlen, die Sie gerade zitiert haben, sind falsch.
● **to come in** *v/i*	**sich einschalten** *(Gespräch)*, **etwas sagen**
Can I **come in** here please.	Kann ich bitte etwas dazu sagen?
● **to comment on** *v/i*	**sich äußern zu, kommentieren, eingehen auf**
I wonder if I could **comment** briefly **on** your last point.	Wenn ich kurz auf Ihren letzten Punkt eingehen darf.
● **to complete** *v/t*	**ausreden, aussprechen, etwas zu Ende bringen**
Can I **complete** the point I'm making please, Chair?	Herr Vorsitzender, kann ich diesen Punkt bitte zu Ende bringen?
● **to concede** *v/t*	**zugeben, einräumen**
I must **concede** that I have been somewhat overcautious in my estimate of the financial situation.	Ich muss zugeben, dass ich bei der Einschätzung der Finanzlage etwas übervorsichtig gewesen bin.
● **to consider** *v/t*	**bedenken, in Betracht ziehen, betrachten**
I think there are a number of factors we need to **consider** before going any further.	Ich glaube, es gibt eine ganze Reihe von Faktoren, die wir bedenken müssen, bevor wir überhaupt weitergehen können.
● **to continue** *v/ti*	**fortfahren, weitermachen, weiterreden**
May I **continue**, please?	Darf ich bitte weiterreden?

● **to draw s.o.'s attention to** *phrase*	**jds Aufmerksamkeit lenken auf**
I would like to **draw** your **attention to** two important facts.	Ich möchte Ihre Aufmerksamkeit auf zwei wichtige Fakten lenken.
● **to go back to** *v/i*	**zurückkommen auf**
I'd like to **go back to** the point John has just mentioned.	Ich möchte noch mal auf den Punkt zurückkommen, den John gerade erwähnt hat.
to go over *v/i*	**durchsprechen, überdenken**
I would like to **go over** the last two points again.	Ich würde gern die letzten beiden Punkte noch einmal durchsprechen.
to have one's say *colloq phrase*	**zu Wort kommen, die Meinung äußern**
Everyone else **has had their say**, so can I please have mine?	Alle sind bisher zu Wort gekommen, kann ich also bitte auch meine Meinung äußern?
● **to interrupt** *v/ti*	**unterbrechen**
I'm terribly sorry to **interrupt**, but I wonder whether you'd be able to take an urgent call.	Es tut mir furchtbar leid, Sie zu unterbrechen, aber ich wollte fragen, ob Sie einen dringenden Anruf entgegennehmen könnten.
to lose sight of *phrase*	**aus den Augen verlieren**
We must not **lose sight of** the facts of the matter.	Wir dürfen nicht die Tatsachen aus den Augen verlieren.
● **to make a point** *phrase*	**auf etwas aufmerksam machen**
If I may **make** another **point**.	Wenn ich noch auf einen anderen Punkt aufmerksam machen darf.
to make an observation *phrase*	**eine Bemerkung machen**
Can I **make** a couple of **observations** about what has been said so far?	Kann ich zu dem bisher Gesagten ein paar Bemerkungen machen?
to misunderstand *v/t*	**missverstehen**
You're **misunderstanding** what I'm saying.	Sie haben missverstanden, was ich gesagt habe.

● **to object** *v/ti*	**einwenden, Einspruch erheben, sich wehren**
I **object** to being made a scapegoat for someone else's mistakes.	Ich wehre mich dagegen, der Sündenbock für die Fehler anderer zu sein.
● **to point out** *v/t*	**darauf hinweisen**
May I just **point out** that the issue raised is not an agenda item for today?	Darf ich Sie nur darauf hinweisen, dass das angesprochene Problem nicht auf der heutigen Tagesordnung steht?
● **to raise a point** *phrase*	**etwas zur Sprache bringen**
● **to reply to** *v/i*	**beantworten, eingehen auf**
May I **reply to** that point immediately?	Darf ich auf diesen Punkt direkt eingehen?
● **to return to** *v/i* (→ **go back to**)	**zurückkommen auf**
right *adj*	**richtig, recht**
Would I be **right** in thinking that the two suggestions are mutually exclusive?	Gehe ich recht in der Annahme, dass die beiden Vorschläge sich gegenseitig ausschließen?
to say a word about *phrase*	**etwas sagen zu**
May I just **say a word about** links with the TEC?	Darf ich vielleicht etwas zu unseren Verbindungen zu TEC sagen?
suggestion *n*	**Vorschlag**
I wonder if I could come in with a **suggestion** at this point.	Wenn ich an dieser Stelle einen Vorschlag machen darf.
to take out of context *phrase*	**aus dem Zusammenhang reißen**
You have **taken** the quote **out of context**.	Sie haben das Zitat aus dem Zusammenhang gerissen.
to take s.o.'s point *phrase*	**verstehen, begreifen, nachvollziehen**
I **take your point**, but we shouldn't lose sight of all the other aspects involved in the takeover.	Ich habe das schon verstanden, aber wir sollten nicht alle anderen Aspekte aus den Augen verlieren, die mit der Übernahme zu tun haben.

to touch on *v/i* — **ansprechen** *(Thema, Punkt)*

Graeme **touched** briefly **on** a couple of points which need some amplification. — Graeme hat kurz eine Reihe von Punkten angesprochen, die näherer Erläuterung bedürfen.

with (all due) respect *phrase* — **bei allem Respekt**

With respect, John, I really must correct you on that point. — Bei allem Respekt, John, in diesem Punkt muss ich dich wirklich korrigieren.

4.3 Die eigene Meinung ausdrücken

● **to agree (with)** *v/ti* — **zustimmen, übereinstimmen (mit), einer Meinung sein (mit)**

I hear what you're saying, but I simply don't **agree with** it. — Ich verstehe schon, was Sie sagen, aber ich bin einfach anderer Meinung.

● **agreement** *n* — **Zustimmung, Übereinstimmung, Einigkeit**

I am in complete **agreement** with the last speaker, but would like to add … — Ich stimme völlig mit dem letzten Redner überein, möchte aber noch hinzufügen …

● **to appreciate** *v/t* — **sich bewusst sein, Verständnis haben für**

I **appreciate** why Steve takes the view that he does but I wonder if he is in the best position to judge. — Ich habe Verständnis dafür, dass Steve diese Meinung vertritt, aber ich frage mich, ob er in der Lage ist, dies zu beurteilen.

● **to argue at cross purposes** *phrase* — **aneinander vorbeireden**

I think Brian and Elaine are **arguing at cross purposes**. — Ich glaube, Brian und Elaine reden aneinander vorbei.

to bury one's head in the sand *phrase* — **den Kopf in den Sand stecken**

It is tempting to **bury our heads in the sand** but the problem will not go away. — Es ist zwar verlockend, den Kopf in den Sand zu stecken, aber das Problem wird dadurch nicht verschwinden.

• **to convince** *v/t* Nothing I've heard so far has **convinced** me.	**überzeugen** Von dem, was ich bisher gehört habe, hat mich nichts überzeugt.
• **to disagree (with)** *v/ti*	**nicht übereinstimmen (mit), nicht einverstanden sein (mit), anderer Meinung sein**
• **evident** *adj* It is by no means **evident** that the majority of shareholders will just want to make a fast buck.	**offensichtlich** Es ist keineswegs offensichtlich, dass die Mehrheit der Aktionäre nur schnelles Geld machen will.
to face (the) facts *phrase* We have to **face facts**, even if they are unpleasant ones.	**den Tatsachen ins Auge sehen** Wir müssen den Tatsachen ins Auge sehen, auch wenn sie nicht sehr angenehm für uns sind.
• **feeling** *n* The **feeling** I get is that the shareholders are being misled.	**Gefühl** Ich habe das Gefühl, dass die Aktionäre irregeführt werden.
• **frankly** *adv* **Frankly**, the proposal seems almost impossible to implement.	**offen (gesagt), ehrlich (gesagt)** Ehrlich gesagt, der Vorschlag scheint kaum realisierbar zu sein.
to go along with *v/i* I will **go along with** what you have said, on the understanding that staff will be invited and not forced to change their pension scheme.	**zustimmen, sich anschließen** Ich stimme Ihren Ausführungen zu unter der Voraussetzung, dass die Belegschaft gebeten und nicht gezwungen wird, ihre Rentenversicherung zu wechseln.
gut reaction *n* My **gut reaction** is that they are interested in asset stripping rather than development.	**Instinkt, Bauchgefühl** Mein Instinkt sagt mir, dass sie mehr an der Ausschlachtung von Anlagen als an der Entwicklung interessiert sind.
to have doubts about *phrase* I **have** some **doubts about** their real motives for the merger.	**Zweifel haben an** Ich habe einige Zweifel an ihren wahren Motiven für die Fusion.

to have reservations *phrase*	**Bedenken haben, Vorbehalte haben**
However, I **have** certain **reservations** when it comes to financing the whole project.	Bei der Finanzierung des gesamten Projektes habe ich allerdings gewisse Bedenken.
to have sympathy with *phrase*	**Verständnis haben für**
I **have** a great deal of **sympathy with** much of what has been said.	Ich habe eine Menge Verständnis für vieles, was bisher gesagt wurde.
● **in my opinion** *phrase*	**meiner Meinung nach**
in support of *phrase*	**zur Unterstützung von**
to jump to conclusions *phrase*	**voreilige Schlüsse ziehen**
I think we are in danger here of **jumping to conclusions**.	Ich glaube, wir laufen hier Gefahr, voreilige Schlüsse zu ziehen.
to make sense *phrase*	**Sinn ergeben, Sinn machen**
What Mr Burns is proposing **makes sense**.	Was Herr Burns vorschlägt, macht Sinn.
non sequitur *n (Lat.)*	**unlogische (Schluss)Folgerung**
Your premise may be correct but the conclusion is a complete **non sequitur**.	Ihre Voraussetzung mag richtig sein, aber Ihre Schlussfolgerung ist total unlogisch.
● **to share s.o.'s concern** *phrase*	**jds Sorge teilen, jds Besorgnis teilen**
I **share** Mr Edmond's **concern** about getting the retail price right.	Ich teile Herrn Edmonds Besorgnis darüber, den Ladenpreis richtig anzusetzen.
to share s.o.'s opinion about *phrase*	**jds Meinung teilen über, einer Meinung sein bezüglich**
I **share** your **opinion about** how we in management see the situation.	Ich teile Ihre Meinung darüber, wie wir in der Geschäftsleitung die Situation beurteilen.
● **to support** *v/t*	**unterstützen**
I would like to **support** Steven's proposal.	Ich möchte Stevens Vorschlag unterstützen.

to take account of *phrase*	**berücksichtigen, Rechnung tragen**
to take no account of *phrase*	**nicht berücksichtigen, keine Rechnung tragen**
The figures put forward **take no account of** the numbers of staff in each department.	Die vorgeschlagenen Zahlen berücksichtigen in keiner Weise die Anzahl der Mitarbeiter in jeder Abteilung.
● **to take issue with** *phrase*	**widersprechen, uneinig sein**
I would **take issue with** your last point though.	Beim letzten Punkt würde ich Ihnen allerdings widersprechen.
● **to take the view** *phrase*	**den Standpunkt einnehmen, den Standpunkt vertreten**
I **take the view** that the company cannot afford any further product diversification.	Ich vertrete den Standpunkt, dass sich die Firma keine weitere Sortimentserweiterung mehr leisten kann.
there's no point *phrase*	**es hat keinen Zweck**
There's no point pretending that we have something to gain from a merger when in fact we don't.	Es hat keinen Zweck, so zu tun, als ob wir vom Zusammenschluss profitieren würden, wenn das in Wirklichkeit nicht der Fall ist.
● **under no circumstances** *phrase*	**unter keinen Umständen**
We should **under no circumstances** agree to further redundancies.	Wir sollten unter keinen Umständen weiteren Entlassungen zustimmen.
● **up to a point** *phrase*	**bis zu einem gewissen Punkt**
I agree **up to a point**.	Bis zu einem gewissen Punkt stimme ich Ihnen zu.
to voice concern *phrase*	**Besorgnis ausdrücken, Bedenken erheben, haben**
I would like to **voice** my **concern** over the way this decision has been reached.	Ich habe erhebliche Bedenken über die Art und Weise, wie diese Entscheidung zustande gekommen ist.

4.4 Argumente vertiefen

• **to bear with** *v/i*	**sich gedulden, Nachsicht haben mit**
If you would **bear with** me for a moment, I'll try to summarise the main points of my argument.	Wenn Sie sich vielleicht noch einen Moment gedulden würden, versuche ich, die Hauptpunkte meiner Aussage zusammenzufassen.
to follow on from *v/i*	**folgen, sich ergeben aus**
What I have just said **follows on from** my earlier point.	Was ich gerade gesagt habe, folgt aus meinem vorigen Punkt.
to follow the logic *phrase*	**logisch durchdenken, der Logik folgen**
It is important to **follow the logic** of the argument right the way through.	Es ist wichtig, das Argument von Anfang bis Ende logisch zu durchdenken.
to go hand in hand *phrase*	**Hand in Hand gehen, zusammengehören**
These two proposals **go hand in hand**. There is no point considering them separately.	Diese beiden Vorschläge gehören zusammen; es macht keinen Sinn, sie getrennt zu behandeln.
• **to illustrate a point** *phrase*	**einen Punkt veranschaulichen, etwas veranschaulichen**
I have prepared a transparency to **illustrate** this **point**.	Ich habe eine (Overhead)Folie vorbereitet, um diesen Punkt zu veranschaulichen.
implication *n*	**Implikation, Auswirkung**
The **implications** of the merger will not have escaped anyone.	Die Auswirkungen des Zusammenschlusses werden wohl keinem entgangen sein.
• **to imply** *v/t*	**andeuten, implizieren**

in conjunction with *phrase*	**in Verbindung mit, zusammen mit**
The question of staffing levels needs to be considered **in conjunction with** the level of investment in technology.	Die Frage nach der Personalausstattung muss in Verbindung mit der Höhe der Investition für Technologie betrachtet werden.
in context *phrase*	**im Zusammenhang, im Kontext**
in isolation *phrase*	**isoliert, gesondert, ohne Zusammenhang**
These two factors cannot be taken **in isolation**.	Diese beiden Faktoren können nicht isoliert betrachtet werden.
to infer (from) *v/t*	**schließen (aus), folgern (aus)**
We can **infer** what is likely to happen to the market **from** what has happened so far.	Aus der bisherigen Entwicklung können wir auf die wahrscheinliche Marktentwicklung schließen.
interrelated *adj*	**zueinander in Beziehung stehend, zusammenhängend**
These questions are surely **interrelated**.	Diese beiden Fragen hängen doch sicher zusammen.
• **to lead to** *v/i*	**führen zu, bringen zu**
This **leads** me **to** my next point.	Das bringt mich zu meinem nächsten Punkt.
• **to leave aside** *v/t*	**beiseite lassen**
Can we **leave aside** the question of quantity for a moment and concentrate on quality?	Können wir die Frage nach der Quantität im Moment mal beiseite lassen und uns auf die Qualität konzentrieren?
• **to make oneself clear** *phrase*	**sich klar ausdrücken**
I'm obviously not **making myself clear**, so I'll try again.	Ich habe mich offensichtlich nicht klar ausgedrückt, also versuch' ich's noch mal.

• **to put forward** *v/t* I want to **put forward** an alternative strategy for dealing with the alleged overstaffing.	**vorschlagen, vorbringen** Ich möchte eine alternative Strategie vorschlagen, wie wir mit der angeblichen Überbesetzung umgehen können.
to rehearse *v/t* I would like us to **rehearse** a couple of the arguments we will need to make at next Monday's plenary meeting.	**proben, noch einmal durchsprechen** Ich würde gern noch mal ein paar Argumente mit Ihnen durchsprechen, die wir auf der nächsten Plenarsitzung vorbringen müssen.
to see the logic *phrase* I **see the logic** of what you're saying.	**die Logik dahinter sehen** Ich sehe die Logik hinter Ihrer Aussage.
• **to stress** *v/t* The interrelatedness of these issues needs to be **stressed**.	**betonen** Die Zusammengehörigkeit dieser Aspekte muss betont werden.
subtext *n* The **subtext** of what you're saying is that the market won't bear another supplier.	**Implikation** Mit Ihrer Aussage implizieren Sie, dass der Markt keinen weiteren Zulieferer zulässt.
• **to turn to** *v/t* I would now like to **turn to** the question of brand name.	**sich zuwenden** *(Frage, Thema)*, **kommen zu** Ich möchte jetzt gern zur Frage des Markennamens kommen.
to underline *v/t* (→ **stress**) I want to **underline** what Sally said about the need for creche facilities.	**unterstreichen, betonen** Ich möchte unterstreichen, was Sally über den Bedarf an Kinderkrippen gesagt hat.
• **to understand** *often_ironic v/t* Are we to **understand** that by downsizing you mean sacking staff?	**verstehen** Wollen Sie uns zu verstehen geben, dass Sie mit Rationalisierung Entlassungen der Mitarbeiter meinen?

4.5 Zum Abschluss kommen

● **to add** *v/ti*	**hinzufügen**
It only remains for me to **add** that we cannot afford to get this wrong now.	Bleibt nur noch hinzuzufügen, dass wir es uns nicht leisten können, wenn jetzt noch was schiefgeht.
to agree to disagree *phrase*	**sich verschiedene Meinungen zugestehen**
With respect, I think we shall have to **agree to disagree** on this matter.	Bei allem Respekt glaube ich, dass wir uns in dieser Sache verschiedene Meinungen zugestehen müssen.
to allay *v/t*	**verringern, (weitgehend) zerstreuen**
Some of my concerns have been **allayed** by what I have heard today.	Das, was ich heute gehört habe, hat einige meiner Befürchtungen zerstreut.
to boil down to *v/t*	**darauf hinauslaufen**
It **boils down to** whether it is sensible to change supplier purely on the basis of price.	Es läuft darauf hinaus, ob es sinnvoll ist, allein aufgrund des Preises den Zulieferer zu wechseln.
to break the deadlock *phrase*	**den toten Punkt überwinden**
I am prepared to compromise if it will allow us to **break this deadlock**.	Ich bin kompromissbereit, wenn es uns dadurch gelingt, diesen toten Punkt zu überwinden.
● **conclusion** *n*	**(Schluss)Folgerung**
● **to come to a conclusion** *phrase*	**zu einer Schlussfolgerung kommen, zu einer Schlussfolgerung gelangen**
The **conclusion** we have **come to**, is that the proposal made by Aston and Jones meets most of our criteria.	Wir sind zu der Schlussfolgerung gekommen, dass der Vorschlag von Aston und Jones die meisten unserer Kriterien erfüllt.
● **to draw a conclusion** *phrase*	**eine (Schluss)Folgerung ziehen**
What **conclusion** can we **draw** from this?	Welche Schlussfolgerung können wir daraus ziehen?

• **to reach a conclusion** *phrase*	**zu einer Schlussfolgerung kommen, zu einer Schlussfolgerung gelangen**
I believe we have **reached a conclusion** agreeable to both sides.	Ich glaube, wir sind zu einem für beide Seiten annehmbaren Schluss gelangt.
course of action *n*	**Vorgehensweise**
The only sensible **course of action** is to suspend him on full pay until the incident has been fully investigated.	Die einzig vernünftige Vorgehensweise ist es, ihn bei vollem Gehalt zu suspendieren, bis der Vorfall eingehend untersucht worden ist.
full and frank *adj*	**ausführlich und offen**
We may not have reached full agreement, but at least we have had a **full and frank** debate.	Wir sind vielleicht nicht zu einer völligen Übereinkunft gekommen, aber zumindest gab es eine ausführliche und offene Aussprache.
in a nutshell *phrase*	**kurz gesagt, mit einem Wort**
solution *n*	**Lösung**
to sum up in a few words *phrase*	**in wenigen Worten zusammenfassen**
To **sum up** what I have said **in a few words** …	Um meine Ausführungen in wenigen Worten zusammenzufassen …

5 Korrespondenz

5.1 Äußere Form und Musterbriefe

Die äußere Form von Geschäftsbriefen variiert zuweilen beträchtlich. Dennoch gibt es gewisse Standards, die man beachten sollte. So folgen etwa Anrede und Schlussformeln einem gebräuchlichen Muster. Die folgende Aufstellung gibt einen Überblick über gebräuchliche Anredeformen:

To start a letter you use	***when the recipient***
Dear Sirs	is a company
Dear Sir	is an unnamed man
Dear Madam	is an unnamed woman
Dear Sir/Madam	is unknown and may be male or female
Dear Mr Adams (*or title*)	is a named man
Dear Mrs Adams	is a named woman
Dear Miss Adams	is a named unmarried woman
Dear Ms Adams	is a named woman who is married or unmarried
Dear Anita	is someone with whom you are on first name terms
Dear Anita Adams	is a person whose full name you know but to whom you are writing impersonally

Begrüßungs- und Schlussformeln müssen ebenfalls aufeinander abgestimmt werden:

Salutation	***Complimentary close***
Dear Sir, Sirs, Madam, Sir/Madam,	Yours faithfully (*GB*), Yours Truly (*US*), Sincerely (*US*), Sincerely yours (*US*)
Dear Mr, Mrs, Miss, Ms, Dr, Professor Adams	Yours sincerely (*GB*), Sincerely yours (*US*), Sincerely (*US*)
Dear Anita	Yours, Best wishes, Kind regards (*GB*), Best Regards (*US*), Warm regards (*US*)

Geschäftsbrief

ADA COMPUTER SERVICES [1]
Unit 17B, Science Estate, Cambridge CB7 1JF
Tel: 0 12 23 57 65 76 Fax: 0 12 23 5 76 578
e-mail: sales@ada.co.uk
website: www.ada.co.uk

Mr S. Jackson [2]
24 Steinway Grove
Birmingham B17 7LA

Your Ref: [3]
Our Ref: JG/Enq/1
Date: 8 May 20.. [4]

Dear Mr Jackson [5]

Modem ADA Sprint MMM3 [6]

Thank you for purchasing the above equipment and returning the user registration card to us. Your details have been added to our database and you will receive regular updates on ADA products. I noted the problem you have experienced with our product and hope that the advice given by our technical support hotline has solved it. Should you have any queries or require further technical support, please contact us at the above address. [7]

Yours sincerely [8]

John Gilbertson
Head of Customer Sales [9]

Enc. [10] Product Catalogue

[1] Briefkopf; [2] Anschrift des Empfängers; Postleitzahl auf der gleichen Zeile oder darunter; keine Leerzeile zwischen Straße und Stadt; [3] Bezug; [4] Datum; [5] Anrede; [6] Betreffzeile (stichwortartige Inhaltsangabe), meist in Fettdruck, oder aber unterstrichen [7] Brieftext; [8] Schlussformel; [9] Unterschrift mit Namen und Titel/Berufsbezeichnung des Absenders; [10] 'Enc(s)' steht für 'Enclosure(s)' und bedeutet 'Anlage(n)'

Geschäftsbrief: amerikanisch

The InterStay Hotel

1114 Seventh Avenue
New York
NY 10033
tel 212 383 4621
fax 212 383 4678
e-mail: sblong@interstay.com

April 20, 20..

Mr. S. Jackson
24 Steinway Grove
Birmingham B17 7LA
England

Dear Mr. Jackson:

This letter confirms your reservation for a double room with bath for July 16–20.

We have also reserved our conference facilities in the Manhattan Suite for your exclusive use on July 19 until 11 P.M. The room seats up to 15 people comfortably and will satisfy your needs for a small, but intensive one-day conference.

Please let us know your further requirements, for example, as regards support facilities (video, tape recorders, etc.) as soon as possible. May we ask you to request your conference guests who would like to book their own rooms in the hotel to contact us at an early date.

Sincerely yours,

Samuel B. Long
General Manager

Faxnachricht

ADA COMPUTER SERVICES
Unit 17B, Science Estate, Cambridge CB7 1JF
Tel: 0 12 23 57 65 76 Fax: 0 12 23 5 76 578
e-mail: d.steinway@ada.co.uk
website: www.ada.co.uk

Fax Message

Date:	23 May ...	**Time:**	10.30
To:	Steven Brookes Plastech	**Phone:** **Fax:**	0171 342 8631 0171 342 3342
From:	Dave Steinway Ada Computer Services	**Phone:** **Fax:**	01223 576 576 01223 576 578
		cc:	John Taylor

Number of pages: 1

re: Modem MMM3

Dear Steve

Several users are reporting problems. This fault seems to be affecting modems made up using power jacks supplied by you between 1 February and 12 March. Have you had any other reports of similar problems?

Regards

Dave.

E-mail

Date:	Fri, 29 May…16:36:23
Sender:	sb@plastech.co.uk
To:	d.steinway@ada.co.uk
Subject:	Modem MMM3

Dave

I've made some preliminary enquiries with other purchasers and cannot trace other complaints involving power jacks so far. However we did modify the design of the PJ4 around the time you specify and it's possible there may have been unforeseen interaction with other components. Can you get the defective MMM3's sent back to us for examination?

Regards

Steve

5.2 Typologie und Bestandteile

● **appendix** *n* You'll find a detailed breakdown of the annual accounts in the **appendix**.	**Anhang** *(eines Dokuments)* Eine detaillierte Aufstellung des Jahresabschlusses finden Sie im Anhang.
● **as follows** *phrase* The list of goods ordered is **as follows**.	**wie folgt, folgendermaßen** Die Liste der bestellten Waren lautet wie folgt.
● **below** *prep* A detailed analysis of the current market situation is given **below**.	**unten, nachstehend** Eine ausführliche Analyse der derzeitigen Marktsituation ist nachstehend aufgeführt.
complimentary close *n* If your salutation is "Dear Sir" your **complimentary close** should normally be "Yours faithfully".	**Schlussformel** Wenn Ihre Anrede „Dear Sir" ist, sollte Ihre Schlussformel normalerweise „Yours faithfully" sein.
● **date** *n*	**Datum**
date as postmark *n*	**Datum des Poststempels**
● **for information** *phrase*	**zur Information**
layout *n*	**Layout, äußere Form, Gestaltung**
● **letter** *n*	**Brief, Schreiben**
body of the letter *n*	**Brieftext**
● **business letter** *n*	**Geschäftsbrief**
● **circular (letter)** *n*	**Rundschreiben**
● **covering letter** *n (GB)*; **cover letter** *n (US)*	**Begleitschreiben**
follow-up letter *n*	**Nachfassschreiben**
● **letter of acknowledgement** *n* Please send her a **letter of acknowledgement** of her application.	**Bestätigungsschreiben** Bitte bestätigen Sie ihr Bewerbungsschreiben.

● **letter of appreciation** *n* (→ **letter of thanks**)	**Dankschreiben**
● **letter of complaint** *n*	**Beschwerdebrief**
letter of condolence *n*	**Beileidsbrief**
letter of recommendation *n*	**Empfehlungsschreiben**
letter of thanks *n (GB)*; **thank you note** *n (US)*	**Dankschreiben**
The board has asked for a **letter of thanks** to be sent to Mr Hunt for his many years of service to the company.	Der Vorstand bat darum, Herrn Hunt ein Dankschreiben für seine langjährigen Verdienste um die Firma zu übersenden.
● **letterhead** *n*	**Briefkopf**
● **personal letter** *n*	**persönliches (An)Schreiben**
standard letter *n*	**Standardbrief**
You obviously received the **standard letter** we issue when payment has not been received.	Sie haben offensichtlich unseren Standardbrief erhalten, den wir ausstellen, wenn die Zahlung noch nicht eingegangen ist.
margin *n*	**Rand**
justified margin *n*	**Randausgleich**
offer *n*	**Angebot**
● **paragraph** *n*	**Absatz, Abschnitt**
What exactly are they saying in this **paragraph**?	Was steht in diesem Abschnitt eigentlich genau drin?
position *n*	**Stellung, Amtsbezeichnung, Position**
In a business letter the sender's **position** in the company follows the signature and name.	In einem Geschäftsbrief folgt die Position des Absenders im Unternehmen nach Unterschrift und Namen.
● **recipient's address** *n*	**Anschrift, Adresse des Empfängers**
● **reminder** *n*	**Mahnung, Mahnschreiben**

Korrespondenz

salutation *n*	**Anrede, Grußformel**
● **sender's address** *n*	**Absender, Adresse des Absenders**
● **signature** *n* The **signature** on this letter is indecipherable.	**Unterschrift** Die Unterschrift unter diesem Brief ist nicht zu entziffern.
subject line *n* The **subject line** is normally emboldened these days.	**Betreffzeile** Heutzutage hebt man normalerweise die Betreffzeile durch Fettdruck hervor.
● **under separate cover** *phrase*	**mit getrennter Post**

5.3 Einleitung eines Geschäftsbriefes

● **to acknowledge receipt of** *phrase* I am writing to **acknowledge receipt of** your letter of 17 March.	**den Empfang bestätigen, den Eingang bestätigen** Hiermit bestätigen wir den Empfang Ihres Schreibens vom 17. März.
● **concerning** *prep* I am writing to you **concerning** order no. 8543 of 22 March.	**betreffend, wegen** Ich beziehe mich auf die Bestellung Nr. 8543 vom 22. März.
● **to contact** *v/t*	**sich wenden an, Kontakt aufnehmen**
first name *n (GB)*; **given name** *n (US)*	**Vorname**
● **to follow up** *v/t* I am **following up** this morning's telephone conversation with a letter, as agreed.	**fortsetzen, nachfassen, weiterverfolgen** Wie vereinbart setze ich unser Telefongespräch von heute Morgen brieflich fort.

• **following** *prep* **Following** our meeting in London yesterday, I am writing to inform you …	**im Anschluss an, nach(folgend)** Im Anschluss an unsere gestrige Besprechung in London möchte ich Ihnen mitteilen …
• **further to** *phrase* **Further to** your enquiry of 21 June I am pleased to enclose full details of our range of products.	**im Anschluss an, Bezug nehmend auf** Bezug nehmend auf Ihre Anfrage vom 21. Juni lege ich Ihnen nun umfangreiche Informationen über unser Produktsortiment bei.
in connection with *phrase* (→ **with reference to**)	**in Zusammenhang mit**
• **in reply to** *phrase* **In reply to** your letter of 16 February I am pleased to confirm that I will be able to visit your headquarters in mid-June as intended.	**in Anwort auf, in Beantwortung** In Beantwortung Ihres Schreibens vom 16. Februar freue ich mich, meinen Besuch in Ihrer Hauptverwaltung wie beabsichtigt für Mitte Juni bestätigen zu können.
• **interest** *n* I read with great **interest** your advertisement in the national press.	**Interesse** Mit großem Interesse habe ich Ihre Anzeige in der nationalen Presse gelesen.
• **to be in receipt of** *phrase* We are **in receipt of** your letter regarding delays in production.	**empfangen haben** Uns liegt Ihr Brief bezüglich der Produktionsverzögerung vor.
• **to receive** *v/t* We have now **received** written confirmation of the contract agreed verbally last week.	**erhalten, empfangen** Wir haben nun die schriftliche Bestätigung für den mündlich vereinbarten Vertrag von letzter Woche erhalten.
recommendation *n* I am writing to you on the **recommendation** of our representative, James Ingram, who visited your stand at the National Exhibition Centre.	**Empfehlung** Ich schreibe Ihnen auf Empfehlung unseres Repräsentanten James Ingram, der Sie an Ihrem Stand im National Exhibition Centre besuchte.

● **to reply (to)** *v/i*	**(be)antworten**
● **to request** *v/t* We wrote to you on 30 June to **request** a current price-list.	**bitten, erbitten, ersuchen um** Wir schrieben Ihnen am 30. Juni mit der Bitte, uns eine gültige Preisliste zu übersenden.
● **to study** *v/t* We have now had the opportunity to **study** in detail the offer made in your letter of 15 May.	**studieren, durcharbeiten, untersuchen** Wir hatten jetzt Gelegenheit, Ihr Angebot vom 15. Mai im Detail zu studieren.
surname *n (GB)*; **last name, family name** *n (US)*	**Nachname**
● **to thank s.o. for** *v/t* We **thank** you **for** your fax of 3 July.	**jdm danken für, sich bei jdm bedanken für** Wir bedanken uns für Ihr Fax vom 3. Juli.
● **Thank you!** *phrase*	**Danke!, Vielen Dank!**
● **with reference to** *phrase* I am writing **with reference to** …	**mit Bezug auf, Bezug nehmend auf** Ich schreibe Ihnen mit Bezug auf …

5.4 Probleme ausdrücken und lösen

to accept *v/t*	**annehmen, akzeptieren**
We are unable to **accept** the goods because they have been damaged in transit.	Wir sehen uns leider außerstande, die Waren anzunehmen, da sie unterwegs beschädigt wurden.
to accept liability *phrase*	**Haftung übernehmen, für Schaden aufkommen**
We would **accept liability** if it was clear that the fault lay with us.	Wir würden für den Schaden aufkommen, wenn es erwiesen wäre, dass der Fehler bei uns lag.
to appreciate *v/t*	**einsehen, verstehen, Verständnis haben**
While we **appreciate** the problems you have had with suppliers we feel we cannot wait any longer for the new stock to reach us.	Obgleich wir Verständnis für Ihre Probleme mit Zulieferfirmen haben, ist es uns leider nicht möglich, weiter auf die Bestände zu warten.
to assure *v/t*	**versichern**
I **assure** you that the matter is being investigated both by ourselves and our distributor.	Ich kann Ihnen versichern, dass die Angelegenheit sowohl von uns selbst als auch von unserer Auslieferfirma untersucht wird.
to cancel *v/t*	**annullieren, absagen, canceln**
We have little choice but to **cancel** the order.	Es bleibt uns keine andere Wahl, als den Auftrag zu annullieren.
concern *n*	**Besorgnis**
We note with **concern** that our invoices of 3 and 21 June remain unpaid.	Wir stellen mit Besorgnis fest, dass unsere Rechnungen vom 3. und 21. Juni immer noch ausstehen.
correspondence *n*	**Korrespondenz**
disappointed *adj*	**enttäuscht**
We are extremely **disappointed** with the quality of manufacture.	Wir sind äußerst enttäuscht von der Produktqualität.

to do one's utmost *phrase*	**sein Äußerstes tun, sein Möglichstes tun**
We will **do our utmost** to ensure that this incident does not repeat itself.	Wir werden unser Möglichstes tun, um eine Wiederholung dieses Vorfalls zu vermeiden.
● **to draw s.th. to s.o.'s attention** *phrase*	**jdn auf etwas aufmerksam machen**
I feel I must **draw** this matter **to your attention**.	Ich glaube, ich muss Sie auf diesen Sachverhalt aufmerksam machen.
● **error** *n*	**Fehler, Irrtum**
We have noticed an **error** in the invoice.	Wir haben einen Fehler in der Rechnung entdeckt.
to escape s.o.'s attention *phrase*	**jds Aufmerksamkeit entgehen**
It has not **escaped our attention** that your client has a history of involvement in industrial disputes.	Es ist unserer Aufmerksamkeit nicht entgangen, dass Ihr Klient schon lange Zeit an Tarifauseinandersetzungen beteiligt ist.
to fail to respond *phrase*	**nicht reagieren, nicht antworten, nicht beantworten**
You have **failed to respond** to our repeated attempts to contact you.	Auf unser mehrfaches Bemühen, mit Ihnen in Kontakt zu treten, haben Sie nicht reagiert.
● **grateful** *adj*	**dankbar**
We would be **grateful** for your views on this matter.	Für Ihre Stellungnahme zu dieser Angelegenheit wären wir Ihnen sehr dankbar.
● **to hear from** *v/t*	**Nachricht erhalten**
You will be **hearing from** our solicitor in due course.	Sie werden von unserem Rechtsanwalt zu gegebener Zeit Nachricht erhalten.
to hold s.o. responsible for *phrase*	**jdn verantwortlich machen für**
We cannot be **held responsible for** delays caused by the blockade of ports.	Wir können nicht für die Verzögerungen verantwortlich gemacht werden, die durch die Blockade der Häfen verursacht wurde.

in error *phrase*	**aus Versehen, versehentlich, irrtümlicherweise**
The goods were sent to you **in error**.	Die Waren wurden Ihnen aus Versehen zugesandt.
● **inconvenience** *n*	**Unannehmlichkeit**
We apologise for any **inconvenience** we may have caused.	Wir bitten Sie, etwaige durch uns verursachte Unannehmlichkeiten zu entschuldigen.
● **to insist** *v/i*	**bestehen auf**
We must **insist** that all new switches comply with EU manufacturing and safety standards.	Wir müssen darauf bestehen, dass alle neuen Schalter den Herstellungs- und Sicherheitsnormen der EU entsprechen.
investigation *n*	**Nachforschung, Erkundigung**
We will contact you as soon as our **investigations** are complete.	Wir werden Sie verständigen, sobald unsere Nachforschungen abgeschlossen sind.
to make amends *phrase*	**wiedergutmachen**
We are keen to **make amends** for the losses we have inadvertently caused you.	Wir sind bestrebt, den Ihnen auf unachtsame Weise zugefügten Schaden wiedergutzumachen.
missing *adj*	**fehlend**
The details of the **missing** order are as follows.	Die Details der fehlenden Bestellung sind wie folgt.
mutually agreeable *adj*	**einvernehmlich, für beide Parteien annehmbar**
We will do all we can to arrive at a **mutually agreeable** solution.	Wir werden alles daransetzen, um zu einer einvernehmlichen Lösung zu gelangen.
to be obliged to *phrase*	**verpflichtet sein zu, gehalten sein zu, gezwungen sein zu**
Given your failure to respond to our final reminder we shall **be obliged to** instruct our solicitors to recover the debt.	Nach Ausbleiben einer Antwort auf unsere letzte Mahnung sehen wir uns gezwungen, unsere Rechtsanwälte mit der Einziehung der Schulden zu beauftragen.

• **to be obliged to (request)** *phrase* We would **be obliged to** receive a reply at your earliest convenience.	**zu Dank verpflichtet sein für, dankbar sein für** Wir wären Ihnen für eine möglichst baldige Antwort dankbar.
to place s.o. in a difficult situation *phrase* Your failure to keep to the delivery date has **placed** us **in a difficult situation** with two of our major customers.	**jdn in Schwierigkeiten bringen, jdn in eine schwierige Situation bringen** Ihre Lieferfristüberschreitung hat uns in Schwierigkeiten mit zwei unserer Hauptkunden gebracht.
to be pleased to learn *phrase* I **am pleased to learn** that an amicable solution has been reached.	**erfreut zur Kenntnis nehmen, erfreut sein zu erfahren** Ich freue mich zu erfahren, dass eine einvernehmliche Lösung gefunden wurde.
• **to point out** *v/t* We would like to **point out** that the goods were supplied within the period stipulated by you.	**darauf hinweisen** Wir möchten darauf hinweisen, dass die Waren innerhalb der von Ihnen gesetzten Frist geliefert wurden.
to reconsider *v/t* If you could make us an improved offer, we would be prepared to **reconsider** our position.	**überdenken, überprüfen** Wenn Sie uns ein verbessertes Angebot vorlegen könnten, wären wir bereit, unsere Position zu überdenken.
• **to refer to** *v/t* I have **referred** your complaint **to** our Despatch Department.	**weiterleiten an, verweisen auf, Bezug nehmen auf, sich beziehen auf** Ich habe Ihre Beschwerde an unseren Versand weitergeleitet.
• **to regret** *v/t* We deeply **regret** any trouble we may have caused you.	**bedauern** Wir bedauern jegliche Unannehmlichkeiten, die Ihnen unseretwegen entstanden sind, zutiefst.
regrettably *adv*	**bedauerlicherweise**

● **to remind s.o.** *v/t* I must **remind** you that the Act prohibits discrimination on any grounds.	**jdn erinnern** Ich muss Sie daran erinnern, dass das Gesetz Diskriminierung aus jeglichen Gründen untersagt.
● **reply** *n* I note that I have not received a **reply** to my letter of the 13th.	**Antwort, Beantwortung, Rückäußerung** Ich stelle fest, dass ich noch keine Antwort auf meinen Brief vom 13. dieses Monats erhalten habe.
to reserve one's position *phrase* We would like to **reserve our position** on this matter until the full facts are known.	**sich eine Stellungnahme vorbehalten** Wir möchten uns eine Stellungnahme in dieser Angelegenheit vorbehalten, bis alle Einzelheiten bekannt sind.
● **response** *n*	**Antwort, Erwiderung, Reaktion**
satisfied *adj* If you are not entirely **satisfied** with the replacement part we will provide a full refund.	**zufrieden** Sollten Sie mit dem ersetzten Teil nicht völlig zufrieden sein, erstatten wir Ihnen den gesamten Betrag zurück.
● **to be sorry** *phrase* I **am sorry** to have to inform you that your application has been unsuccessful.	**leidtun** Es tut mir leid, Ihnen mitteilen zu müssen, dass Ihre Bewerbung nicht erfolgreich war.
to be sorry to learn *phrase* I **am sorry to learn** that in your opinion recourse to legal action seems unavoidable.	**leider zur Kenntnis nehmen, mit Bedauern zur Kenntnis nehmen, leider erfahren** Mit Bedauern muss ich zur Kenntnis nehmen, dass Sie das Beschreiten des Rechtsweges für unausweichlich halten.
to stipulate *v/t* We supplied the garments in the colours and sizes you **stipulated**.	**(vertraglich) festlegen, vereinbaren** Wir haben Ihnen die Kleidungsstücke in den vereinbarten Farben und Größen geliefert.

Korrespondenz

to take into account *phrase*	**berücksichtigen, in Betracht ziehen**
We are not convinced that all the factors determining liability have been **taken into account**.	Wir sind nicht davon überzeugt, dass alle Faktoren, die für die Haftbarkeit ausschlaggebend sind, berücksichtigt wurden.
• **to understand** *v/t*	**erfahren, hören, verstehen**
I **understand** from our solicitor that you are accepting no liability whatsoever for the damaged goods.	Ich erfahre von unserem Rechtsanwalt, dass Sie keinerlei Haftung für die beschädigten Waren übernehmen.
to understand s.o.'s position *phrase*	**jds Lage verstehen, für jds Lage Verständnis haben**
I hope you will **understand the position** in which our company finds itself at present.	Ich hoffe, Sie werden Verständnis haben für die Lage, in der sich unsere Firma zurzeit befindet.
unjustified *adj*	**ungerechtfertigt, unberechtigt, grundlos**
In our view your complaint is **unjustified**.	Unserer Meinung nach ist Ihre Beschwerde ungerechtfertigt.
viz. (< videlicet) *adv (Lat.)*	**nämlich**
We would be grateful if you would pay the difference between the price in our old catalogue and the current price, **viz.** £ 17.50.	Wir wären Ihnen dankbar, wenn Sie die Differenz zwischen dem alten Katalogpreis und dem jetzt gültigen Preis entrichten würden, nämlich den Betrag von £ 17,50.

5.5 Auskünfte geben und einholen

approval *n*	**Zustimmung, Billigung, Einverständnis**
We hope the 5 % discount we are able to offer on bulk orders will meet with your **approval**.	Wir hoffen, dass die 5 % Mengenrabatt, die wir anbieten können, bei Ihnen auf Zustimmung stoßen werden.
• **to attach** *v/t*	**beilegen, beifügen, anfügen**
A photocopy of the original is **attached** for your information.	Zu Ihrer Information lege ich eine Kopie des Originals bei.
aware *adj*	**bewusst**
As you are probably **aware** the Data Protection Act prevents us from disclosing this kind of information to a third party.	Wie Ihnen sicherlich bewusst ist, verbietet uns das Datenschutzgesetz, derartige Informationen an Dritte weiterzugeben.
to consider *v/t*	**in Betracht ziehen, erwägen, prüfen**
The Board of Directors met this morning to **consider** your offer.	Der Vorstand ist heute Morgen zusammengekommen, um Ihr Angebot zu prüfen.
• **details** *n pl*	**Details, Einzelheiten**
• **to enclose** *v/t*	**beilegen, beifügen, mitschicken**
I am **enclosing** the latest edition of our technical manual as per your request.	Wie gewünscht lege ich Ihnen die neueste Ausgabe unseres technischen Handbuchs bei.
• **to find enclosed** *phrase*	**anbei finden, in der Anlage erhalten, beiliegend erhalten**
Please **find enclosed** a copy of our most recent catalogue.	Anbei finden Sie ein Exemplar unseres neuesten Katalogs.
hereby *adv*	**hiermit**
We **hereby** confirm that the goods were undamaged when they left our warehouse.	Hiermit bestätigen wir die Unversehrtheit der Waren bei Verlassen unseres Lagers.
• **in the circumstances** *phrase*	**unter den Umständen**
in the event that *phrase*	**für den Fall, dass**

to indicate *v/t*	**angeben, anzeigen, hinweisen auf**
Could you please **indicate** which models can be delivered from stock?	Könnten Sie uns bitte angeben, welche Modelle ab Lager lieferbar sind?
● **to inform** *v/t*	**informieren**
Please **inform** us by return if you are unable to agree to any of the terms in the contract.	Bitte informieren Sie uns umgehend, wenn Sie irgendwelchen Bedingungen des Vertrages nicht zustimmen können.
● **information** *n sg*	**Information(en)**
Please send us further **information** about your range of CAD products.	Bitte schicken Sie uns weitere Informationen über ihre CAD-Produktpalette.
● **to notify** *v/t*	**benachrichtigen, mitteilen, verständigen**
I am pleased to **notify** you that the product you ordered is now in stock.	Es freut mich, Ihnen mitteilen zu können, dass das von Ihnen bestellte Produkt jetzt vorrätig ist.
particulars *n pl*	**Einzelheiten, nähere Angaben, Details**
Our finance department has requested further **particulars** of the invoice in question.	Unsere Finanzabteilung hat um nähere Angaben der infrage stehenden Rechnung gebeten.
● **record** *n*	**Nachweis, Beleg, Eintrag**
according to our records *phrase*	**nach unseren Unterlagen**
According to our records Arkwright and Jones ceased trading in 1995.	Nach unseren Unterlagen haben Arkwright und Jones 1995 das Geschäft aufgegeben.
● **regarding** *prep* (→ **with reference to**)	**bezüglich, mit Bezug auf, betreffend**
relations *n pl*	**(Geschäfts)Beziehungen**

● **requirement** *n* If you send us details of your exact **requirements** we will do our best to satisfy them.	**Anforderung** Wenn Sie uns eine Liste Ihrer genauen Anforderungen schicken, werden wir unser Bestes tun, um diesen nachzukommen.
to return *v/t*	**retournieren, zurücksenden**
to specify *v/t* Please **specify** which of the three models you require.	**einzeln angeben, spezifizieren, aufführen, präzisieren** Bitte spezifizieren Sie, welche der drei Modelle Sie benötigen.
to trust *v/i* I **trust** that this proposal is agreeable to you.	**vertrauen, hoffen, überzeugt sein** Ich hoffe, dieser Vorschlag trifft auf Ihre Zustimmung.
view *n*	**Meinung, Ansicht**

5.6 Abschluss eines Geschäftsbriefes

● **as soon as possible (> asap)** *adv* We would be grateful if you could clarify this matter **as soon as possible**.	**so bald wie möglich, baldmöglichst** Wir wären Ihnen dankbar, wenn Sie diese Angelegenheit so bald wie möglich klären könnten.
assistance *n* I hope I have been of some **assistance**.	**Unterstützung, Hilfe(stellung)** Ich hoffe, Ihnen mit dieser Auskunft gedient zu haben.
to await further instructions *phrase* We **await** your **further instructions**.	**weitere Anweisungen erwarten** Wir erwarten weitere Anweisungen von Ihnen.
● **by return of post** *phrase* Since time is of the essence we would ask you to sign the contract immediately and send it back **by return of post**.	**umgehend, postwendend, sofort** Wegen der äußerst knappen Zeit würden wir Sie bitten, den Vertrag sofort zu unterschreiben und ihn umgehend zurückzusenden.

Korrespondenz

• **early reply** *n (GB)*; **timely reply, prompt reply** *n (US)*	**baldige Antwort**
An **early reply** would be appreciated.	Über eine baldige Antwort würde ich mich freuen.
to give s.th. one's earliest attention *phrase*	**einer Sache sofortige Beachtung schenken, einer Sache baldmöglichste Aufmerksamkeit schenken**
I should be grateful if you would **give** this matter **your earliest attention**.	Ich wäre Ihnen dankbar, wenn Sie dieser Angelegenheit Ihre sofortige Beachtung schenken würden.
• **to hear from s.o.** *v/i*	**von jdm hören**
I look forward to **hearing from** you shortly.	Ich würde mich freuen, bald von Ihnen zu hören.
• **help** *n*	**Hilfe(stellung)**
Please let me know if I can be of any further **help**.	Bitte lassen Sie mich wissen, falls ich Ihnen weiterhin behilflich sein kann.
• **to hesitate** *v/t*	*(wörtl.)* **zögern**
Please do not **hesitate** to contact us if you require any further information.	Bitte wenden Sie sich vertrauenswürdig an uns, wenn Sie weitere Informationen benötigen.
in advance *phrase*	**im Voraus**
Thanking you **in advance**.	Ich danke Ihnen im Voraus.
• **in anticipation** *phrase*	**in Erwartung, im Voraus**
Thanking you **in anticipation**.	Im Voraus vielen Dank!
• **in due course** *phrase*	**zu gegebener Zeit**
We appreciate that you cannot give an immediate response and look forward to hearing from you **in due course**.	Wir haben Verständnis dafür, dass Sie keine unmittelbare Antwort geben können, und freuen uns darauf, zu gegebener Zeit von Ihnen zu hören.
• **in the near future** *phrase*	**in nächster Zeit, bald**

● **to let s.o. know** *v/t* Please **let us know** your decision as quickly as possible.	**jdn wissen lassen, jdm mitteilen** Bitte teilen Sie uns Ihre Entscheidung so bald wie möglich mit.
● **to look forward to** *v/i* We **look forward to** receiving further orders from you in the near future.	**sich freuen auf** Wir würden uns freuen, in Zukunft weitere Aufträge von Ihnen zu erhalten.
prompt *adj* The matter must be resolved quickly and I would therefore appreciate a **prompt** reply.	**unverzüglich, prompt** Die Angelegenheit muss rasch gelöst werden. Ich erwarte daher eine unverzügliche Antwort.
to rest assured *phrase* You may **rest assured** that we will carry out your order to your full satisfaction.	**versichert sein, sich darauf verlassen können** Sie können versichert sein, dass wir Ihren Auftrag zu Ihrer vollsten Zufriedenheit ausführen werden.
strictly confidential *adj* Please treat this information as **strictly confidential**.	**streng vertraulich** Bitte behandeln Sie diese Auskunft als streng vertraulich.

5.7 Gebräuchliche Abkürzungen

● **approx (< approximate)** *adj*; **approx (< approximately)** *adv*	**etwa, ungefähr**
attchmnt (< attachment) *n*	**Anhang**
● **bcc (< blind carbon copy, blind carbon copies)** *n*	**Blindkopie(n)** *(verschickte Kopien ohne Wissen des Adressaten)*
● **cc (< carbon copy, carbon copies)** *n*	**Kopie(n)**
● **cont. (< continued)** *phrase*	**fortgesetzt, Fortsetzung (auf Seite ...), Fortsetzung (von Seite ...)**

•	**cont. o/leaf (< continued overleaf)** *phrase*	**Fortsetzung auf nächster Seite**
•	**e.g. (< exempli gratia)** *phrase (Lat.)*	**z. B. (< zum Beispiel)**
•	**Enc, Encl (< Enclosure)** *n sg*	**Anlage**
•	**Encs (< Enclosures)** *n pl*	**Anlagen**
	Esq. (< Esquire) *n (rare)*	*(entspricht etwa)***Hr.,Hrn. (< Herrn)** *(Brief)*
•	**FAO (< for the attention of)** *phrase*	**z. H., z. Hd. (< zu Händen)**
•	**i.e. (< id est)** *(that is) phrase (Lat.)*	**d. h. (< das heißt)**
	inst (< instant) *adj*	**des Monats, dieses Monats**
•	**Messrs** *n pl*	*(Anrede in Anschrift an Personengesellschaft, etwa Firma)*
•	**Miss** *n (contraction of the former "Mistress"; used to designate an unmarried woman)*	**Fräulein** *(heute weniger übliche Anrede für unverheiratete Frauen)*
•	**Mr (< Mister)** *n*	**Herr(n)**
•	**Mrs** *n (contraction of the former "Mistress"; used to designate a married woman)*	**Frau**
•	**Ms** *n (modern form of address that does not bear any reference to the woman's marital status)*	**Frau** *(Anrede für Frauen ohne Berücksichtigung des Familienstandes)*
•	**o/leaf (< overleaf)** *adv*	**umseitig**
•	**O/R, Our Ref (< Our Reference)** *phrase*	**unser Zeichen**
	p (< page) *n*; **pp (< pages)** *n*	**S. (< Seite, Seiten)**

• **p.p. (< per procurationem)** *phrase (Lat.)*	**i. A. (< im Auftrag), i. V. (< in Vertretung)**
• **PTO (< Please Turn Over)** *phrase (GB)*; **over** *prep (US)*	**b. w. (< bitte wenden)**
Re: (< Res) *n (Lat.)*	**Betr. (< Betreff)** *(Brief)*, **bezüglich, (mit) Bezug (auf)**
• **recd, rec'd (< received)** *pp*	**erhalten**
• **ref (< reference)** *n*	**Betr. (< Betreff)** *(Brief)*, **Bezug, betreffend**
• **RSVP (< Répondez, s'il vous plaît)** *phrase (Fr.)*	**u. A. w. g. (< um Antwort wird gebeten)**
TBA (< to be announced) *phrase*	**Einzelheiten werden noch bekannt gegeben**
w/ (< with) *prep*	**mit**
w.e.f. (< with effect from) *phrase*; **effective as of** *phrase (US)*	**mit Wirkung von, gültig ab**
• **Y/R, Your Ref (< Your Reference)** *phrase*	**Ihr Zeichen**

6 Produktion

6.1 Fertigung und Fertigungsverfahren

accessories *n pl*	**Zubehörteile**
• **to assemble** *v/t* TV sets are going to be **assembled** in our Nottingham plant from next year onwards.	**montieren, zusammenbauen** Fernsehgeräte werden ab nächstem Jahr in unserem Werk in Nottingham zusammengebaut.
• **assembly-line** *n*	**Montageband**
built-in *adj*	**eingebaut, Einbau-**
charge *n*	**Charge** *(Füllmenge für einen Produktionsvorgang)*
• **component** *n* All **components** are thoroughly checked before they leave the factory.	**Bestandteil, Bauteil** Alle Bestandteile werden vor dem Verlassen der Fabrik sorgfältig geprüft.
• **conveyor-belt** *n*	**Förderband**
custom-built *adj* Most of our injection-mould machinery is sold with **custom-built** moulds.	**nach (Kunden)Wunsch (an) gefertigt, speziell (an)gefertigt** Die meisten unserer Spritzgussmaschinen werden mit nach Wunsch gefertigten Gussformen verkauft.
• **designer** *n*	**Konstrukteur(in), Zeichner(in)**
durable *adj* Consumers sometimes complain that white goods are not as **durable** as they used to be.	**beständig, haltbar, langlebig** Manchmal beklagen sich Verbraucher darüber, dass Haushaltswaren nicht mehr so langlebig wie früher sind.
• **faulty** *adj* We are trying to establish whether the products were **faulty** when they left the factory or damaged in transit.	**fehlerhaft** Wir versuchen gerade festzustellen, ob die Produkte beim Verlassen der Fabrik fehlerhaft waren oder auf dem Transport beschädigt wurden.

• **to install** *v/t*	**aufstellen, installieren, montieren**
• **installation** *n*	**Anlage, Einrichtung, Installation, Montage**
The **installation** of the network system is included in the purchase price.	Die Installation des Netzwerksystems ist im Kaufpreis inbegriffen.
• **item** *n*	**Artikel, Einheit, Posten**
Please indicate the catalogue number for each **item** on the order form.	Bitte geben Sie auf dem Bestellformular die Katalognummer für jeden Artikel an.
just-in-time manufacturing (> JIT) *n*	**Just-in-time-Produktion**
lead time *n*	**Fertigungszeit**
lot *n*	**Los, Auflage, Serie**
A **lot** is the number of items which can be produced without changing the machine set-up.	Ein Los bezeichnet die Menge der Artikel, die ohne Umrüsten der Maschinen produziert werden kann.
• **mechanical fault** *n*	**mechanischer Fehler**
method study *n*	**Arbeitsablaufstudie**
We have used the **method study** to improve our productivity at the workplace.	Wir haben Arbeitsablaufstudien durchgeführt, um die Produktivität am Arbeitsplatz zu verbessern.
• **operational** *adj*	**betriebsbereit, betriebsfähig, in Betrieb**
to outstrip *v/t*	**übertreffen, überflügeln**
Demand has by far **outstripped** our production capacity.	Die Nachfrage hat unsere Produktionskapazitäten bei Weitem übertroffen.
• **patent** *n*	**Patent**
• **to patent** *v/t*	**patentieren**

prefab (< prefabricated) *adj*	**vorgefertigt, in Fertigbauweise erstellt**
They started building **prefab** houses in the sixties in this area.	Man hat in dieser Gegend in den sechziger Jahren begonnen, Fertighäuser zu bauen.
• **processing** *n adj*	**Verarbeitung(s-), Herstellung(s-)**
Our new **processing** plant in Northumberland will be up and running by 1 November.	Unser neues Verarbeitungswerk in Northumberland wird ab 1. November den Betrieb aufnehmen.
• **to produce** *v/t*	**herstellen, produzieren, fertigen**
• **producer** *n*	**Hersteller(firma), Produzent(in), Fabrikant(in)**
We are the leading **producer** of machine tools in the Midlands.	Wir sind der führende Hersteller von Werkzeugmaschinen in den Midlands.
• **product** *n*	**Produkt, Ware, Erzeugnis, Fabrikat**
• **by-product** *n*	**Nebenprodukt, Abfallprodukt**
The pocket calculator was a **by-product** of the space industry.	Der Taschenrechner war ein Abfallprodukt der Raumfahrtindustrie.
commercial product *n*	**gewerbliches Produkt, fabrikmäßig hergestelltes Produkt**
first class product, first rate product *n*	**Spitzenprodukt, Spitzenerzeugnis**
high-quality product *n*	**Qualitätsartikel, Qualitätserzeugnis**
high-volume product *n*	**gängiger Artikel, Produkt mit hohem Absatz, „Renner"**
After the merger the new company concentrated only on **high-volume products**.	Nach dem Zusammenschluss konzentrierte sich das neue Unternehmen nur auf Produkte mit hohem Absatz.
product design *n*	**Produktgestaltung, Produktentwurf**

product life-cycle *n* In our line of industry a typical **product life-cycle** would be no longer than 2 - 3 years.	**Produkt(lebens)zyklus** In unserer Industriebranche dürfte ein typischer Lebenszyklus eines Produktes nicht länger als 2 - 3 Jahre betragen.
product line *n*	**Artikel-, Produkt-, Warengruppe, Produktsortiment**
product planning *n*	**Produktplanung**
● **product range** *n*	**Sortiment, Produktpalette**
product-mix *n*	**Produkt-Mix**
seasonal product *n*	**Saisonartikel**
tailor-made product *n*	**Sonderanfertigung, Spezialanfertigung**

● **production** *n*	**Produktion, Herstellung**
batch production *n*	**Serienfertigung, Sortenfertigung**
Batch production refers to the production of a specified number of standardised items.	Serienfertigung bezieht sich auf die Produktion einer begrenzten Anzahl von standardisierten Einheiten.
chase production *n*	**nachfrageorientierte Produktion**
large-scale production *n*	**Massenfertigung, Großserienfertigung**
level production *n* (→ **chase production**)	**kontinuierliche Produktion**
● **mass production** *n adj* In **mass production** plants almost all machines are controlled by computer.	**Massenfertigung(s-)** In Massenfertigungsbetrieben werden fast alle Maschinen durch Computer gesteuert.
one-off production *n* (→ **jobbing production**)	**Einzelfertigung**

• **production engineer** *n*	**Betriebs-, Fertigungs-, Planungsingenieur(in)**
Production engineers, systems engineers and designers are working in close co-operation on this project.	Fertigungsingenieure, Systemberater und Konstrukteure arbeiten bei diesem Projekt eng zusammen.
production facilities *n pl*	**Fertigungs-, Produktionsanlagen**
Our **production facilities** are not geared to this kind of large-scale production.	Unsere Fertigungsanlagen sind nicht für eine derartige Massenproduktion eingerichtet.
production flow *n*	**Produktionsfluss, Produktionsablauf**
production flow chart *n*	**Produktionsflussdiagramm, Produktionsablaufdiagramm**
The **production flow chart** shows all quality control points and departments responsible for them.	Das Produktionsablaufdiagramm weist alle Qualitätskontrollpunkte und die dafür verantwortlichen Abteilungen auf.
production forecasting *n*	**Voraussage, Prognose**
The method adopted for **production forecasting** depends on the availability of resources and the required degree of accuracy.	Welche Methode für die Prognose gewählt wird, hängt von den verfügbaren Geldmitteln und dem erforderlichen Genauigkeitsgrad ab.
• **production line** *n*	**Fließ-, Förder-, Montageband**
production planning *n*	**Produktionsplanung**
production plant *n*	**Fertigungs-, Produktionsanlage, Produktionsstätte**
• **production run** *n*	**(Fertigungs-), (Produktions)Serie, Stückzahl, Auflage**
Our first **production run** of 15,000 was sold out within 3 months.	Unsere erste Produktionsserie von 15 000 Stück war innerhalb von 3 Monaten ausverkauft.
• **prototype** *n*	**Prototyp, Erstausführung**
• **series** *n*	**(Bau)Reihe, Serie**

to set up *v/t (machines)* The skilled labour required to **set up** the machines is highly paid.	**aufstellen, einrichten** Die zur Einrichtung der Maschinen benötigten Fachkräfte werden gut bezahlt.
● **spare (part)** *n*	**Ersatzteil**
specifications (> specs) *n pl* Could you supply us with a copy of the **specs** for the SL32?	**technische Daten, genaue Angaben** Könnten Sie uns eine Kopie der technischen Daten für die SL32 zukommen lassen?
systems engineer *n*	**Systemberater(in)**
● **tailor-made** *adj* We can offer you CAD/CAM software **tailor-made** to your needs.	**maßgeschneidert, zugeschnitten** Wir können Ihnen auf Ihre Bedürfnisse zugeschnittene CAD/CAM-Software anbieten.
● **technical fault** *n*	**technischer Fehler**
trial run *n* Unfortunately your prototype didn't do very well in our **trial run**.	**Probelauf** Leider hat Ihr Prototyp in unserem Probelauf nicht gut abgeschnitten.
work measurement *n*	**Arbeitszeitstudie**
work study *n* Method study and work measurement form the basis of the **work study**.	**Arbeitsstudie** Arbeitsablaufstudie und Arbeitszeitstudie bilden die Grundlage für die Arbeitsstudie.
● **workmanship** *n*	**Ausführung, Verarbeitung**

6.2 Kosten

at a cost *phrase*	**unter erheblichen Kosten**
average costs *n pl* (→ **unit costs**)	**Durchschnitts-, Stückkosten**
break-even point *n*	**Rentabilitätsgrenze, Ertrags-, Gewinnschwelle**
We reached **break-even point** within 6 months.	Wir haben innerhalb von 6 Monaten die Rentabilitätsgrenze erreicht.
consequential costs *n pl* Regular and systematic maintenance will reduce **consequential costs**.	**Folgekosten** Regelmäßige und systematische Wartung führt zur Senkung der Folgekosten.
cost(s) of production *n*	**Herstellungs-, Produktionskosten**
● **direct costs** *n pl*	**direkte, leistungsunabhängige Kosten**
Direct costs are those which are exclusively attributable to the production of particular goods and services.	Direkte Kosten sind diejenigen, die ausschließlich auf die Produktion bestimmter Waren und Dienstleistungen zurückführbar sind.
● **economies of scale** *n pl*	**Kostendegression, Einsparung durch Massenproduktion**
We may be able to realise **economies of scale** by increasing production without increasing costs to the same extent.	Wir wären vielleicht in der Lage, eine Kostendegression zu realisieren, indem wir die Produktion steigern, ohne die Kosten in gleichem Maße zu steigern.
● **fixed costs** *n pl*	**fixe, feste, laufende Kosten**
to incur *v/t* The costs **incurred** through production losses make further redundancies unavoidable.	**verursachen, mit sich bringen** Die durch Produktionsausfälle verursachten Kosten machen weitere Entlassungen unvermeidlich.
● **labour cost(s)** *n*	**Arbeits-, Lohn-, Personalkosten**

maintenance cost(s) *n*	**Wartungskosten**
manufacturing costs *n pl*	**Herstellungs-, Produktionskosten**
marginal cost(s) *n*	**Grenz-, Mindest-, Marginalkosten**
● **overheads** *n pl*	**Fest-, Fixkosten, laufende Kosten, allgemeine Betriebs(un)kosten**
● **overtime rate** *n*	**Überstundensatz, Überstundenbetrag, Überstundentarif**
In practice, most labour costs are fixed unless workers are being paid piece or **overtime rates**.	In der Praxis sind die meisten Lohnkosten fixe Kosten, es sei denn, Arbeitnehmer erhalten Stücklohn oder Überstundentarife.
piece rate *n*	**Akkord-, Stücklohn**
product costing *n*	**Stückkostenrechnung, -kalkulation**
● **production cost(s)** *n*	**Produktionskosten, Fertigungskosten**
Our **production cost** depends to a large extent on the prices of raw materials.	Unsere Fertigungskosten hängen stark von den Rohstoffpreisen ab.
production cost accounting *n*	**Fertigungskostenrechnung**
● **profit** *n*	**Gewinn, Ertrag, Profit**
● **profit margin** *n*	**Gewinnspanne, Ertragsspanne**
We already operate with the narrowest of **profit margins**.	Wir operieren schon mit einer äußerst knappen Gewinnspanne.
to re-cost *v/t*	**neu kalkulieren**
All packs changed to hanging packs will have to be **re-costed**.	Alle Packungen, die zu Hängepackungen umgewandelt wurden, müssen neu kalkuliert werden.

revenue *n*	**Einkünfte, Einnnahmen**
● **to scrap** *v/t* The whole of the first production run had to be **scrapped** because of shoddy workmanship.	**verschrotten, einstampfen, abschaffen** Die gesamte erste Produktionsserie musste wegen schlampiger Verarbeitung eingestampft werden.
setting-up costs, set-up costs *n pl* The production of a large range of different products involves high **setting-up costs**.	**Aufstellungs-, Einrichtungskosten** *(Maschinen, Anlagen)* Die Herstellung eines großen Produktsortiments ist mit hohen Einrichtungskosten verbunden.
● **total cost(s)** *n* **Total costs** are the sum of fixed and variable costs.	**Gesamtkosten** Die Gesamtkosten sind die Summe aus fixen und variablen Kosten.
● **unit price** *n*	**Stückpreis, Preis pro Einheit**
● **unit (production) cost(s)** *n* (→ **average costs**)	**Stückkosten**
variable costs *n pl* Since most of our raw materials come from the States, the **variable costs** very much depend on exchange rates.	**variable, veränderliche, leistungsabhängige Kosten** Da die meisten unserer Rohmaterialien aus den Staaten kommen, hängen die variablen Kosten stark von den Wechselkursen ab.

6.3 Fertigungsnormen und -kontrolle

benchmark *n*	**Maßstab**
British Standards Institute (> BSI) *n*	**britisches Normeninstitut**
● **to check** *v/t* The product is **checked** at all critical stages.	**prüfen, überprüfen, kontrollieren, testen** Das Produkt wird in allen kritischen Phasen überprüft.
● **to comply with** *v/t* All our toys **comply with** British safety standards.	**entsprechen, erfüllen, einhalten** All unsere Spielzeuge entsprechen den britischen Sicherheitsnormen.
● **defective** *adj* We have identified and replaced the **defective** component.	**fehlerhaft, defekt** Wir haben das fehlerhafte Element identifiziert und ausgetauscht.
flawed *adj* Almost 50 % of the consignment of textiles was **flawed** and had to be returned.	**fehlerhaft, defekt, mangelhaft** Fast 50 % der gelieferten Textilien waren fehlerhaft und mussten zurückgeschickt werden.
● **to inspect** *v/t*	**begutachten, prüfen, überprüfen**
● **inspection** *n* For certain products like drugs there are legal requirements which stipulate **inspection** at certain stages.	**Kontrolle, Fertigungskontrolle** Für gewisse Produkte wie Medikamente gibt es gesetzliche Vorschriften, die eine Kontrolle zu bestimmten Zeitpunkten festlegen.
● **kitemark** *n (GB)*	**Qualitätszeichen, Gütesiegel**
● **to meet the requirements** *phrase* The system **meets** EU **requirements** regarding safety standards and environmental protection.	**den Anforderungen entsprechen** Das System entspricht den europäischen Anforderungen an Sicherheitsnormen und Umweltschutz.

meticulous *adj*	**genauestens, übergenau, penibel**
Meticulous checks on our machine tools help us to anticipate when a product may go out of tolerance.	Genaueste Kontrollen unserer Werkzeugmaschinen helfen uns vorauszusehen, wann ein Produkt die (zulässige) Toleranz überschreitet.
● **to monitor** *v/t*	**(laufend) beobachten, (ständig) überwachen**
● **monitoring** *n*	**(ständige) Überwachung, (ständige) Kontrolle**
The **monitoring** of performance is a vital part of quality control.	Die ständige Leistungsüberwachung ist ein entscheidender Teil der Qualitätskontrolle.
● **product reliability** *n*	**Zuverlässigkeit, Verlässlichkeit eines Produktes**
Product reliability refers to the ability of a product to perform its function over a specified period of time.	Die Zuverlässigkeit eines Produktes bezieht sich auf seine Fähigkeit, über einen festgelegten Zeitraum seine Funktion zu erfüllen.
product standard *n*	**Warennorm**
production control *n*	**Produktionskontrolle, -überwachung**
production standard *n*	**Produktionsnorm**
prone to *adj*	**anfällig für**
Regularly serviced machines are less **prone to** break down.	Regelmäßig gewartete Maschinen sind weniger störanfällig.
● **quality** *n* (→ **product reliability**)	**Qualität, Güte**
Quality usually refers to the attributes of a product at a given time.	Qualität bezieht sich normalerweise auf die Eigenschaften eines Produktes zu einem gegebenen Zeitpunkt.
poor quality *n*	**minderwertige, schlechte Qualität**

● **quality assurance (> QA)** *n* **Quality assurance** involves the whole organisation in their/its attempt to produce first-class products.	**Güte-, Qualitätszusicherung** Qualitätssicherung betrifft die gesamte Organisation in ihrem Bemühen, Produkte von erstklassiger Qualität herzustellen.
quality certificate *n*	**Güte-, Qualitätssiegel**
quality check *n*	**Qualitätstest**
quality circle *n* **Quality circles** involve management, supervisors and employees aiming to identify and solve problems in the work place.	**Qualitätszirkel** An Qualitätszirkeln beteiligen sich Geschäftsführung, Vorarbeiter und Arbeitnehmer mit dem Ziel, Probleme am Arbeitsplatz zu identifizieren und zu lösen.
quality conscious *adj*	**qualitätsbewusst**
● **quality control** *n* Some buyers insist on independent **quality control**.	**Qualitäts-, Abnahmekontrolle, Qualitätsüberwachung** Einige Einkäufer bestehen auf einer unabhängigen Qualitätskontrolle.
quality management (> QM) *n*	**Qualitätssicherung, -überwachung**
quality product *n*	**Qualitätsprodukt**
standard quality *n*	**durchschnittliche Qualität, Standardqualität**
third-class quality *n*	**dritte Wahl**
top quality, first-class quality, first-rate quality *n*	**Spitzenqualität, erste Wahl, erstklassige Qualität**
total quality management (> TQM) *n*	**totale Qualitätssicherung, -überwachung**
random *adj*	**zufällig, stichprobenweise, Zufalls-**
● **to reject** *v/t*	**zurückweisen, nicht annehmen**
● **rejects** *n pl*	**Ausschuss** *(Fabrik)*, **defekte Waren**

• **sample (check)** *n*	**Stichprobe**
• **sampling** *n*	**Stichprobenentnahme, -erhebung**
All our meat products are regularly controlled by **sampling** during and after the production process.	All unsere Fleischprodukte werden sowohl während des Produktionsprozesses als auch danach durch regelmäßige Stichprobenentnahme kontrolliert.
• **to service** *v/t*	**warten, instand halten, Inspektion durchführen**
• **standard** *n*	**Standard, Norm, Richtwert, Vorgabe**
to be up to standard *phrase*	**den Anforderungen entsprechen**
The workmanship **was** simply not **up to standard**.	Die Verarbeitung entsprach einfach nicht den Anforderungen.
standardisation *n (GB)*; **standardization** *n (US)*	**Standardisierung**
Standardisation processes can assist in minimising production costs.	Standardisierungsprozesse können dabei helfen, die Produktionskosten zu minimieren.
standardised *adj (GB)*; **standardized** *adj (US)*	**genormt, vereinheitlicht**
• **teething troubles** *colloq n pl*	**Kinderkrankheiten, Anfangs-, Anlaufschwierigkeiten**
• **warranty** *n*	**Garantie(schein), Garantievertrag**
• **wear and tear** *n*	**(natürliche) Abnutzung, (normaler) Verschleiß**
Your warranty expressly excludes items which are subject to normal **wear and tear**.	Ihre Garantie schließt ausdrücklich normale Verschleißteile aus.

6.4 Leistung und Produktivität

bottleneck *n (fig)*	**(Kapazitäts)Engpass, Stau**
to bring production to a standstill *phrase* **Production** was **brought to a standstill** by a power cut.	**die Produktion zum Stillstand bringen** Die Produktion wurde durch einen Stromausfall zum Stillstand gebracht.
• **to bring to a halt** *phrase* A 24-hour stoppage by the work-force **brought** production **to a halt**.	**anhalten, zum Stillstand bringen** Eine 24-stündige Arbeitsniederlegung der Belegschaft brachte die Produktion zum Stillstand.
capacity *n* At full **capacity** our plant can produce 120 vehicles a day.	**Kapazität, Auslastung** Bei voller Auslastung kann unser Werk täglich 120 Fahrzeuge herstellen.
diversification *n*	**Diversifikation**
division of labour *n (GB)*; **division of labor** *n (US)* The **division of labour** is the basis of a modern industrialised society.	**Arbeitsteilung** Arbeitsteilung ist die Grundlage einer modernen Industriegesellschaft.
• **downtime** *n* **Downtime** due to machine failure has been substantially reduced over the last year.	**Ausfallzeit** Ausfallzeiten aufgrund von Maschinenstörungen sind im letzten Jahr erheblich reduziert worden.
• **efficiency** *n* **Efficiency** ratios of less than 1.0 indicate that performance is below target.	**Effizienz, Leistungsfähigkeit** Effizienzquoten von weniger als 1,0 weisen darauf hin, dass die Leistung unter dem Soll liegt.
• **efficient** *adj*	**effizient, leistungsfähig**

feasibility *n*	**Durchführbarkeit, Realisierbarkeit**
One of the main elements of a **feasibility** study is to find out whether there is a market potential for the product.	Eines der Hauptelemente einer Durchführbarkeitsstudie ist es, herauszufinden, ob es ein Marktpotenzial für das Produkt gibt.
• **feasible** *adj*	**durchführbar, realisierbar, machbar**
• **to halt production** *phrase*	**die Produktion (zeitweilig) stoppen, die Produktion (zeitweilig) stilllegen**
• **hold-up** *n*	**Betriebsstörung, Verzögerung**
The production **hold-up** was caused by a technical fault.	Die Betriebsstörung wurde durch einen technischen Fehler verursacht.
• **idle** *adj*	**außer Betrieb, ungenutzt, untätig**
We cannot afford to allow our machines to be **idle** for any length of time.	Wir können es uns nicht leisten, unsere Maschinen für längere Zeit ungenutzt zu lassen.
• **inefficient** *adj*	**leistungsschwach, ineffizient**
• **innovative** *adj*	**innovativ**
job rotation *n*	**Arbeitsplatzwechsel**
• **to keep production going** *phrase*	**die Produktion aufrechterhalten**
• **on-site maintenance** *n*	**Vor-Ort-Wartung, -Instandhaltung**
• **outsourcing** *n*	**Produktionsverlagerung** *(ins Ausland, an Subunternehmer)*
Outsourcing is common in countries with high labour costs.	In Ländern mit hohen Lohnkosten ist Produktionsverlagerung üblich.
overcapacity *n*	**Überkapazität**

overproduction *n*	**Überproduktion**
• **production management** *n*	**Produktionsleitung, Betriebsleitung**
• **production manager** *n*	**Produktionsleiter(in), Betriebsleiter(in)**
production resources *n pl* An order of this magnitude far exceeds our **production resources**.	**Produktionsmöglichkeiten** Ein Auftrag dieser Größenordnung übertrifft bei Weitem unsere Produktionsmöglichkeiten.
• **production shortfall** *n*	**Produktionsausfall, Minderleistung**
• **production target** *n*	**Produktions-, Leistungsziel**
production time *n*	**Fertigungs-, Herstellungs-, Produktionszeit**
• **productivity** *n* All wage rises and salary increases are linked to increased **productivity** this year.	**Produktivität** In diesem Jahr sind alle Lohn- und Gehaltserhöhungen an Produktivitätssteigerungen gebunden.
productivity bonus *n*	**Produktivitäts-, Leistungsprämie**
• **rationalisation** *n (GB)*; **rationalization** *n (US)*	**Rationalisierung**
• **to rationalise** *v/t (GB)*; **to rationalize** *v/t (US)*	**rationalisieren**
to resume production *phrase* The coal mine was able to **resume production** only five days after the successful management buyout.	**die Produktion wiederaufnehmen** Nach dem erfolgreichen Management-Buyout konnte das Bergwerk bereits nach fünf Tagen die Produktion wiederaufnehmen.

• **shelf-life** *n*	**Haltbarkeit, Produktlebensdauer**
We have increased the **shelf-life** of our products by using state-of-the-art vacuum packs.	Wir haben die Haltbarkeit unserer Produkte erhöht, indem wir modernste Vakuum-Verpackungen benutzen.
• **state-of-the-art** *adj*	**auf dem neuesten Stand der Technik**
to streamline *v/t*	**(durch)rationalisieren, modernisieren, straffen**
We had to **streamline** our production range after taking over JLK which had a similar line of products.	Nach der Übernahme von JLK mit einer ähnlichen Produktpalette mussten wir eine Straffung unseres Sortiments vornehmen.
• **suggestion scheme** *n (GB)*; **suggestion plan** *n (US)*	**(betriebliches) Vorschlagswesen**
Our **suggestion scheme** significantly encouraged innovation in our company	Unser betriebliches Vorschlagswesen hat die Innovation in unserem Unternehmen entscheidend gefördert.
to supersede *v/t*	**ablösen, ersetzen, an die Stelle treten**
• **surplus** *adj*	**überschüssig, Überschuss-**
Surplus production had to be sold at a loss.	Die Überschussproduktion musste mit Verlust verkauft werden.
surplus *n*	**Überschuss**
to switch to *v/t*	**umstellen auf** *(Produktion)*
Following the bad publicity about alcopops we have **switched** production back **to** soft drinks.	Nach der schlechten Presse über Alcopops haben wir die Produktion wieder auf alkoholfreie Getränke umgestellt.
uneconomic *adj*	**unwirtschaftlich, unökonomisch**

volume of production *n*	**Fertigungsvolumen, Ausbringungsmenge**
• **working conditions** *n pl* We believe that by providing the best possible **working conditions** for our staff we are able to improve productivity.	**Arbeitsbedingungen** Wir glauben, dass wir durch Schaffung der bestmöglichen Arbeitsbedingungen die Produktivität unserer Mitarbeiter steigern können.
• **working environment** *n*	**Arbeitsplatz, Arbeitsklima**

6.5 Ökologische Faktoren

biodegradable *adj*	**biologisch abbaubar**
non-degradable *adj*	**(biologisch) nicht abbaubar**
CFC free (< free of chlorofluorocarbons) *adj* We can assure you that all our products are **CFC free**.	**ohne FCKW (< ohne Fluorchlorkohlenwasserstoff)** Wir können Ihnen versichern, dass all unsere Produkte ohne FCKW hergestellt werden.
contaminated *adj* BSE **contaminated** food is thought to cause Creutzfeldt-Jakob disease in humans.	**verschmutzt, verseucht, infiziert** BSE-verseuchte Nahrung soll beim Menschen die Creutzfeldt-Jakob-Krankheit auslösen.
contamination *n*	**Verschmutzung, Verseuchung**
dumping *n*	**(Schutt)Abladen, Verklappen** *(See)*
emission *n*	**Emission, Schadstoffausstoß**
environmental standards *n pl* **Environmental standards** are followed to the letter in our company.	**Umweltschutzvorschriften, -standards** Umweltschutzvorschriften werden in unserer Firma ganz genau befolgt.
• **environmentally-friendly** *adj*	**umweltfreundlich**

green accounting *n*	**umweltbewusste Buchführung**
"green" products *n pl*	**umweltfreundliche Produkte**
● harmful *adj* None of our packaging materials is **harmful** to the environment.	**(gesundheits)schädlich, (umwelt)belastend** Keines unserer Verpackungsmaterialien ist umweltbelastend.
● hazardous *adj* There are strict regulations on how to dispose of **hazardous** waste.	**gefährlich, risikoreich** Über die Entsorgung von gefährlichen Abfallstoffen gibt es strenge Vorschriften.
modification *n*	**Modifizierung, Abänderung**
to modify *v/t*	**modifizieren, abändern**
ozone-friendly *adj*	**ozonfreundlich**
to phase in *v/t* to phase out *v/t* Products which could be harmful to the environment have been **phased out**.	**(schrittweise) einführen** **(schrittweise) abbauen, auslaufen lassen, absetzen** Produkte, die umweltschädlich sein könnten, haben wir abgesetzt.
pollutant *n*	**Schad-, Schmutzstoff**
"polluter pays principle" *n* The new government has indicated its support for the "**polluter pays principle**".	**Verursacherprinzip** Die neue Regierung hat ihre Unterstützung für das Verursacherprinzip angedeutet.
● pollution *n* pollution-conscious *adj*	**Umweltverschmutzung** **umweltbewusst**
purification *n*	**Reinigung, Klärung**
purified *adj*	**gereinigt, destilliert**

rechargeable *adj* All remote controls are fitted with **rechargeable** batteries.	**wiederaufladbar** Alle Fernbedienungen sind mit wiederaufladbaren Batterien ausgerüstet.
● **recyclable** *adj* Almost 80 % of the materials we use in our vehicles are **recyclable**.	**recycelbar, wiederverwendbar, wiederaufbereitbar** Fast 80 % der in unseren Fahrzeugen verwendeten Materialien sind recycelbar.
● **to recycle** *v/t*	**recyceln, wiederverwenden, wiederaufbereiten**
● **recycling** *n* A number of major packaging companies have invested in their own **recycling** plants.	**Recycling, Wiederverwendung, Wiederaufbereitung** Einige größere Verpackungsunternehmen haben in eigene Wiederaufbereitungsanlagen investiert.
sewage *n*	**Abwasser**
sewage treatment *n*	**Abwasseraufbereitung**
● **toxic** *adj* The removal of **toxic** waste cannot be solved by incineration.	**giftig, Gift-** Die Beseitigung von giftigen Abfallstoffen kann nicht durch Verbrennung gelöst werden.
triple bottom line *n*	**dreifache Saldoabrechnung**
waste *n*	**Abfall, Müll**
● **industrial waste** *n*	**Industrieabfall, Industriemüll**
waste management *n* The CBI has published a set of new guidelines on **waste management**.	**Entsorgung, Abfallbeseitigung** Der britsche Industrieverband hat neue Richtlinien zur Entsorgung veröffentlicht.

7 Absatz und Marketing

7.1 Märkte und Marketing

● **big seller** *n*	**Kassen-, Verkaufsschlager**
● **brand** *n*	**(Schutz)Marke**
● **brand name** *n* The customer associates our **brand name** with high-quality, durable children's toys.	**Markenname** Der Kunde assoziiert unseren Markennamen mit Kinderspielzeug von hoher Qualität und Haltbarkeit.
● **to brand** *v/t* **Branding** goods may result in a higher purchase price but it also helps customers discriminate between products.	**mit einer (Schutz)Marke versehen** Die Markenkennzeichnung von Waren kann zwar zu einem höheren Verkaufspreis führen, hilft dem Kunden aber auch dabei, Produkte zu unterscheiden.
● **buyer** *n*	**Käufer(in)**
cash cow *n* We have a couple of **cash cows** which support loss-making parts of the company.	**ertragsstarkes Produkt, Produkt mit hohem Marktanteil** Wir haben ein paar ertragsstarke Produkte, welche die mit Verlust arbeitenden Abteilungen des Unternehmens unterstützen.
● **consumer** *n*	**Konsument(in), Verbraucher(in)**
consumer goods *n pl*	**Verbrauchsgüter, Konsumgüter**
consumer-orientated *adj* Marketing is **consumer-orientated** in that it seeks to identify what the consumer really wants.	**verbraucherorientiert** Marketing ist insofern verbraucherorientiert, als es versucht, die tatsächlichen Verbraucherwünsche zu identifizieren.
consumption *n*	**Konsum, Verbrauch**

consumption pattern *n* — **Verbrauchergewohnheiten**
Consumption patterns often depend on gender. — Verbrauchergewohnheiten sind oft geschlechtsabhängig.

per-capita consumption *n* — **Pro-Kopf-Verbrauch**

---

to contract *v/t* — **kontrahieren, schrumpfen**
The market for electronic typewriters has been **contracting** considerably over the 15 last years. — Der Markt für elektronische Schreibmaschinen ist in den letzten 15 Jahren erheblich geschrumpft.

● **cost price** *n* — **Einkaufspreis**

● **customer** *n* — **Kunde, Kundin, Abnehmer(in)**

to alienate customers *phrase* — **Kunden abstoßen, Kunden vergraulen** *colloq*
There is evidence that our TV adverts are **alienating** potential **customers**. — Es gibt Anhaltspunkte dafür, dass unsere TV-Spots potenzielle Kunden abstoßen.

● **to attract customers** *phrase* — **Kunden anziehen, gewinnen, anwerben**

customer attributes *n pl* — **Kundencharakteristika, Kundenkenndaten**
What are the **attributes** of our **customers**? — Welche typischen Kenndaten haben unsere Kunden?

customer behaviour *n* — **Kundenverhalten**
Customer behaviour is influenced by a range of cultural, social, personal and psychological factors. — Das Kundenverhalten wird von einer Reihe von kulturellen, sozialen, persönlichen und psychologischen Faktoren beeinflusst.

customer list *n* — **Kundenkartei**

customer profile *n* — **Kundenprofil**

● **potential customer, prospective customer** *n* — **potenzieller Kunde, potenzielle Kundin, mögliche(r) Interessent(in)**
We must first identify who our **potential customers** are. — Wir müssen zunächst unsere potenziellen Kunden identifizieren.

● **regular customer** *n* — **Stammkunde, Stammkundin**

---

demographic segmentation *n*	**demografische Segmentierung**
Our **demographic segmentation** of the market distinguishes consumer groups on the basis of attributes such as age, gender, income, family status etc.	Unsere demografische Segmentierung des Marktes unterscheidet Verbrauchergruppen auf der Basis von Eigenschaften wie Alter, Geschlecht, Einkommen, Familienstand usw.
● **to diversify** *v/t*	**diversifizieren**
One option would be to **diversify** our range of products in order to increase sales.	Eine Option wäre es, unser Sortiment zu diversifizieren, um den Absatz zu steigern.
dog *n (US)*	**Abteilung, Produkt mit niedrigem Marktanteil**
Our Publishing Division used to make enormous profits but it has become something of a **dog** in recent years.	Unsere Verlagsabteilung hat früher enorme Gewinne gemacht, aber sie hat sich in den letzten Jahren zu einer Abteilung mit niedrigem Marktanteil entwickelt.
generic product *n*	**Waren ohne Markennamen, No-Name-Produkt**
Our supermarket sells **generic products** at very low prices.	Unser Supermarkt verkauft No-Name-Produkte zu Niedrigpreisen.
● **to launch a product** *phrase*	**ein Produkt auf den Markt bringen**
● **market** *n*	**Markt, Absatzbereich, Absatzgebiet**
consumer market *n*	**Verbrauchs-, Konsumgütermarkt**
Consumer magazines such as “Which” influence the **consumer market** a great deal.	Der Konsumgütermarkt wird stark von Verbrauchermagazinen wie z. B. „Which“ beeinflusst.
highly competitive market *n*	**heiß umkämpfter Markt, wettbewerbsintensiver Markt**
industrial market *n*	**gewerblicher Markt, Investitionsgütermarkt**

market acceptance *n*	**Marktakzeptanz, Absatzfähigkeit**
market growth rate *n* Last year's **market growth rate** was very high, at 17.3 %.	**Wachstumsrate des Marktes** Die Wachstumsrate des Marktes war letztes Jahr mit 17,3 % sehr hoch.
● **market leader** *n*	**Marktführer**
market niche *n*	**Marktlücke**
market penetration *n* Our direct mail advertising will seek to achieve greater **market penetration**.	**Durchdringung des Marktes** Mit unseren Postwurfsendungen versuchen wir, eine größere Durchdringung des Marktes zu erreichen.
market positioning *n* We are entering a well supplied market and we must get our **market positioning** right if we are to compete effectively within it.	**Positionierung am Markt** Wir begeben uns auf einen gut beschickten Markt und dürfen bei unserer Positionierung am Markt keine Fehler machen, wenn wir effektiv konkurrieren wollen.
● **market sector** *n*	**Marktsektor**
● **market share** *n* The company's profitability will undoubtedly rise if we can increase our **market share**.	**Marktanteil** Die Rentabilität unseres Unternehmens wird zweifellos wachsen, wenn wir unseren Marktanteil steigern können.
niche market *n*	*(wörtl.)* **Nischenmarkt, hochspezialisierter Markt**
to price oneself out of the market *phrase* Surprisingly, by raising their prices they managed to establish their product as a top brand rather than **pricing themselves out of the market**.	**sich vom Markt ausschließen** Überraschenderweise haben sie es durch die Preiserhöhung geschafft, ihr Produkt als eine Spitzenmarke zu etablieren, anstatt sich vom Markt auszuschließen.

● **to market** *v/t* — **vermarkten, vertreiben**

- **to market a product** *phrase* — **ein Produkt vermarkten**
  The **product** was **marketed** under a different name in Germany. — Das Produkt wurde in Deutschland unter einem anderen Namen vermarktet.

- **marketing** *n* — **Marketing**
  - **database marketing** *n* — **Marketing mit Hilfe von Datenbanken**
  - **event marketing** *n* — **Eventmarketing**
  - **marketing concept** *n* — **Marketingkonzept, Vertriebskonzept**
    Our **marketing concept** is to continue selling through agents while establishing our own subsidiary in Germany. — Unser Vertriebskonzept besteht darin, weiterhin den Verkauf durch Handelsvertreter abzuwickeln, während gleichzeitig unsere eigene Tochterfirma in Deutschland gegründet wird.
  - **marketing mix** *n* — **Marketing-Mix, Marketinginstrumentarium**
    Our **marketing mix** needs a promotional strategy which will convince the customers that they are getting the right product at the right price in the right place. — Unser Marketing-Mix braucht eine Werbestrategie, die die Kunden davon überzeugt, dass sie das richtige Produkt zum richtigen Preis am richtigen Ort bekommen.
  - **marketing outlet** *n* — **Verkaufsstelle, Verkaufsstätte**
  - **marketing policy** *n* — **Vertriebs-, Verkaufs-, Absatzpolitik**
    We need to decide whether or not to include “green” concepts in our **marketing policy**. — Wir müssen uns entscheiden, ob wir ökologische Konzepte in unsere Vertriebspolitik miteinbeziehen oder nicht.
  - **mass marketing** *n* — **Vertrieb von Massenprodukten**
    My view is that we should launch straight into **mass marketing** and produce our products at a price everyone can afford. — Meiner Ansicht nach sollten wir gleich den Vertrieb von Massenprodukten in Angriff nehmen und unsere Produkte zu einem Preis herstellen, den sich jeder leisten kann.

multilevel marketing *n*	**Multilevel-Marketing**
telemarketing *n*	**Telemarketing**
pricing strategy *n* The company is attempting to wipe out competitors by means of a very aggressive **pricing strategy**.	**Preisgestaltung, Preisstrategie** Das Unternehmen versucht durch aggressive Preisgestaltung seine Konkurrenten aus dem Feld zu räumen.
• **retail price** *n*	**Verkaufspreis**
segment *n* The market for this particular product can be divided into 4 **segments**.	**Absatzsegment, Marktsegment** Der Markt für dieses spezielle Produkt lässt sich in 4 Absatzsegmente unterteilen.
social class *n*	**soziale Schicht**
socio-economic *adj* **Socio-economic** groups can be defined according to their income.	**sozioökonomisch** Sozioökonomische Gruppen lassen sich gemäß ihrem Einkommen definieren.
• **spending power** *n* With a luxury product such as this we need to target socio-economic groups with high **spending power**.	**Kaufkraft** Bei einem Luxusartikel wie diesem müssen wir auf sozio-ökonomische Gruppen mit hoher Kaufkraft abzielen.
to target *v/t* I believe we should **target** our marketing on the 25- to 44-year-old professional and portray the product as a status symbol.	**abzielen auf, abstellen auf, anvisieren, anpeilen** Ich denke, wir sollten unser Marketing auf die Gruppe der 25- bis 44-jährigen Berufstätigen abstellen und das Produkt als Statussymbol darstellen.
• **target group** *n*	**Zielgruppe**
• **trademark** *n*	**Marke, Handelsmarke, Warenzeichen, Herstellermarke**
• **up-market** *adj adv*	**exklusiv, anspruchsvoll, gehoben**

7.2 Marktforschung

BARB (< Broadcasters' Audience Research Board) *n* — *(Britisches Medieninstitut, das Einschaltquoten der Zuschauer/ Zuhörer erfasst)*

BARB produces a weekly listing of the most popular TV programmes in the UK. — BARB erstellt wöchentlich eine Liste der beliebtesten Fernsehprogramme in Großbritannien.

business trends *n pl* — **Geschäftstrends, -tendenzen**

Our **business trends** analysis monitors changes in the economic environment. — Mit unserer Geschäftstrendanalyse überwachen wir laufend die Veränderungen in der Wirtschaftswelt.

closed question *n* — **geschlossene Frage**

Closed questions only allow respondents to choose between pre-established answers. — Bei geschlossenen Fragen können die Befragten nur zwischen vorgegebenen Antworten wählen.

open-ended question *n* — **offene Frage**

Open-ended questions let the respondent answer freely, but they can be difficult to process. — Offene Fragen können zwar vom Befragten frei beantwortet werden, sind aber schwierig auszuwerten.

competing products *n pl* — **Konkurrenzprodukte**

We analyse **competing products** and competitors' strategies carefully in order to better position ourselves in the market. — Um unsere Position auf dem Markt zu verbessern, untersuchen wir Konkurrenzprodukte und die Strategien unserer Konkurrenten gründlich.

• **competition** *n* — **Konkurrenz(kampf), Wettbewerb**

Can you find out what the **competition** is up to? — Können Sie herausfinden, was die Konkurrenz vorhat?

• **competitive** *adj* — **konkurrenzfähig, wettbewerbsfähig, umkämpft**

The telecom market has become a great deal more **competitive** since deregulation. — Seit der Liberalisierung ist der Markt für Telekommunikation sehr viel härter umkämpft.

competitor *n* — **Konkurrent(in), Mitbewerber(in)**

Two of our main **competitors** have now pulled out of the East European market.
Zwei unserer Hauptkonkurrenten haben sich aus dem Osteuropa-Geschäft zurückgezogen.

focus group *n* — **Diskussionsgruppe, Arbeitsgruppe**

The most interesting results came from a series of **focus groups** we videoed.
Die interessantesten Ergebnisse bekamen wir von einer Reihe von Diskussionsgruppen, die wir auf Video aufzeichneten.

forecasting *n* — **Prognose, Voraussage**

Our market research includes elements of economic, industry and company sales **forecasting**.
Unsere Marktforschung beeinhaltet Wirtschafts-, Industrie- und Firmenprognosen.

● **interview** *n* — **Befragung, Interview**

computer-assisted telephone interviewing (> CATI) *n* — *(etwa)* **computerunterstütztes Telefoninterview**

The advantage of **CATI** is that data capture takes place at the same time as the interview.
Der Vorteil von CATI besteht darin, dass die Datenerfassung zeitgleich mit dem Interview stattfindet.

panel interview *n* — **Panelbefragung, Längsschnittbefragung**

● **mailing list** *n* — **Mailingliste, Anschriftenliste, Adressenliste**

market characteristics *n pl* — **Marktstrukturen, Markteigenschaften**

market share analysis *n* — **Marktanteilanalyse**

Market share analysis tells us how well we are performing compared with our competitors.
Analysen der Marktanteile zeigen, wie wir im Vergleich zu unseren Konkurrenten abschneiden.

- **market testing** *n* — **Verbrauchertest**

All our new products are subjected to **market testing** to ascertain consumer response both to the product and to the way we plan to market it.

Alle unsere neuen Produkte werden Verbrauchertests unterzogen, um die Reaktion der Konsumenten sowohl auf das Produkt als auch auf unsere Vermarktungsstrategie hin zu testen.

- **multiple-choice question** *n* — **Multiple-Choice-Frage**

Nielsen Ratings *n (US)* — **Einschaltquoten, Nielsenquoten**

Nielsen Ratings determine how many of America's 100 million TV households are tuned to a certain sitcom.

Die Nielsenquoten ermitteln, wie viele von Amerikas 100 Millionen Fernsehhaushalten eine bestimmte Serie schauen.

occupation category *n* — **Berufsgruppe, Erwerbsklasse**

Social grades based on **occupation category** are commonly used in marketing research.

Soziale Einstufungen nach Berufsgruppen sind in der Marktforschung durchaus üblich.

participant observation *n* — **teilnehmende Beobachtung**

We often use **participant observation** to test customer services.

Wir benutzen oft die teilnehmende Beobachtung, um Kundenbetreuung zu testen.

postal survey *n* — **postalische Umfrage, briefliche Umfrage**

primary data *n* — **Primärdaten**

We use specialist market research companies for **primary data** collection.

Mit der Zusammenstellung von Primärdaten beauftragen wir spezielle Marktforschungsinstitute.

secondary data *n* — **Sekundärdaten**

Secondary data consists of information compiled for other purposes which is already in the public domain.

Sekundärdaten bestehen aus Informationen, die für andere Zwecke erstellt wurden und bereits der Öffentlichkeit zugänglich sind.

prime time *n* — **Haupteinschaltzeit** *(TV)*

● **questionnaire** *n*
Our researchers will complete the **questionnaire** as they interview people face-to-face.

Fragebogen, Questionnaire
Unsere Interviewer werden den Fragebogen ausfüllen, während sie die Interviews persönlich durchführen.

● **mail questionnaire, postal questionnaire** *n*
A drawback of **mail questionnaires** is that respondents often take a long time to complete them.

Briefumfrage, schriftliche Befragung
Ein Nachteil von Briefumfragen ist, dass die Befragten sich oft mit dem Ausfüllen Zeit lassen.

● **representative** *adj*
The sample is **representative** of the target age groups.

repräsentativ, stellvertretend
Die Stichprobe ist repräsentativ für die anvisierte Altersgruppe.

---

research *n*
We conduct **research** periodically into the effectiveness of our advertising.

Forschung
Wir führen in bestimmten Zeitabständen Untersuchungen über die Effektivität unserer Werbung durch.

audience research *n*
Part of our **audience research** is carried out by asking representative sections of the population to fit a metering device to their television or radio.

Zuhörer-, Zuschauer-, Lesererhebung, -forschung
Ein Teil unserer Zuschauer-/Zuhörererhebung wird durchgeführt, indem wir repräsentative Teile der Bevölkerung bitten, ihren Fernseher oder ihr Radio mit einem Messgerät zu versehen.

desk research *n*
The compiling and analysis of secondary data can be achieved by **desk research** rather than going out into the field.

Sekundärforschung
Die Zusammenstellung und Analyse von Sekundärdaten kann eher durch Sekundärforschung als durch Feldforschung erreicht werden.

● **market research** *n*
Market research aims to determine the nature and extent of demand for an existing or planned product.

Marktforschung
Die Marktforschung versucht, Art und Ausmaß der Nachfrage nach einem existierenden oder geplanten Produkt zu bestimmen.

motivation research *n*

Motivforschung

panel research *n* (→ **panel interview**) **Panel research** is used to monitor the reactions of the same respondents over time.	**Panelerhebung, Panelforschung** Die Panelerhebung wird benutzt, um die Reaktionen der gleichen Probanden über einen gewissen Zeitraum zu überprüfen.
primary research *n* **Primary research** allows us to question consumers directly about specific products.	**Primärforschung** Die Primärforschung ermöglicht es uns, Verbraucher direkt zu bestimmten Produkten zu befragen.
product research *n*	**Produktforschung**
research instruments *n pl* The questionnaire is one of our favoured **research instruments**.	**Forschungsmethoden** Eine unserer bevorzugten Forschungsmethoden ist der Fragebogen.
sales research *n* **Sales research** should tell us where and why customers buy our products.	**Absatz-, Verkaufsforschung** Verkaufsforschung soll uns Aufschluss darüber geben, wo und weshalb der Kunde unsere Produkte kauft.
secondary research *n* In the early stages of our **secondary research** programme we normally search sources such as government statistics or consumer group reports.	**Sekundärforschung** Im Anfangsstadium unserer Sekundärforschung werten wir normalerweise Quellen wie zum Beispiel Bundesstatistiken oder Verbraucheruntersuchungen aus.
respondent *n* **Respondents** were chosen by random sample.	**Proband(in), Befragte(r), Interviewte(r)** Die Probanden wurden durch Zufallsstichprobe ausgewählt.
• **response rate** *n*	**Antwort-, Rücklaufquote, Rücklaufrate**
sales performance *n*	**Verkaufsleistung**

sample *n* — **Stichprobe, Erhebung**

quota sample *n* — **Quotenauswahl**

The **quota sample** needs to be divided into quotas which reflect the number of drinkers and non-drinkers in the population as a whole.

Diese Stichprobe muss in Quoten aufgeteilt werden, die die Anzahl der Trinker und Nicht-Trinker in der Gesamtbevölkerung repräsentieren.

random sample *n* — **(Zufalls)Stichprobe**

sample size *n* — **Stichprobengröße**

The **sample size** has been set at 500 respondents.

Die Stichprobengröße wurde auf 500 festgelegt.

• **to sample** *v/t* — **(Repräsentativ)Umfrage durchführen, Stichprobe (ent)nehmen**

We **sampled** the views of the general public about our company logo.

Wir haben eine Repräsentativumfrage in der Öffentlichkeit zu unserem neuen Firmenlogo durchgeführt.

---

semantic differential *n* — **Polaritätsprofil, Bedeutungsunterschied**

We use **semantic differential** to let respondents decide which of the paired opposites best describes the product.

Wir benutzen Polaritätsprofile, um Befragte entscheiden zu lassen, welches der Gegensatzpaare das Produkt am besten beschreibt.

---

sitcom (< situation comedy) *n* — **lustige Serie, Sitcom**

7.3 Werbung

• **account executive** *n*	**Kundenbetreuer(in), Kundenberater(in), Sachbearbeiter(in)**
advertisement (> ad) *n*; **advert** *n (GB)*	**Werbung, Anzeige**
advertisement manager *n*	**Werbeleiter(in), Leiter(in) der Werbeabteilung**
The ad agency will book media space directly from the **advertisement managers** of the newspapers and magazines in which the ad appears.	Die Werbeagentur bucht Platz für Anzeigen direkt vom Werbeleiter der Zeitungen und Magazine, in denen die Werbung erscheint.
• **advertiser** *n*	**Inserent(in), Werbende(r)**
• **advertising** *n*	**Werbung, Reklame, Werbewesen**
Cigarette **advertising** has been banned from television.	Zigarettenwerbung im Fernsehen ist verboten worden.
• **advertising agency (> ad agency)** *n*	**Werbeagentur, Werbeberatung, Werbeunternehmen**
Most advertisers are not big enough to employ an **advertising agency**.	Viele werbende Firmen sind nicht groß genug, um eine Werbeagentur zu beauftragen.
advertising budget *n*	**(Werbe)Etat**
advertising campaign *n*	**Werbekampagne**
advertising charges *n pl*	**Anzeigengebühren**
advertising expenditure *n*	**Werbeaufwand, Werbekosten**
advertising gimmick *n*	**Werbegag**
Advertising gimmicks don't seem to go down too well with our consumer.	Werbegags scheinen bei unseren Verbrauchern nicht allzu gut anzukommen.

● **advertising manager** *n*	**Werbeleiter(in)**
The company's **advertising manager** has ultimate responsibility for picking the right agency for a given campaign.	Der Werbeleiter der Firma hat letztendlich die Verantwortung, die richtige Werbeagentur für die gegebene Kampagne auszuwählen.
advertising rate *n*	**Anzeigenpreis, -tarif**
advertising revenue *n*	**Werbeeinkünfte**
The financial viability of large parts of the media is reliant on **advertising revenue**.	Das finanzielle Überleben zahlreicher Medien ist von Werbeeinkünften abhängig.
direct mail advertising *n*	**(Post)Wurfsendung, Direktwerbung**
exhibition advertising *n*	**Ausstellungswerbung**
Internet advertising *n*	**Werbung im Internet, Internetwerbung**
media advertising *n*	**Werbung in Medien**
Media advertising costs depend on circulation or viewing figures.	Die Werbekosten in den Medien sind abhängig von der Auflage und den Einschaltquoten.
national advertising, nationwide advertising *n*	**überregionale Werbung**
on-hold advertising *n*	**Warteschleifenwerbung** *(Telefon)*
● **outdoor advertising** *n*	**Außenwerbung**
pop-up advertising *n*	**Pop-up-Internetwerbung**
artwork *n*	**Werbegrafik, Illustration**
The **artwork** is the most eye-catching part of the advertisement.	Der auffälligste Teil der Werbung sind die Grafiken.
banner *n (Internet)*	**(Werbe)Banner**
billboard *n (US)*; **hoarding** *n (GB)*	**Reklametafel**

celebrity endorsement *n*	**Promiwerbung**
• **client** *n* The advertising agency needs to liaise closely with the **client**.	**Kunde, Kundin, Auftraggeber(in)** Die Werbeagentur muss eng mit dem Kunden zusammenarbeiten.
• **clientele** *n*	**Kundenkreis, Klientel**
• **copy** *n* The **copy** complements the artwork by providing textual information.	**Text** Der Text ergänzt die Grafiken um verbale Information.
copywriter *n* Our **copywriter** has come up with some interesting copy for this illustration	**Texter(in)** Unserer Texterin sind einige interessante Texte für diese Illustration eingefallen.
creative director *n* Our **creative director** will deal with the artwork and copy for the posters as well as the scripting and filming of the TV advertisement.	**Creative Director (> CD)** Unser Creative Director wird sowohl Illustrationen und Texte für die Poster als auch Script und Verfilmung der Fernsehspots übernehmen.
infomercial *(information + commercial) n*	**Infowerbung**
mail shot *n (GB)*; **direct mail** *n (US)*	**(Post)Wurfsendung, Briefwerbung**
media buyer *n* I think we can now authorise the **media buyer** to purchase the required airtime.	**Streuplaner(in)** Ich denke, wir können nun den Streuplaner beauftragen, die benötigte Sendezeit zu buchen.
• **presentation** *n* The company will be seeing **presentations** from the 3 advertising agencies it has shortlisted for the campaign.	**Präsentation** Die Firma wird sich die Präsentationen der drei Werbeagenturen ansehen, die sie für die Kampagne in die engere Auswahl gezogen hat.
principal *n* Advertising agencies refer to the advertiser as the client or **principal**.	**Auftraggeber(in)** Werbeagenturen bezeichnen den Werber als „Klienten“ oder „Auftraggeber“.

product placement *n*	**Schleichwerbung**
● **to promote a product** *phrase*	**ein Produkt fördern, für ein Produkt werben**
We will be **promoting** 5 new **products** at the London Trade Fair.	Wir werden auf der Londoner Messe für 5 neue Produkte werben.
● **promotion** *n*	**Werbung, Reklame, Verkaufsförderung, Promotion**
● **sales promotion** *n*	**Absatz-, Verkaufsförderung, Aktion, Promotion**

7.4 Verbraucherschutz

advertising control *n*	**Werbeaufsicht, Werbeerfolgskontrolle**
Advertising control is achieved through legislation, statutory regulation and self-regulation.	Werbeaufsicht wird durch Gesetze, Satzungen und Selbstkontrolle geleistet.
● **Advertising Standards Authority (> ASA)** *n (GB)*	*(britische Behörde zur Überwachung der Werbeethik)*
The **ASA** was established as an independent body by the advertising industry in 1962 as a step towards self-regulation.	Als ein Schritt zur Selbstkontrolle wurde 1962 die ASA als unabhängige Körperschaft der Werbeindustrie gegründet.
advertising time *n*	**Werbezeit, Sendezeit für Werbung**
The proportion of **advertising time** is restricted to 10 % of all television broadcasting time.	Der Anteil der Werbezeit ist auf 10 % der gesamten Fernsehsendezeit beschränkt.
to be entitled (to) *phrase*	**berechtigt sein (zu), das Recht haben (auf)**
If you have bought your software within the last 3 months you **are entitled to** a free upgrade of your operating system.	Wenn Sie Ihre Software innerhalb der letzten drei Monate erworben haben, haben Sie das Recht auf ein kostenloses Upgrade Ihres Betriebssystems.

Citizens Advice Bureau (> CAB) *n (GB)* You can cbtain free legal advice from a **CAB**.	**Verbraucherberatung(sstelle)** Sie können kostenlose Rechtshilfe bei der Verbraucherberatungsstelle einholen.
● **code of practice** *n* The association's **code of practice** ncludes procedures for handling complaints from the public.	**Richtlinien, Verhaltensnorm, Verhaltensregeln** Die Richtlinien des Verbandes beinhalten Verfahren zur Handhabung von Beschwerden aus der Öffentlichkeit.
competitive advertising *n*	**vergleichende, konkurrierende Werbung**
consumer group *n* CAMRA (Campaign for Real Ale) is an extremely popular **consumer group** in the UK.	**Konsumentengruppe, Verbrauchergruppe** Die CAMRA ist eine äußerst beliebte Konsumentengruppe in Großbritannien.
● **consumer protection** *n*	**Verbraucherschutz**
consumerism *n*	**Verbraucher(schutz)bewegung**
Consumers' Association *n* (→ **Which?**)	**Verbraucherverband**
● **customer complaint** *n* We have not received a single **customer complaint** for three months.	**Kundenbeschwerde** Wir haben seit drei Monaten keine einzige Kundenbeschwerde erhalten.
deceptive advertising *n*	**irreführende Werbung, täuschende Werbung**
deceptive practice *n*	**irreführende Praktiken**
Fair Trading Act *n*	**Gesetz gegen unlauteren Wettbewerb**

fit for purpose *phrase*	**tauglich, passend, geeignet** *(für den vorgesehenen Verwendungszweck)*
The law requires that goods must be **fit for** the **purpose** for which they are intended.	Das Gesetz schreibt vor, dass Waren für den vorgesehenen Verwendungszweck tauglich sein müssen.
to forfeit the right to claim *phrase*	**seinen Anspruch verlieren** *(Garantie)*
The company took the view that the customer had **forfeited** his **right to claim** a refund.	Die Firma war der Ansicht, dass der Kunde seinen Anspruch auf Kostenerstattung verloren hatte.
• **guarantee** *n* (→ **warranty**)	**Garantie**
• **label** *n*	**Etikett, Aufkleber, Beschriftung**
to label *v/t*	**beschriften, kennzeichnen**
We **label** all our foodstuffs in accordance with EU regulations.	All unsere Lebensmittel werden gemäß EU-Vorschriften gekennzeichnet.
legal restriction *n*	**gesetzliche Beschränkung**
merchantable *adj* (→ **Sale of Goods Act**)	**zum Verkauf geeignet, marktgängig**
misleading *adj*	**irreführend**
It is illegal to make **misleading** claims about a product.	Es verstößt gegen das Gesetz, irreführende Behauptungen über ein Produkt zu machen.
• **refund** *n*	**(Rück)Erstattung, Rückzahlung**
• **to refund** *v/t*	**(zurück)erstatten, zurückzahlen**
• **refundable** *adj*	**(rück)erstattungsfähig, rückzahlbar**
I am sorry, but goods on special offer are non- **refundable**.	Es tut mir leid, aber Waren aus dem Sonderangebot können nicht rückerstattet werden.
• **to replace** *v/t*	**ersetzen**

Absatz und Marketing

Sale of Goods Act *n (GB)* The **Sale of Goods Act** requires goods sold to be "of merchantable quality".	**Warenverkaufsgesetz** Das Warenverkaufsgesetz schreibt vor, dass verkaufte Waren „von handelsüblicher Qualität" sein müssen.
secret shopper *n*	**Testkäufer(in)**
• **sell-by date** *n (GB)*; **expiration date** *n* The price of the foodstuffs had been reduced because they were approaching their **sell-by date**.	**(Mindest)Haltbarkeitsdatum, Ablaufdatum** Der Preis der Lebensmittel war reduziert worden, weil das Haltbarkeitsdatum fast abgelaufen war.
trade association *n* A number of **trade associations** such as ABTA, the Association of British Travel Agents, have been established to protect consumers' rights.	**(Arbeitgeber-), (Gewerbe-), (Fach)Verband** Eine Reihe von Fachverbänden wie etwa der ABTA, der Verband der britischen Reisebüros, sind zum Schutz der Verbraucherrechte gegründet worden.
unfair *adj* The company was accused of **unfair** competition.	**unfair, unlauter** Dem Unternehmen wurde unlauterer Wettbewerb vorgeworfen.
warranty *n* (→ **guarantee**)	**Bürgschaft, Garantie**
• **watchdog** *n* Consumer, industry and government **watchdogs** investigate complaints about advertisements.	**Kontroll-, Aufsichtsbehörde** Verbraucher-, Industrie- und Regierungsaufsichtsbehörden prüfen Beschwerden über Werbung.
Which? *n (GB)* The Consumers' Association tests thousands of products and publishes its findings in "**Which?**" magazine.	*(Name eines britischen Verbrauchermagazins)* Der Verbraucherverband testet Tausende von Produkten und veröffentlicht seine Ergebnisse im Verbrauchermagazin „Which?".

7.5 Kredit und Ratenkauf

APR (< Annual Percentage Rate) *n* The bank's interest rate on credit card purchases is 1.13 % (variable) equivalent to a 14.4 % **APR**.	**Jahreszins(satz), jährliche Belastung** Der Zinssatz der Bank beim Kauf mit Kreditkarte beträgt 1,13 % (variabel), was einem Jahreszins von 14,4 % entspricht.
budget account *n* Major retailers offer customers **budget accounts** as a form of continuing credit.	**Kunden(kredit)konto** Größere Einzelhandelsgeschäfte bieten ihren Kunden ein Kreditkonto als eine Form fortlaufenden Kredits an.
to buy on the never never *colloq phrase* (→ **on credit**)	**abstottern, auf Raten kaufen**
charge card *n* (→ **store card**) The account of a **charge card** must be settled at the end of a month.	**(Einkaufs-), (Kaufhaus-), (Kunden)Kreditkarte** Das Konto einer Kundenkreditkarte muss am Ende eines Monats beglichen werden.
• **credit** *n*	**Kredit, Kreditwürdigkeit**
credit insurance *n* We strongly advise you to take out **credit insurance** in case you are unable to continue with your repayments due to unforeseen circumstances.	**Kredit-, Darlehensversicherung** Wir raten Ihnen dringend zum Abschluss einer Darlehensversicherung, falls Sie aus unvorhersehbaren Gründen Ihre Rückzahlungen nicht fortsetzen können.
• **credit rating** *n* We will first need to check Mr Thomson's **credit rating** before agreeing the loan.	**Kreditrahmen, Kredit(ober)grenze** Wir müssen zuerst Herrn Thomsons Kreditrahmen überprüfen, bevor wir ein Darlehen vereinbaren.
• **credit sale** *n* Car dealers frequently offer **credit sales** based on their own finance schemes.	**Kreditkauf, Ratenkauf** Autohändler bieten häufig Kreditkäufe an, die auf ihrer Eigenfinanzierung basieren.

- **credit scheme** *n (GB)*; **payment plan** *n (US)* — **Finanzierungsplan, -möglichkeit**

  We offer customers various **credit schemes** which enable them to purchase our vehicles without paying a deposit.

  Wir bieten unseren Kunden verschiedene Finanzierungsmöglichkeiten an, die es ihnen erlauben, unsere Fahrzeuge ohne Anzahlung zu erwerben.

- **interest free credit** *n* — **zinsfreier Kredit**

  The company is intending to offer **interest free credit** on all its furniture in an effort to bolster demand.

  In seinem Bemühen, die Nachfrage zu stärken, beabsichtigt das Unternehmen, einen zinsfreien Kredit bei allen Möbelkäufen anzubieten.

- **debt** *n* — **Schuld, Verschuldung**

  to accumulate debts *phrase* — **Schulden auflaufen lassen**

  It is easy to **accumulate debts** when you use a number of different credit cards.

  Es ist leicht, Schulden auflaufen zu lassen, wenn man eine Reihe verschiedener Kreditkarten benutzt.

  to clear debts *phrase* — **Schulden begleichen**

  I'm afraid you're not eligible for a further loan unless you have **cleared** your outstanding **debts**.

  Sie sind leider nicht berechtigt, ein weiteres Darlehen aufzunehmen, bevor Sie Ihre ausstehenden Schulden beglichen haben.

  outstanding debts *n pl* — **ausstehende Schulden, Forderungen, Außenstände**

  If you are applying for credit you will need to inform the company of any **outstanding debts**.

  Wenn Sie einen Kredit beantragen, müssen Sie die Firma über jegliche Außenstände informieren.

  to service a debt *phrase* — **Schulden begleichen, Zins- und Tilgungszahlungen nachkommen**

  When he lost his job he was unable to **service his debt**.

  Als er arbeitslos wurde, konnte er seine Schulden nicht mehr begleichen.

- **deposit** *n* — **Anzahlung(ssumme), erste Rate, Sicherheit**

• **HP (< Hire Purchase)** *n (GB)*; **rent to own** *n (US)*	**Kredit-, Raten-, Teilzahlungskauf**
• **in arrears** *phrase* I am sorry to inform you that your payments are two months **in arrears**.	**rückständig, überfällig** Es tut mir leid, Ihnen mitteilen zu müssen, dass Sie mit Ihren Zahlungen zwei Monate im Rückstand sind.
• **instalment** *n (GB)*; **installment** *n (US)*	**Raten-, Teil-, Abschlagszahlung**
• **by instalments** *phrase (GB)*; **by installments** *phrase (US)* You may pay your electricity bill quarterly or **by** monthly **instalments**.	**auf Raten, ratenweise** Sie können Ihre Stromrechnung vierteljährlich oder in monatlichen Raten bezahlen.
• **interest charge** *n* **Interest charges** vary considerably from one lender to another.	**Zinskosten, Zinsbelastung** Die Zinskosten variieren beträchtlich von Kreditinstitut zu Kreditinstitut.
• **loan** *n*	**Darlehen, Kredit, Anleihe**
loan agreement *n* Please take some time to read the small print on the back of the **loan agreement** form before you sign.	**Kredit-, Darlehensvertrag** Bevor Sie unterschreiben, nehmen Sie sich bitte Zeit, um das Kleingedruckte auf der Rückseite des Darlehensvertrags zu lesen.
loan period *n* The **loan period** would be from 1 to 5 years depending on the size of the repayments.	**Laufzeit eines Kredits** Die Laufzeit des Kredits beträgt 1 bis 5 Jahre, je nach Höhe der Rückzahlungen.
• **personal loan** *n* Our client purchased the car using a **personal loan** from his bank.	**Personal-, Privatkredit** Unser Klient erwarb das Fahrzeug mit einem Privatkredit seiner Bank.
secured loan *n* The **loan** was **secured** against the client's house, which is his principal asset.	**gedeckter, (ab)gesicherter Kredit** Der Kredit wurde gegen das Haus des Klienten, seinen Hauptvermögenswert, gesichert.

● **to take out a loan** *phrase* The customer **took out a loan** of £ 9,000 to buy a one-year-old car.	**ein Darlehen aufnehmen** Der Kunde nahm ein Darlehen über £ 9 000 auf, um einen Jahreswagen zu kaufen.
● **on finance** *phrase* (→ **on credit**)	**auf Kredit**
● **purchasing power** *n* We need to look more closely at those market segments which have gained in **purchasing power** since the tax reform.	**Kaufkraft** Wir müssen uns diejenigen Marktsegmente näher anschauen, die seit der Steuerreform an Kaufkraft gewonnen haben.
● **rate of interest** *n* The **rate of interest** on a 36 month loan is 15.9 % p.a.	**Zinssatz, Zinsrate** Der Jahreszinssatz bei einem Darlehen über 36 Monate beträgt 15,9 %.
to refinance *v/t*	**refinanzieren**
● **repayment** *n* **Repayments** can be made monthly by standing order or direct debit.	**Ablösung, Tilgung, Rückzahlung** Die Ablösung kann monatlich entweder per Dauerauftrag oder im Einzugsverfahren geleistet werden.
repossession *n* The rate of **repossession** on cars bought on HP is relatively high.	**Wiederinbesitznahme** Die Quote/Rate der Wiederinbesitznahmen bei Autos, die auf Kredit gekauft wurden, ist relativ hoch.
to spread *v/t* Repayments can be **spread** over a fixed term ranging from one to ten years.	**verteilen** Die Rückzahlungen können auf einen festgelegten Zeitraum von einem bis zehn Jahren verteilt werden.
● **store card** *n* (→ **charge card**)	**(Kunden)Kreditkarte**

7.6 Messen und Ausstellungen

(available) for rent *phrase* Basic stands are **available for rent** at £ 850 per day.	**zu vermieten** Reihenstände sind ab £ 850 pro Tag zu vermieten.
booking arrangements *n pl*	**Buchungsmodalitäten**
covered area *n*	**bedeckte Fläche, überdachte Fläche**
open area *n*	**Freifläche, nicht überdachte Fläche**
● **display** *n* The standard **display** can be assembled or dismantled in minutes.	**Auslage, Ausstellung, Display** Die Standardausstellung kann in Minuten auf- und abgebaut werden.
display material *n* The **display material** consists of posters, photographs and texts.	**Ausstellungsmaterial** Das Ausstellungsmaterial besteht aus Postern, Fotografien und Texten.
● **to exhibit** *v/t* Exhibition space is both limited and expensive; so we need to decide which products we want to **exhibit** at the fair.	**ausstellen** Die Ausstellungsfläche ist begrenzt und teuer; daher müssen wir uns überlegen, welche Produkte wir auf der Messe ausstellen wollen.
● **exhibition** *n* Our new product range will be presented at all major trade **exhibitions**.	**Ausstellung** Unser neues Produktsortiment wird auf allen größeren Fachausstellungen präsentiert werden.
exhibition grounds *n pl*	**Ausstellungs-, Messegelände**
● **exhibition hall** *n*	**Messehalle**
exhibition space *n*	**Messefläche**
● **exhibitor** *n*	**Aussteller(in), Messeteilnehmer(in)**
hall capacity *n*	**Hallenkapazität**
● **press room** *n*	**Presseraum**

● **promotional literature** *n*	**Werbematerial, Werbebroschüre**
Promotional literature is available at our stand.	Werbematerial ist an unserem Stand erhältlich.
● **promotional video** *n*	**Werbefilm, Promotionvideo**
rental cost *n*	**Standmiete**
● **show** *n* I shall be attending the Motor **Show** as usual.	**Ausstellung, Messe** Ich besuche wie gewöhnlich die Automobilausstellung.
● **stand, booth** *n*	**(Messe)Stand**
● **(trade) fair** *n* London's lack of expandable exhibition space has impeded its development as a major **trade fair** centre.	**Messe** Der Mangel an expandierbarem Messegelände hat London daran gehindert, sich zu einem wichtigen Messezentrum zu entwickeln.
● **to attend a fair** *phrase*	**eine Messe besuchen**
fair participation *n* The expenditure of the UK economy on **fair participations** was around £ 850 million last year.	**Messeteilnahme** Die Ausgaben der britischen Wirtschaft für Messeteilnahmen beliefen sich im vergangenen Jahr auf ca. £ 850 Millionen.
specialist trade fair *n* We regularly organise **specialist trade fairs** for a single industry or special consumer group.	**Fachmesse, Fachausstellung** Wir veranstalten regelmäßig Fachmessen für einzelne Industriebranchen oder spezielle Verbrauchergruppen.
● **visitor** *n*	**Besucher(in)**

8 Vertrieb und Verkauf

8.1 Lagerhaltung und -kontrolle

dispatch *n*	**Versand(abwicklung)**
dispatch documents *n pl*	**Versandpapiere**
ready for dispatch *phrase* The goods are now **ready for dispatch** and should be with you within 3 - 4 days.	**versandbereit** Die Waren sind jetzt versandbereit und dürften in 3 - 4 Tagen bei Ihnen ankommen.
to dispatch *v/t*	**abschicken, absenden, versenden**
forklift truck *n*	**Gabelstapler**
handling *n*	**Beförderung, Umladen, Ladetätigkeit**
incoming *adj* All **incoming** goods need to be checked against the accompanying delivery notes.	**eingehend** Alle eingehenden Waren müssen mit den beigefügten Lieferscheinen verglichen werden.
inventory *n*	**Inventar(liste), Lagerbestand, Warenbestand(saufnahme)**
to draw up an inventory *phrase* Could you **draw up an inventory** to ascertain stock levels, please?	**eine Inventarliste erstellen, Inventur machen** Können Sie bitte eine Inventarliste erstellen, um den Lagerbestand zu ermitteln?
item number *n*	**Artikelnummer**
to itemise *v/t (GB)*; **to itemize** *v/t (US)*	**(einzeln) aufführen, (einzeln) auflisten**
lead time *n*	**Lieferzeit**
merchandise *n*	**Waren(vorräte), Handelsgüter, Bestände**

to merchandise *v/t*	**Warenvorräte anlegen, Waren einkaufen**
Before Christmas many stores will boldly **merchandise**, i.e. rather overstock than understock.	Vor Weihnachten legen viele Geschäfte kräftig Warenvorräte an, d. h. sie halten eher zu viel als zu wenig auf Lager.
● **order processing** *n*	**Auftragsbearbeitung**
● **outgoing** *adj*	**abgehend, versandbereit**
● **to reorder** *v/t*	**nachbestellen, neu bestellen**
Given a lead time of 2 weeks we shall have to **reorder** 200 units by the end of this week.	Bei einer Lieferzeit von 2 Wochen werden wir bis Ende der Woche 200 Stück nachbestellen müssen.
to replenish *v/t*	**(wieder)auffüllen, ersetzen**
to run low *v/t*	**(allmählich) ausgehen, zu Ende gehen**
Our stocks of frozen goods are **running low** and will need to be replenished from our depot as soon as possible.	Unsere Gefriergüterbestände gehen allmählich zu Ende und werden so bald wie möglich aus unserem Depot aufgefüllt werden müssen.
● **to run out of s.th.** *v/t*	*(wörtl.: etwas nicht mehr haben)* **ausgehen, knapp werden**
I'm sorry, but this was our last consignment; we've **run out** of spare parts for this model.	Tut mir leid, aber das war unsere letzte Lieferung, uns sind die Ersatzteile für dieses Modell ausgegangen.
● **stock** *n*	**(Waren)Bestand, Lagerbestand, Vorrat**
continuous stocktaking *n*	**permanente Inventur, laufende Bestandsaufnahme**
● **in stock** *phrase*	**auf Lager, vorrätig**
If our main warehouse has the item **in stock**, we can guarantee delivery within 48 hours.	Wenn unser Hauptlager den Artikel vorrätig hat, können wir Ihnen die Lieferung innerhalb der nächsten zwei Tage garantieren.
● **out of stock** *phrase*	**nicht auf Lager, nicht vorrätig, vergriffen**

stock control *n*	**Lager(bestands)kontrolle**
stock level *n* With such low **stock levels** we run the risk of not being able to supply our customers at short notice.	**Lagerbestand, Lagerumfang** Bei so geringen Lagerbeständen gehen wir das Risiko ein, unsere Kunden nicht kurzfristig beliefern zu können.
stock reduction *n* **Stock reduction** is an essential feature of JIT management.	**Lagerabbau** Lagerabbau ist ein wesentliches Merkmal des „Just-in-time"-Managements.
stock turnover *n*	**Lagerhausumsatz, Umschlagsgeschwindigkeit**
stock-in-trade *n*	**(Waren)Bestand, Warenvorrat**
stock-out *n*	**Fehlbestand**
stocktaking *n*	**Inventur, (Waren)Bestandsaufnahme**
to stockpile *v/t* There is no need for **stockpiling** large amounts of goods as long as suppliers are able to guarantee fixed lead times.	**Vorräte anlegen, halten, aufstocken** Solange die Zulieferer feste Beschaffungszeiten garantieren können, ist es nicht nötig, große Warenvorräte anzulegen.
storage *n*	**Lagerung, Lagerhaltung**
storage area *n*	**Lagerfläche**
storage capacity *n*	**Lagerkapazität**
storage charges *n pl* The **storage charges** of London warehouses have tripled in the last five years.	**Lagergebühren, Lagerspesen** Die Lagergebühren der Londoner Warendepots haben sich in den letzten fünf Jahren verdreifacht.
warehouse *n* Although this **warehouse** was only built two years ago it has already reached its storage capacity.	**(Waren)Lager, Lagerhalle, Warendepot** Obwohl dieses Warenlager erst vor zwei Jahren gebaut wurde, hat es bereits seine Lagerkapazität erreicht.
warehousing costs *n pl*	**Lagerkosten**

8.2 Groß- und Einzelhandel

● **cash and carry** *n*	**Großverbrauchermarkt** *(für den Einzelhandel)*
● **central buying** *n* **Central buying** helps multiples to keep their costs down.	**zentraler Einkauf** Durch zentralen Einkauf können Handelsketten ihre Kosten möglichst gering halten.
● **chain** *n* (→ **multiple chain store**)	**(Handels)Kette, Filialgeschäft**
commodity *n* Many **commodities** are only supplied via specialist wholesalers and commodity markets.	**Ware, Erzeugnis, Produkt** Viele Waren sind nur über den Spezialgroßhandel und Rohstoffmärkte lieferbar.
● **counter** *n*	**Ladentisch**
● **counter service** *n*	**Bedienung am Ladentisch**
● **dealer** *n*	**Händler(in), Makler(in), Effektenhändler(in)**
● **department store** *n* Many **department stores** were built before the age of mass motoring and so do not offer sufficient parking facilities.	**Kaufhaus** Viele Kaufhäuser wurden vor dem Zeitalter der Massenmotorisierung gebaut und bieten daher keine ausreichenden Parkmöglichkeiten.
discount store *n*	**Discountladen**
● **hypermarket** *n*	**Verbraucher(groß)markt, Einkaufsmarkt**
● **in bulk** *phrase*	**in großen Mengen, en gros**
● **late-night shopping** *n* **Late-night shopping** on selected evenings of the week has been introduced in most major shopping centres.	*(wörtl.)* **Einkauf am (späten) Abend** Längere Öffnungszeiten an bestimmten Wochentagen sind in fast allen größeren Einkaufszentren eingeführt worden.

• **multiple (chain) store** *n* (→ **chain**)	**(Handels)Kette, Filialgeschäft**
online sales *n pl*	**Internethandel**
• **opening hours** *n pl*	**Öffnungszeiten**
• **retail** *adj*	**Einzelhandels-**
• **recommended retail price (> RRP)** *n*	**unverbindliche Preisempfehlung, Einzelhandelsrichtpreis**
The abolition of the **RRP** for the book trade led to the closure of many bookshops.	Die Aufhebung der Preisbindung im Buchhandel führte zur Schließung vieler Buchhandlungen.
retail outlet *n*	**Einzelhandelsgeschäft, Einzelhandelsladen**
In some sectors manufacturers run their own **retail outlets**.	In manchen Branchen unterhalten Hersteller ihre eigenen Einzelhandelsgeschäfte.
• **retail sales** *n pl*	**Einzelhandelsumsätze**
Retail sales rose in the last quarter, indicating growing consumer confidence.	Die Einzelhandelsumsätze stiegen im letzten Quartal, was auf eine Zunahme des Verbrauchervertrauens hinweist.
• **retail trade** *n*	**Einzelhandel**
Opening hours in the German **retail trade** used to be a lot more restricted.	Die Öffnungszeiten im deutschen Einzelhandel waren früher sehr viel restriktiver.
• **retailer** *n*	**Einzelhändler(in)**
retailing *n*	**Einzelhandel(sgewerbe)**
• **shopping centre** *n (GB)*; **shopping mall** *n (US)*	**Einkaufszentrum**
shopping precinct *n (GB)*; **shopping district** *n (US)*	**Einkaufs-, Geschäftspassage**

● **specialist** *adj* You'll find all the **specialist** stores listed in the yellow pages.	**Fach-** Sie finden alle Fachgeschäfte in den Gelben Seiten aufgeführt.
speciality *n (GB)*; **specialty** *n (US)*	**Spezialität**
● **stall** *n* Most traders set up their market **stalls** by 8 a.m.	**Stand** *(kleiner Stand, meist im Freien)* Die meisten Händler bauen ihre Marktstände vor 8 Uhr morgens auf.
stockist *n (GB)*; **supplier** *n (US)* For a list of **stockists** of all goods advertised in this magazine please refer to page 102.	**Fachgeschäft, Fachhandel** Eine Liste der Fachgeschäfte für alle in unserem Magazin beworbenen Artikel finden Sie auf Seite 102.
● **Sunday opening** *n* Parish priests organised petitions against the **Sunday opening** of shops.	**Sonntagsöffnungszeit** Gemeindepfarrer organisierten Petitionen gegen die Sonntagsöffnungszeiten der Geschäfte.
● **supermarket** *n*	**Supermarkt**
● **superstore** *n*	**Verbrauchermarkt**
● **wholesale** *adj* Many **wholesale** businesses have collapsed due to the increasing purchasing power of major multiples who now buy their goods directly from the manufacturer.	**im Großhandel, Großhandels-** Viele Großhandelsunternehmen sind gescheitert, da größere Handelsketten aufgrund zunehmender Kaufkraft ihre Waren jetzt direkt vom Hersteller beziehen.
● **specialised wholesale trade** *n (GB)*; **specialized wholesale trade** *n (US)*	**Fachgroßhandel**

wholesale association, wholesale cooperative *n* Smaller retailers often have no other choice than to join **wholesale associations** in order to stay competitive.	**Einkaufsgemeinschaft, Großhandelsvereinigung** Kleinere Einzelhandelsgeschäfte sehen sich oft gezwungen, Einkaufsgemeinschaften beizutreten, um wettbewerbsfähig zu bleiben.
wholesale buying *n*	**Engroseinkauf, Bezug durch den Großhandel**
wholesale distributor *n*	**Großverteiler**
wholesale price *n* The large difference between the **wholesale price** and the retail price is hardly justifiable for these products.	**Großhandelspreis** Die große Differenz zwischen Großhandelspreis und Wiederverkaufspreis ist bei diesen Produkten kaum zu rechtfertigen.
● **wholesale trade** *n*	**Großhandel(sverkauf)**
● **wholesaler** *n*	**Großhandelsunternehmen, Großhändler**
window shopping *n*	**Schaufensterbummel**

8.3 Liefer- und Zahlungsbedingungen

to adjust *v/t* We have **adjusted** the invoice to include the credit note issued on 21 February.	**anpassen, ausgleichen** Wir haben die Rechnung angepasst, so dass sie die Gutschrift vom 21. Februar einrechnet.
● **amount due** *n* The **amount** now **due** is £ 63.40.	**ausstehender Betrag, zu zahlender Betrag** Der ausstehende Betrag beläuft sich auf £ 63,40.
● **cash price** *n* (→ **for cash**) The **cash price** is £ 672.60.	**Barpreis, Preis bei Barzahlung** Der Preis bei Barzahlung beträgt £ 672,60.

C.O.D. (< Cash on Delivery) *phrase*	**Barzahlung bei Lieferung**
Our terms of payment are **C.O.D.**	Unsere Zahlungsbedingungen lauten „Barzahlung bei Lieferung“.
● **credit note** *n*	**Gutschrift**
We are issuing a **credit note** for the sum overcharged which will be deducted from your next bill.	Wir stellen eine Gutschrift für den zu viel bezahlten Betrag aus, der dann von Ihrer nächsten Rechnung abgezogen wird.
C.W.O. (< Cash with Order) *phrase*	**Barzahlung bei Bestellung**
debit note *n*	**Lastschrift, Belastungs-, Lastschriftanzeige**
Since the amount underpaid is not substantial we are issuing a **debit note** which will be added to your next invoice.	Da der zu wenig gezahlte Betrag nicht wesentlich ist, stellen wir eine Lastschrift aus, die bei ihrer nächsten Rechnung aufaddiert wird.
● **to deduct** *v/t*	**abziehen, kürzen**
The agreed discount has been **deducted** from your bill.	Der vereinbarte Rabatt wurde von Ihrer Rechnung abgezogen.
● **discount** *n*	**Rabatt, Preisnachlass, Abzug, Discount**
We can offer a further **discount** of 3 % for bulk orders.	Wir können einen weiteren Rabatt von 3 % bei Großbestellungen anbieten.
seasonal discount *n*	**Saisonrabatt, Saisontarif, Vor-, Nachsaisonrabatt**
We offer a **seasonal discount** on bookings between 15 January and 1 March.	Für Buchungen zwischen dem 15. Januar und 1. März bieten wir einen Vorsaisonrabatt an.
● **special discount** *n*	**Sonderrabatt**
We are able to offer you a **special discount** of 10 % for first-time customers.	Wir können Ihnen einen Sonderrabatt von 10 % für Erstkunden anbieten.

trade discount *n* The figure we quoted included a **trade discount** of 10 % for cash.	**Handelsrabatt, Wiederverkäuferrabatt** Der erwähnte Betrag schloss einen Handelsrabatt von 10 % bei Barzahlung ein.
• **for cash** *phrase* (→ **cash price**) The price **for cash** is £ 672.60.	**bei Barzahlung** Der Preis bei Barzahlung beträgt £ 672,60.
in settlement of *phrase* We are enclosing a cheque for £ 507.67 **in settlement of** our account.	**zur Begleichung, zur Abgeltung** Wir legen einen Scheck über £ 507,67 zur Begleichung unseres Kontos bei.
mail-in rebate *n*	**Rückzahlung (per Post)**
on account *phrase* Regular customers usually purchase goods **on account** and pay in instalments every quarter.	**auf Rechnung, gegen Kredit** Stammkunden kaufen normalerweise die Ware auf Rechnung und zahlen dann in vierteljährlichen Raten.
• **o.n.o. (< or nearest offer)** *phrase (GB)*; **o.b.o. (< or best offer)** *phrase (US)*	**VHB (< Verhandlungsbasis)**
• **outstanding** *adj* May we remind you that the interest charges resulting from your delay in payment are still **outstanding**.	**ausstehend, offen** Wir möchten Sie daran erinnern, dass die Zinsschulden aus Ihrer verspäteten Zahlung immer noch ausstehen.
• **to overcharge** *v/t*	**zu viel berechnen**
• **overdue** *adj* Your settlement of this account is now long **overdue** and we must insist on immediate payment.	**überfällig, rückständig** Die Begleichung Ihres Kontos ist nun lange überfällig und wir müssen auf einer sofortigen Zahlung bestehen.
part *n (GB)*; **partial payment** *n (US)*	**Teilzahlung**

• **payable** *adj* Our payment terms are 30 days, **payable** net cash.	**fällig** *(Zahlung)*, **zahlbar** Unsere Zahlungskonditionen lauten: zahlbar netto bei 30 Tagen Ziel.
• **payment (> pymt)** *n*	**Zahlung**
• **in payment of** *phrase* (→ **in settlement of**)	**zur Begleichung**
• **to make payment** *phrase* According to our records **payment** was **made** by credit transfer on 15 July.	**Zahlung leisten, bezahlen** Unseren Unterlagen nach erfolgte die Zahlung am 15. Juli durch Überweisung.
overpayment *n*	**Überbezahlung, Überbetrag**
• **payment by bank transfer** *phrase* For an order of this size we would require **payment by bank transfer**.	**Zahlung durch Banküberweisung** Für eine Bestellung dieser Größenordnung würden wir Zahlung per Banküberweisung verlangen.
• **payment in advance** *n*	**Vorauszahlung**
payment in due course *n* We look forward to receiving your **payment in due course**.	**ordnungsgemäße Zahlung** Wir hoffen, Ihre Zahlung fristgemäß zu erhalten.
underpayment *n*	**Unterbezahlung**
• **period** *n* Payment must be made within a **period** of 3 months.	**Zeitraum, Frist** Die Zahlung muss innerhalb einer Frist von 3 Monaten erfolgen.
period of grace *n (GB)*; **grace period** *n (US)* Given your company's difficult financial situation we are prepared to allow you a 30-day **period of grace**.	**Zahlungsaufschub, (Zahlungs)Frist** Wegen der schwierigen Finanzlage Ihrer Firma sind wir bereit, Ihnen einen 30-tägigen Zahlungsaufschub zu gewähren.
• **purchase order** *n* The enclosed invoice covers the materials delivered against your **purchase order** no. 54391.	**Bestellung, Lieferauftrag** Die beigefügte Rechnung beinhaltet die Materialien, die wir auf Ihre Bestellung Nr. 54391 geliefert haben.

quarterly *adj adv*	**vierteljährlich**
Customers are requested to settle their accounts **quarterly**.	Kunden werden gebeten, Ihre Konten vierteljährlich auszugleichen.
receipt *n*	**Quittung, Empfangsbestätigung**
Please indicate on your order form whether a **receipt** is required.	Bitte merken Sie auf Ihrem Bestellformular an, ob Sie eine Quittung benötigen.
to recover *v/t*	**einziehen** *(Schulden)*, **eintreiben** *(Schulden)*
reduction *n*	**Ermäßigung, Rabatt**
We can offer a **reduction** of 10 % per person for groups of 10 or more.	Bei Gruppen über 10 Personen können wir eine Ermäßigung von 10 % pro Person anbieten.
refund *n*	**(Rück)Erstattung, Rückvergütung**
We accept that the error was partly our responsibility and are prepared to offer a **refund**.	Wir sehen ein, dass der Fehler teilweise bei uns lag, und sind bereit, Ihnen eine Rückerstattung anzubieten.
to refund *v/t*	**(zurück)erstatten**
remittance *n*	**(Geld)Überweisung, (Geld)Anweisung**
settlement *n*	**Begleichung, Bezahlung, Ausgleich**
Early **settlement** of your account would be appreciated.	Wir bitten um frühzeitige Begleichung Ihres Kontos.
terms of delivery *n pl*	**Lieferbedingungen, Lieferkonditionen**
Our **terms of delivery** are: next-day delivery, free of charge.	Unsere Lieferkonditionen sind: Lieferung am folgenden Tag, kostenfrei.

Vertrieb und Verkauf

● **terms of payment** *n pl* — **Zahlungsbedingungen, Zahlungskonditionen**

Our **terms of payment** allow for a discount of 2 % for payment within 14 days. — Unsere Zahlungskonditionen räumen 2 % Skonto bei Zahlung innerhalb von 14 Tagen ein.

variance *n* — **Abweichung, Nichtübereinstimmung**

There is some **variance** between the value of the purchase order and the total shown on your invoice. — Der Wert Ihrer Bestellung und der Gesamtbetrag Ihrer Rechnung stimmen nicht überein.

8.4 Direkter und indirekter Vertrieb

● **agency** *n* — **Vertretung, Vertretungsverhältnis, Agentur**

● **sole agency** *n* — **Alleinvertretungsanspruch**

Your contract will specify **sole agency**. — Der Alleinvertretungsanspruch wird in Ihrem Vertrag im Einzelnen geregelt.

● **agent** *n* — **(Handels)Vertreter(in), Kommissionär(in), Agent(in)**

While negotiating contracts of sale the **agent** shall respect the prices and the conditions of delivery and payment stipulated by the principal. — Bei der Verhandlung von Kaufverträgen wird der Vertreter sowohl die Preise als auch die Liefer- und Zahlungsbedingungen des Auftraggebers beachten.

sole distributing agent *n* — **Alleinvertrieb**

to allocate customers *phrase* — **Kunden zuweisen**

Please contact the M.D. of our London subsidiary who is responsible for **allocating customers** to all agents operating in the U.K. — Bitte nehmen Sie Verbindung mit dem Geschäftsführer unserer Londoner Tochterfirma auf, der für die Kundenzuweisung für alle in Großbritannien tätigen Handelsvertreter zuständig ist.

B2B (< business to business) *adj* — **B2B-, zwischen (zwei) Unternehmungen**

• **commission** *n*	**Provision, Vermittlungsgebühr**
A **commission** of 5 % is usual in our line of business.	Eine Provision von 5 % ist in unserer Branche handelsüblich.
• **distribution** *n*	**Vertrieb**
direct distribution *n*	**direkter Vertrieb**
distribution channel *n*	**Vertriebs-, Absatzweg**
distribution system *n*	**Vertriebs-, Absatzsystem**
The introduction of a centralised **distribution system** has led to much more efficient stock control.	Die Einführung eines zentralisierten Vertriebssystems hat zu einer wesentlich effizienteren Lagerbestandskontrolle geführt.
• **distributor** *n*	**Auslieferer, Auslieferfirma, Verteiler**
The agent shall refrain from acting directly or indirectly as a **distributor** for the goods specified.	Der Vertreter wird es unterlassen, direkt oder indirekt als Auslieferer für die aufgeführten Waren zu agieren.
door-to-door *adj*	**von Haus zu Haus**
Door-to-door salesmen are not popular in this country.	Hausierer sind in unserem Land nicht beliebt.
e-wallet *n*	**Kreditkonto im Internet**
exclusivity of sale *n*	**Alleinverkauf(srecht)**
face-to-face sales (> F2F sales) *n*	**persönliche Verkäufe**
first mover advantage *n*	*(etwa:)* **Innovationsvorteil**
• **homeshopping** *n* (→ **teleshopping**)	**Homeshopping**
Internet shopping *n*	**Internet(ein)kauf**
The lack of data security/protection is the main reason why many customers still do not make full use of **Internet shopping** facilities.	Der Mangel an Datenschutz ist der Hauptgrund, warum viele Kunden immer noch nicht vollen Gebrauch vom Einkaufsangebot im Internet machen.

● **mail order** *n* You will receive a £ 10 voucher with your first order from our **mail order** catalogue.	**Versandhandel, Postversand** Mit Ihrer ersten Bestellung aus unserem Versandhauskatalog erhalten Sie einen Gutschein über £ 10.
middle(wo)man *n*	**Mittler(in), Zwischenhändler(in), Mittelsmann, Mittelsfrau**
● **principal** *n* The agent must inform the **principal** if he enters into a contract of agency with another firm.	**Geschäftsinhaber(in), Auftraggeber(in), Vollmachtgeber(in)** Der Handelsvertreter muss den Geschäftsinhaber informieren, falls er einen Agenturvertrag mit einer anderen Firma abschließt.
vending machine *n*	**Automat**

8.5 Verpackung

● **adhesive** *n* Our tear-resistant film holds without tape or **adhesive**.	**Klebstoff** Unsere reißfeste Folie hält ohne Klebeband oder Klebstoff.
● **airtight** *adj*	**luftdicht**
as per instruction *phrase* The goods were packed in waterproof boxes **as per** your **instructions**.	**wie angewiesen, wie gewünscht** Die Waren wurden wie angewiesen in wasserdichten Kisten verpackt.
● **bar code (symbol)** *n*	**Strichkode**
barrel *n*	**Fass, Hohlmaß für Öl** *(ca. 159 l)*
blister pack, bubble pack *n*	**Blisterpackung**

to blister-wrap, to bubble-wrap *v/t* We **bubble-wrap** all china before packing it into specially designed cartons.	**in Luftpolsterfolie einwickeln** Wir wickeln alles Porzellan in Luftpolsterfolie ein, bevor wir es in speziell angefertigte Kartons verpacken.
canvas *n*	**Segeltuch**
● **cardboard** *n*	**Pappe**
● **carton** *n* Can we also discuss the size and labelling of the **cartons**?	**Karton** Können wir auch noch über Größe und Etikettierung der Kartons sprechen?
● **case** *n* I'd like to order sixty **cases** of white wine for delivery in week 26 into our Hemel Hempstead depot.	**Kiste** Ich möchte 60 Kisten Weißwein bestellen und bitte um Lieferung an unser Hemel Hempstead Depot für die 26. Woche.
● **container** *n*	**Container**
corrugated paper *n*	**Wellpappe**
● **crate** *n* These machine tools are first secured with safety bolts and then wrapped and shipped in wooden **crates**.	**Lattenkiste, Holzverschlag, Getränkekasten** Diese Werkzeugmaschinen werden zuerst mit Sperrriegeln gesichert und dann verpackt und in Lattenkisten verschickt.
Do not bend! *phrase* Please mark the package "PHOTOGRAPHS – **DO NOT BEND**"	**Bitte nicht knicken!** Bitte versehen Sie das Päckchen mit der Aufschrift: „Fotos – bitte nicht knicken!"
● **dozen (> doz.)** *n* These items are only sold by the **dozen**.	**Dutzend** Diese Artikel werden nur im Dutzend verkauft.
envelope *n*	**Umschlag**
board-backed envelope *n*	**verstärkter Briefumschlag**

• **window envelope** *n* We use **window envelopes** for invoices, receipts and mailshots.	**Fensterumschlag, Briefumschlag mit Fenster** Wir benutzen Fensterumschläge für Rechnungen, Empfangsbestätigungen und Postwurfsendungen.
to envelope *v/t*	**kuvertieren**
fragile *adj*	**zerbrechlich**
• **Jiffy™ bag** *n* (→ **padded bag**)	**Jiffy®-Versandttasche, Jiffy®-Umschlag**
• **label** *n* Attach a **label** to each film showing your name and address.	**Etikett** Versehen Sie jeden Film mit einem Etikett, auf dem Ihr Name und Ihre Adresse stehen.
labelling *n (GB)*; **labeling** *n (US)* All our food **labelling** conforms to EU standards.	**Etikettierung, Warenauszeichnung** Unsere gesamte Lebensmittelauszeichnung entspricht den EU-Normen.
labelling gun *n (GB)*; **labeling gun** *n (US)*	**Etikettierungsmaschine**
no. (< number) *n*	**Zahl, Anzahl, Nummer**
• **p&p (< postage and packing)** *phrase*	**Porto und Verpackung**
• **pack** *n* The rectangular shape of the **packs** facilitates stacking on pallets.	**Packung** Die rechteckige Form der Packungen erleichtert das Stapeln auf den Paletten.
• **package** *n* We secure smaller **packages** with twine to ensure that they will not open in transit.	**Paket** Wir verschließen kleinere Pakete mit Kordel, um sicherzustellen, dass sie unterwegs nicht aufgehen.
• **packaged** *adj*	**abgepackt**

• **packaging material** *n* All our **packaging material** is recyclable and does not harm the environment.	**Verpackungsmaterial** Unser gesamtes Verpackungsmaterial ist wiederverwendbar und umweltfreundlich.
• **packaging twine** *n*	**(Pack)Schnur, Kordel**
• **packet** *n*	**Paket, Schachtel, Verpackung**
• **packing** *n*	**(Ver)Packung, (Ver)Packen**
• **packing tape** *n* This **packing tape** is suitable for use with a tape dispenser.	**(Verpackungs)Klebeband** Dieses Klebeband eignet sich für den Gebrauch im Klebebandspender.
packing tape dispenser *n*	**Klebebandspender**
• **padded bag** *n* **Padded bags** are ideal for mailing books, video cassettes and promotional gifts.	**gefütterter Umschlag, wattierter Umschlag** Gefütterte Umschläge sind ideal zum Verschicken von Büchern, Videokassetten und Werbegeschenken.
padding *n*	**Füllmaterial, Polsterung**
• **pallet** *n* When purchasing more than 20 **pallets** the price per pallet will be £ 380.	**Palette** Bei einer Abnahme von über 20 Paletten beträgt der Preis pro Palette £ 380.
• **parcel** *n*	**(Post)Paket, Paketsendung, Päckchen**
• **to seal** *v/t*	**versiegeln, (fest) verschließen**
to shrink-wrap *v/t* **Shrink-wrapping** your cartons will stabilise your pallet and prevent damage in transit.	**einschweißen** *(in Klarsichtfolie)* Das Einschweißen der Kartons stabilisiert die Palette und verhindert Beschädigung beim Transport.
stackable *adj*	**stapelbar**

staple gun *n* **Staple guns** have become indispensable in the packaging industry.	**Heftmaschine** Heftmaschinen sind in der Verpackungsindustrie unentbehrlich geworden.
tear resistant *adj*	**reißfest**
• **this side up** *phrase*	**hier oben**
• **UPC (< universal product code)** *n*	**Strichkode**
vacuum pack *n* I'm afraid all **vacuum packs** have been incorrectly labelled and need to have their sell-by date changed.	**Vakuumpackung** Leider sind alle Vakuumpackungen falsch ausgezeichnet und bedürfen einer Änderung ihres Mindesthaltbarkeitsdatums.
• **waterproof** *adj* This packaging material is absolutely **waterproof**.	**wasserdicht, wasserundurchlässig** Dieses Verpackungsmaterial ist absolut wasserundurchlässig.

8.6 Transport

• **airline** *n* All **airlines** charge for excess baggage.	**Flug-, Luftverkehrsgesellschaft, Fluglinie** Alle Fluggesellschaften berechnen Übergepäck.
• **to arrive on schedule** *phrase* According to the information received from our shipping agent the vessel is due to **arrive on schedule**.	**(fahr)planmäßig ankommen** Nach Auskunft unseres Schiffsmaklers soll das Schiff planmäßig ankommen.
articulated lorry *n (GB)*; **semitrailer truck (> semi)** *n (US)* **Articulated lorries** must not exceed a maximum weight of 44 tonnes.	**Sattelschlepper** Sattelschlepper dürfen ein zulässiges Gesamtgewicht von 44 Tonnen nicht überschreiten.

● **cargo** *n*	**(See)Fracht, Ladung, Kargo**
● **carrier** *n*	**Spediteur(in), Transportunternehmer(in)**
● **certificate of origin** *n*	**Herkunfts-, Ursprungszeugnis, Herkunftsbescheinigung**
● **to charter** *v/t*	**chartern, mieten**
● **charter flight** *n*	**Charterflug**
● **to collect** *v/t* The goods must be **collected** from our Glasgow depot no later than 3 p.m. on Thursday 23 April.	**abholen** *(Ladung)* Die Waren müssen am Donnerstag, den 23. April, bis spätestens 15.00 Uhr von unserem Depot in Glasgow abgeholt werden.
● **connecting flight** *n*	**Anschlussflug**
consignee *n*	**Adressat(in), Fracht-, Warenempfänger(in)**
● **consignment** *n* The second **consignment** is expected to reach you within 48 hours.	**Lieferung, Fracht-, Warensendung** Die zweite Lieferung sollte Sie innerhalb von 48 Stunden erreichen.
air consignment note *n*	**Luftfrachtbrief**
● **consignment note** *n* The **consignment note** gives details about the consignor, consignment and consignee.	**Frachtbrief, Warenbegleitschein** Der Frachtbrief enthält Details über den Absender, die Fracht und den Empfänger.
consignor *n* The cargo is loaded onto the vessel at **consignor's** risk.	**Fracht-, Warenabsender(in), Versender(in)** Die Fracht wird auf Gefahr des Versenders aufs Schiff verladen.
● **damage** *n*	**Schaden, Beschädigung**
● **damaged** *adj*	**beschädigt**

● **delivery** *n*	**Lieferung, Auslieferung**
Can I have your orders for **delivery** next week, please?	Kann ich bitte Ihre Bestellung zur Auslieferung für nächste Woche haben?
● **delivery date** *n*	**Liefertermin**
They insist on an exact **delivery date** which we must meet at all costs.	Sie bestehen auf einem exakten Liefertermin, den wir unbedingt einhalten müssen.
delivery deadline *n*	**Lieferfrist**
delivery point *n*	**Lieferstelle, Entladestelle**
We need to make another stop at a **delivery point** near Bracknell on the M4.	Wir müssen eine weitere Lieferstelle bei Bracknell auf der M4 anfahren.
next-day delivery *n*	**Lieferung am nächsten Tag**
● **destination** *n*	**Bestimmungsort, Versand-, Flugziel**
The haulage company is disputing the agreed **destination**.	Die Transportfirma bestreitet den vereinbarten Bestimmungsort.
dimension *n*	**(Aus)Maß, Dimension, Größe, Umfang**
We have standardised the **dimensions** of our containers in order to facilitate shipment.	Um den Transport zu erleichtern, haben wir die Größen unserer Container standardisiert.
to discharge *v/t*	**löschen** *(Ladung)*
The tanker **discharged** its cargo in Rotterdam.	Der Tanker löschte seine Ladung in Rotterdam.
FCR (< forwarding agent's certificate of receipt) *n*	**Spediteurübernahmebescheinigung**
● **ferry** *n*	**Fähre**
● **to forward** *v/t*	**nach-, über-, weitersenden, weiterleiten**
Could you please **forward** the consignment to our Manchester depot?	Könnten Sie bitte die Sendung an unser Depot in Manchester weiterleiten?

forwarder *n*	**Spediteur(in), Speditionsunternehmen**
forwarding agent *n* Can you recommend an experienced and reliable **forwarding agent** who could handle our distribution in the UK?	**Spediteur(in)** Können Sie einen erfahrenen und verlässlichen Spediteur empfehlen, der unsere Distribution in Großbritannien abwickeln könnte?
freight *n*	**Fracht(gut), Frachtaufkommen, Ladung**
air freight *n* The **air freight** charges for these machines would be prohibitive; we'll need to send the consignment by ship.	**Luft(verkehrs)fracht** Die Luftfrachtkosten für diese Maschinen wären untragbar; wir müssen die Lieferung per Schiff versenden.
freight charges *n pl* I'm afraid you will have to pay the **freight charges** since the consignment was sent "freight forward".	**Frachtgebühren** Leider müssen Sie die Frachtgebühren bezahlen, da die Lieferung unfrei verschickt wurde.
freight note *n*	**Frachtbrief, Frachtrechnung**
goods train *n (GB)*; **freight train** *n (US)*	**Güterzug**
goods wagon *n (GB)*; **freight car** *n (US)*	**Güterwaggon**
to handle *v/t*	**abwickeln, bearbeiten, erledigen, bewältigen**
Handle with care! *phrase*	**Vorsicht zerbrechlich!**
handling *n*	**Auf- und Abladen** *(Transport)*, **Umschlag**
harbour *n (GB)*; **harbor** *n (US)*	**Hafen**
haulage *n*	**Beförderung, Transport (geschäft), Transportkosten**

• **haulage company** *n*	**Transportfirma, Fracht-, Fuhrunternehmen**
haulier *n*	**Spediteur(in), Frachtführer(in), Fuhr-, Transportunternehmer(in)**
• **hold** *n*	**Lade-, Fracht-, Stauraum**
• **in transit** *phrase*	**auf dem Transportweg, unterwegs**
• **load** *n* The maximum permitted **load** for this long-haul vehicle is 27 tons.	**Ladung, Fracht** Die maximale Nutzlast für dieses Fernverkehrfahrzeug beträgt 27 Tonnen.
• **to load** *v/ti*	**(be)laden**
loading *n* The temperature at **loading** must not exceed 4 degrees Celsius.	**Verladung** Die Temperatur bei der Verladung darf 4°C nicht übersteigen.
• **perishable** *adj* **Perishable** goods must be transported in refrigerated vehicles.	**verderblich** Verderbliche Waren müssen in Kühlfahrzeugen transportiert werden.
pick-up point *n*	**Abholstelle**
• **port** *n*	**Hafen**
port of call *n*	**Anlaufhafen**
• **scheduled** *adj*	**regulär, (fahr)planmäßig**
• **scheduled flight** *n*	**Linienflug, planmäßiger Flug**
• **to ship** *v/t* We are sorry to inform you that we are unable to **ship** the goods to you by 14 February as promised due to problems with our supplier.	**befördern, (über)senden** Leider sind wir wegen Problemen mit unserer Zulieferfirma nicht in der Lage, Ihnen die Waren wie versprochen bis zum 14. Februar zu übersenden.

● **shipment** *n*	**Beförderung, Transport, Versand, Warensendung, (Schiffs)Ladung**
Please arrange for **shipment** as soon as possible.	Bitte veranlassen Sie den Versand so bald wie möglich.
● **shipping documents** *n pl*	**Verschiffungs-, Verlade-, Versand-, Frachtpapiere**
Shipping documents include a bill of lading and an insurance certificate, and, if required, an export licence and a certificate of origin.	Verladepapiere beinhalten einen Frachtbrief, eine Versicherungsbescheinigung und, falls erforderlich, eine Ausfuhrgenehmigung und eine Herkunftsbescheinigung.
shipping instructions *n pl*	**Versandanweisungen**
The **shipping instructions** explicitly required the chemicals to be shipped in waterproof containers.	Die Versandanweisungen erforderten ausdrücklich, dass die Chemikalien in wasserdichten Containern verschifft werden müssen.
tachograph *n*	**Tachometerscheiben, Fahrtenschreiber**
Tachographs are supposed to ensure that drivers take regular breaks.	Fahrtenschreiber sollen dafür sorgen, dass Fahrer regelmäßig Pausen einlegen.
● **transport costs** *n pl*	**Transportkosten**
These are **transport costs** only and do not include any insurance premium.	Das sind reine Transportkosten, die keinerlei Versicherungsprämie miteinschließen.
vessel *n*	**(Fracht)Schiff**
wharf *n*	**Kaianlagen, Löschplatz, Dock**

9 Internationaler Handel

9.1 Handelsbeziehungen

● **access** *n* We have experienced major problems in gaining **access** to the Japanese market.	**Zugang, Zutritt** Wir haben die Erfahrung gemacht, dass es sehr schwierig ist, Zugang zum japanischen Markt zu bekommen.
● **to ban** *v/t*	**verbannen, verbieten**
to barter *v/ti* In view of its currency difficulties, the country was willing to **barter** its surplus wine for the equipment it needed.	**in Tausch geben, in Tausch nehmen, (ein)tauschen** Angesichts seiner Devisenschwierigkeiten war das Land bereit, seinen Weinüberschuss gegen die benötigten Geräte einzutauschen.
barter business *n*	**Gegenseitigkeitsgeschäft, Kompensationsgeschäft**
● **to boycott** *v/t* The general public was asked to **boycott** goods from countries where child labour was the norm.	**boykottieren** Die Öffentlichkeit wurde aufgerufen, Güter aus Ländern, in denen Kinderarbeit noch die Regel ist, zu boykottieren.
● **Common Agricultural Policy (> CAP)** *n*	**Gemeinsame Agrarpolitik (> GAP)**
Common Budget *n* The **Common Budget** administers income from import duties to the EU and subsidies to the Common Agricultural Policy.	**Gemeinsamer Haushalt** Der Gemeinsame Haushalt verwaltet die Einkommen aus den Importsteuern der EU sowie die Subventionen für die Gemeinsame Agrarpolitik.
Common External Tariff (> CET) *n*	**Gemeinsamer Außenzolltarif (> GAZ)**
● **Common Market** *n*	**Gemeinsamer Markt**

to countertrade *v/t* (→ **barter**)	**tauschen, Kompensationsgeschäfte abschließen**
customs union *n* The EEC was established as a **customs union** promoting free trade between the six founding members.	**Zollunion** Die EWG wurde als eine Zollunion gegründet, die freien Handel zwischen den sechs Gründungsmitgliedern fördern sollte.
• **dumping** *n* **Dumping** involves the selling of surplus goods abroad at a loss to the producer and is forbidden within the European Union.	**Dumping, Preisunterbietung** Dumping beinhaltet den Absatz von Überschussgütern an das Ausland zu einem Verlustpreis für den Produzenten und ist innerhalb der Europäischen Gemeinschaft verboten.
• **embargo** *n*	**Embargo, Handelssperre**
exchange control *n* **Exchange controls** aimed at restricting imports were abolished by the British government in 1979.	**Währungs-, Devisen-, Paritätskontrolle** 1979 wurden Devisenkontrollen, die zur Einschränkung der Importe gedacht waren, von der britischen Regierung abgeschafft.
Export Credit Guarantee Scheme (> ECGS) *n (GB)* The **ECGS** is a government scheme which provides export credit insurance for UK exporters.	*(britisches)* **Exportkreditgarantieprogramm** *(Entsprechung in Deutschland: Hermesdeckungen)* Das ECGS ist ein staatliches Programm zur Exportkreditversicherung für britische Exporteure.
export credit insurance *n*	**Exportkreditversicherung**
• **export quota** *n*	**Ausfuhrkontingent, Ausfuhrquote**
fledgling industry *n* (→ **protectionism**)	**neue Industrie, junge Industrie**
• **free movement of goods** *phrase*	**Freier Warenverkehr, Freizügigkeit im Warenverkehr**

Internationaler Handel

● **free movement of labour** *phrase (GB)*; **free movement of labor** *phrase (US)* Until professional qualifications are harmonised and recognised throughout the EU **free movement of labour** will remain a pipe dream.	**freie Wahl des Arbeitsplatzes** Solange Berufsabschlüsse in der gesamten EU nicht standardisiert und anerkannt werden, wird die freie Wahl des Arbeitsplatzes reine Theorie bleiben.
globalisation *n (GB)*; **globalization** *n (US)*	**Globalisierung**
● **harmonisation** *n (GB)*; **harmonization** *n (US)*	**Harmonisierung, Angleichung, Vereinheitlichung**
● **import quota** *n* Some countries attempt to remedy an adverse balance of payments by imposing **import quotas**.	**Einfuhrkontingent, Einfuhrquote** Einige Länder versuchen, durch Festsetzung von Einfuhrkontingenten ihre negative Handelsbilanz auszugleichen.
● **to impose** *v/t* (→ **trade barrier**)	**auferlegen, verhängen, errichten**
intervention price *n* The Common Agricultural Policy establishes **intervention prices** for farming produce.	**Interventionspreis** In der Gemeinsamen Agrarpolitik werden Interventionspreise für Agrargüter festgelegt.
● **member state** *n* The number of **member states** of the European Union was expected to grow over the next decade.	**Mitgliedsstaat** Man erwartete, dass die Anzahl der EU-Mitgliedsstaaten im nächsten Jahrzehnt ansteigen wird.
non-aligned *adj*	**blockfrei, bündnisfrei, neutral**
● **obstacle** *n* The Japanese government has agreed to remove a number of **obstacles** preventing American companies from selling in the Japanese market.	**Hindernis, Hürde** Die japanische Regierung hat zugestimmt, einige der Hindernisse, die den Absatz amerikanischer Firmen auf dem japanischen Markt behindern, zu beseitigen.

Pacific Rim *n* The newly industrialised countries of the **Pacific Rim** account for an increasing proportion of our trade.	**pazifische Anrainerstaaten** Die Schwellenländer der pazifischen Anrainerstaaten machen einen zunehmenden Anteil unseres Handels aus.
● **protectionism** *n*	**Protektionismus**
● **protectionist** *adj*	**protektionistisch**
quarantine *n* **Quarantine** was imposed on all imported livestock thought to be infected by BSE.	**Quarantäne** Über das gesamte importierte Vieh, das unter BSE-Infektionsverdacht stand, wurde Quarantäne verhängt.
to retaliate *v/ti* The government announced that it will **retaliate** against any country attempting to impose restrictions on free trade.	**Maßnahmen ergreifen, Vergeltung üben** Die Regierung verkündete, dass sie Maßnahmen gegen all diejenigen Länder ergreifen werde, die den freien Handel zu unterbinden versuchten.
● **sanction** *n*	**Sanktion, Maßnahme**
● **subsidy** *n* The EU has been accused by the US of promoting unfair competition in agriculture through the Common Agricultural Policy's **subsidies**.	**Zuschuss, Subvention** Die EU wurde von den USA beschuldigt, durch Subventionen der Gemeinsamen Agrarpolitik den unlauteren Wettbewerb in der Landwirtschaft zu fördern.
surcharge *n* The country has imposed a **surcharge** on imported luxury goods.	**Sonderzoll, Gebührenerhebung, Aufschlag** Das Land hat einen Sonderzoll auf importierte Luxusgüter eingeführt.
● **tariff** *n* Free Trade areas prohibit the imposition of **tariffs** in the form of taxes on imported goods.	**Zolltarif(satz), Zollgebühr** In Freihandelszonen darf kein Zolltarif in Form von Steuern auf Importwaren erhoben werden.

threshold price *n* — **Schwellenpreis**

Grain cannot be imported into the European Union below a **threshold price** determined by the European Commission.

Getreide kann unter einem Schwellenpreis, den die Europäische Kommission festlegt, nicht in die EU eingeführt werden.

● **trade** *n* — **Handel, Gewerbe**

bilateral trade agreement *n* — **bilaterales Handelsabkommen**

● **domestic trade** *n* — **Binnenhandel**

● **foreign trade** *n* (→ **international trade**) — **auswärtiger Handel, Außenhandel**

● **free trade** *n* — **Freihandel, Handels-, Zollfreiheit, freier Warenverkehr**

We intend removing all trade barriers in order to encourage **free trade**.

Wir beabsichtigen, alle Handelsschranken abzubauen, um den freien Warenverkehr zu unterstützen.

● **international trade** *n* — **Welthandel**

International trade allows a country to obtain goods it is unable to produce for itself.

Der Welthandel ermöglicht es einem Land, Güter zu erwerben, die es selbst nicht produzieren kann.

multilateral trade agreement *n* — **multilaterales Handelsabkommen**

We have a variety of bilateral and **multilateral trade agreements** with other countries.

Wir haben eine Reihe von bi- und multilateralen Handelsabkommen mit anderen Ländern.

overseas trade *n* (→ **international trade**) — **Außen-, Überseehandel**

terms of trade *n* — **(reale) Austauschbedingungen, Handelsbedingungen, Wechselkursrelationen**

The falling value of the Mark led to worsening **terms of trade** as the value of exports fell and the cost of imports rose.

Der Wertverlust der Mark führte zu verschlechterten Wechselkursrelationen, da der Wert der Exporte fiel und die Kosten der Importe stiegen.

• **trade barrier** *n* (→ **trade restriction**)	**Handelsschranke**
The government decided to impose **trade barriers** on non-EU goods.	Die Regierung beschloss, Handelsschranken gegen Nicht-EU-Waren zu errichten.
trade bloc *n*	**Handelsblock**
The EU is one of the world's major **trade blocs**.	Die EU ist einer der größten Handelsblöcke der Welt.
trade delegation *n*	**Handelsdelegation**
• **trade embargo, embargo on trade** *n*	**Handelsembargo, „Handelsboykott"**
There is currently an **embargo on trade** in arms with certain Middle Eastern countries.	Zurzeit gibt es ein Waffenembargo für bestimmte Länder des Nahen Ostens.
• **trade mission** *n*	**Handelsdelegation**
The Foreign Secretary accompanied a **trade mission** to China.	Der Außenminister begleitete eine Handelsdelegation nach China.
• **trade relations** *n pl*	**Handels-, Wirtschaftsbeziehungen**
trade restriction *n* (→ **trade barrier**)	**Handelsbeschränkung, Handelshemmnis**
Trade restrictions are not permitted within the European Union.	Handelsbeschränkungen innerhalb der Europäischen Union sind nicht erlaubt.
• **trade sanction** *n*	**Handelssanktion**
• **trade war** *n*	**Handels-, Wirtschaftskrieg**
• **to trade** *v/t*	**handeln, tätig sein**
Since when have you been **trading** with Eastern Europe?	Seit wann handeln Sie mit Osteuropa?
trading links *n pl*	**Handelsverbindungen**
• **trading relations** *n pl*	**Handelsbeziehungen**
• **world market** *n*	**Weltmarkt**
Trade in goods and services has now become a **world market**.	Der Waren- und Dienstleistungshandel ist mittlerweile zu einem Weltmarkt geworden.

9.2 Import und Export

Baltic Exchange *n* — *(Londoner Schiffs-, Luftfracht-, Getreide- und Ölsaatenbörse)*

● **bill of entry** *n* — **Deklarationsschein, Zoll-, Einfuhrdeklaration**

The **bill of entry** provides the customs authorities with a full description of the consignment of goods being imported.

Die Zolldeklaration bietet den Zollbehörden eine komplette Beschreibung der Fracht der importierten Güter.

● **Board of Customs and Excise** *n* — **Amt für Zölle und Verbrauchssteuern**

bonded *adj* — **unter Zollverschluss liegend, verzollt**

bonded warehouse *n* — **Zolllager**

The goods are being held in a **bonded warehouse** and will not be released until customs duties have been paid.

Die Waren sind unter Zollverschluss und werden nicht freigegeben, bis die Zollgebühren bezahlt worden sind.

● **bound for** *adj* — **(auf dem Weg) nach, (unterwegs) nach**

The drugs were found in a consignment of foodstuffs **bound for** Rotterdam.

Die Drogen wurden in einer Lebensmittelfracht gefunden, die auf dem Weg nach Rotterdam war.

British Overseas Trade Board (> BOTB) *n* — *(Britischer Wirtschaftsausschuss für das Exportwesen)*

clean bill of lading (> clean B/L) *n* — **reines Konnossement** *(deutsche Entsprechung: Seefrachtbrief)*

A **clean bill of lading** is issued when the goods are received by the shipping agent in good condition.

Ein reines Konnossement wird ausgestellt, wenn der Schiffsmakler die Waren in gutem Zustand erhalten hat.

dirty bill of lading (> dirty B/L) (> foul B/L) *n* — **unreines Konnossement**

to clear *v/t*	**freigeben, für einwandfrei befinden**
The consignment has been **cleared** for import by H.M. Customs.	Die Fracht wurde von der britischen Zollbehörde für den Import freigegeben.
country of origin *n*	**Herkunfts-, Ursprungsland**
cross-border *adj*	**grenzüberschreitend**
customs *n pl*	**Zoll(behörde)**
Customs officials intercepted an illegal consignment of cannabis near Dover today.	Die Zollbehörde hat heute in der Nähe von Dover eine illegale Cannabis-Fracht abgefangen.
customs authorities *n pl*	**Zollbehörde, Zollverwaltung**
customs clearance *n*	**Grenz-, Zollabfertigung, Verzollung**
Has **customs clearance** been effected yet?	Ist die Zollabfertigung schon vorgenommen worden?
customs declaration *n*	**Zoll(inhalts)erklärung, Zollanmeldung**
customs duty *n*	**Zoll(gebühr), Zollabgabe, Warenzoll**
Customs duty is payable on most goods purchased from non-EU countries.	Auf die meisten Güter, die in Nicht-EU-Ländern gekauft wurden, muss Zoll entrichtet werden.
customs formalities *n pl*	**Zollformalitäten**
The importer will normally take care of the **customs formalities**.	Normalerweise übernimmt der Importeur die Zollformalitäten.
customs inspection *n*	**Zollinspektion, -kontrolle**
customs receipt *n*	**Zollquittung, Zollschein**
customs tariff *n*	**Zolltarif**
The **customs tariff** lists all goods subject to customs duty and specifies the rate of duty payable.	Im Zolltarif sind alle zollpflichtigen Waren aufgelistet und die zu entrichtenden Gebührenraten festgesetzt.
H.M. Customs (< Her Majesty's Customs) *n pl (GB)*	*(britische Zollbehörde)*

US Customs *n pl (US)*	*(amerikanische Zollbehörde)*
dutiable *adj*	**zollpflichtig, verzollbar, steuerpflichtig**
● **duty-free** *adj adv*	**zollfrei, gebührenfrei**
excise duty *n (GB)*; **federal excise tax** *n (US)*	**Waren-, Verbrauchssteuer**
Excise duty is a government tax payable on specified goods such as alcohol and tobacco.	Die Verbrauchssteuer ist eine staatliche Abgabe, die auf bestimmte Güter wie zum Beispiel Alkohol und Tabak erhoben wird.
● **export** *n*	**Ausfuhr, Export**
● **direct export** *n*	**Direktausfuhr, -export**
● **export documents** *n pl*	**Ausfuhrdokumente**
export drive *n*	**Exportoffensive, Export(förderungs)kampagne**
● **export duty** *n*	**Ausfuhrzoll, Exportabgabe**
export licence *n (GB)*; **export license** *n (US)*	**Exportlizenz**
re-export *n*	**Wiederausfuhr, Reexport**
● **to export** *v/t*	**ausführen, exportieren**
to re-export *v/t*	**wieder ausführen, reexportieren**
● **exporter** *n*	**Exporteur(in)**
free circulation *n*	**freier Verkehr**
The EU provides for the duty- **free** cross-border **circulation** of goods and services.	Die EU sorgt für den zollfreien Waren- und Dienstleistungsverkehr über die Grenzen hinweg.
free list *n*	**Freiliste**
The **free list** details imported goods which are not subject to customs duty.	Die Freiliste führt importierte Güter auf, die nicht zollpflichtig sind.

free port *n*	**Freihafen**
Free ports such as Singapore, Rotterdam and Bremerhaven are free of customs duties.	Freihäfen wie Singapur, Rotterdam und Bremerhaven erheben keinen Zoll.
import *n*	**Einfuhr, Import**
import duty *n*	**Einfuhr-, Importzoll**
import licence *n (GB)*; **import license** *n (US)*	**Importlizenz**
Some categories of goods require an **import licence** before they can be imported.	Für die Einfuhr mancher Güter ist eine Importlizenz erforderlich.
reimport *n*	**Wiedereinfuhr, Reimport**
to import *v/t*	**einführen, importieren**
to reimport *v/t*	**wiedereinführen, reimportieren**
importer *n*	**Importeur(in)**
in bond *phrase* (→ **bonded warehouse**)	**unter Zollverschluss**
manifest *n*	**(Schiffs)Manifest, Ladungsmanifest, Frachtliste**
mate's receipt *n*	**Verlade-, Bord(empfangs) bescheinung**
There seems to be some variance between the **mate's receipt** and the bill of lading.	Es gibt anscheinend Abweichungen zwischen der Bordbescheinigung und dem Frachtbrief.
red tape *n*	**Papierkrieg, Bürokratismus, Bürokratie**
The introduction of excessive **red tape** requirements has made it extremely difficult for importers to sell their goods.	Die Einführung von übertriebenen bürokratischen Vorschriften hat es Importeuren extrem schwer gemacht, ihre Waren abzusetzen.

9.3 Incoterms

B/E (< bill of exchange) *n*	**Wechsel, Tratte**
● **B/L (< bill of lading)** *n*	**Konnossement, Seefrachtbrief**
● **C&F (< cost and freight)** *phrase*	**Kosten und Fracht**
● **C/F (< carriage forward)** *phrase (GB)*; **freight forward** *phrase (US)*	**unfrei, Fracht bezahlt Empfänger**
● **CIF (< cost, insurance, freight)** *phrase*	**Kosten, Versicherung, Fracht**
● **CIP (< freight carriage and insurance paid)** *phrase*	**frachtfrei versichert**
C/P (< carriage paid) *phrase*	**frachtfrei, Fracht bezahlt**
CPF (< carriage paid to frontier) *phrase*	**frachtfrei Grenze**
DDP (< delivery duty paid) *phrase*	**geliefert, verzollt**
EXQ (< ex quay) *phrase*	**ab Kai** *(Bestimmungshafen)*
EXS (< ex ship) *phrase*	**ab Schiff**
● **EXW (< ex works)** *phrase*	**ab Werk**
FAS (< free alongside ship) *phrase*	**frei Längsseite Schiff**
● **FOB (< free on board)** *phrase*	**frei an Bord**
FOR (< free on rail) *phrase*	**frei Waggon**
FOT (< free on truck) *phrase*	**frei Waggon, LKW**
● **franco domicile** *phrase (GB)*; **buyer's warehouse** *phrase (US)*	**frei Haus**

franco quay *phrase*	**frei Kai**
FRC (< free carrier) *phrase*	**frei Frachtführer**
free harbour *phrase*	**frei Hafen**
Incoterms (< International Commercial Terms) *n pl*	**Incoterms, international anerkannte Lieferklauseln**

9.4 Zahlungsbilanz

balance of payments *n*	**Zahlungsbilanz, Außenhandelsbilanz**
balance of payments deficit *n*	**Zahlungsbilanzdefizit, Passivsaldo**
balance of payments surplus *n*	**Bilanzüberschuss, positive Zahlungsbilanz**
balance of trade *n*	**Handelsbilanz, Handels- und Dienstleistungsbilanz**
Britain's **balance of trade** is currently in the red.	Die britische Handelsbilanz steckt zurzeit in den roten Zahlen.
deficit *n*	**Defizit**
Britain's balance of payments was still in **deficit** last year.	Die britische Außenhandelsbilanz war letztes Jahr immer noch im Defizit.
invisible *adj*	**unsichtbar**
invisibles *n pl* (→ **invisible**)	**unsichtbare Einkünfte, unsichtbarer Handel, unsichtbare Dienstleistungen**
quarterly *adj*	**vierteljährlich, Quartals-**
surplus *n*	**Überschuss**
Trade figures released today showed again invisibles in **surplus** for the third quarter.	Die heute veröffentlichten Handelsziffern verzeichnen erneut einen Überschuss an unsichtbaren Einkünften für das dritte Quartal.

trade surplus *n*	**(Außen)Handelsbilanzüberschuss**
● **trade figures** *n pl*	**Außenhandelsdaten, Handelsziffern**
America's **trade figures** with Europe remained more or less unchanged last year.	Amerikas Außenhandelsdaten mit Europa blieben letztes Jahr mehr oder weniger konstant.
● **trade gap** *n*	**Handelsbilanzdefizit, Außenhandelsdefizit**
Britain's **trade gap** with Germany decreased last year.	Großbritanniens Handelsbilanzdefizit mit Deutschland verringerte sich letztes Jahr.
trade imbalance *n*	**(Außen)Handelsungleichgewicht, Handelsdefizit**
trading conditions *n pl*	**Geschäfts-, Handelsbedingungen**
● **trading partner** *n*	**Handelspartner(in)**
We have **trading partners** in Greece, Portugal and Italy.	Wir haben Handelspartner in Griechenland, Portugal und Italien.
visible *adj*	**sichtbar**
Visible earnings and payments relate to the import and export of goods rather than services.	Sichtbare Einnahmen und Ausgaben beziehen sich auf den Import und Export von Gütern, nicht auf Dienstleistungen.
visibles *n pl* (→ **visible**)	**sichtbare Ein- und Ausfuhren, sichtbarer Handel, sichtbarer Warenverkehr**

9.5 Internationale Organisationen

ASEAN (< Association of Southeast Asian Nations) *n* **ASEAN** is a loose economic and political association of non-aligned countries.	**ASEAN (< Vereinigung südostasiatischer Staaten)** ASEAN ist ein loser wirtschaftlicher und politischer Interessenverband blockfreier Länder.
CARICOM (< Caribbean Community and Common Market) *n* **CARICOM** was established in 1973 to promote trade between the Caribbean islands.	**Karibische Gemeinschaft** Die CARICOM wurde 1973 gegründet, um den Handel zwischen den karibischen Inseln zu fördern.
commercial attaché(e) *n* The **commercial attaché** organised a reception at the British Embassy for prominent members of the business community.	**Handelsattaché(e)** Der Handelsattaché veranstaltete für prominente Vertreter der Wirtschaft einen Empfang in der britischen Botschaft.
• **EFTA (< European Free Trade Association)** *n* Tariffs between **EFTA** and the EU were removed in 1984.	**EFTA (< Europäische Freihandelszone)** Die Zollschranken zwischen der EFTA und der EU wurden 1984 abgeschafft.
ERDF (< European Regional Development Fund) *n*	**EFRE (< Europäischer Fonds für regionale Entwicklung)**
• **GATT (< General Agreement on Tariffs and Trade)** *n* **GATT** was established in 1947 in an effort to promote world trade by reducing tariffs and other trade barriers.	**GATT (< Allgemeines Zoll- und Handelsabkommen)** GATT wurde 1947 abgeschlossen, um den Welthandel zu fördern, indem man Zölle und andere Handelshindernisse abbaute.
• **ICC (< International Chamber of Commerce)** *n*	**ICC (< Internationale Handelskammer)**

IMF (< International Monetary Fund) *n*	**IWF (< Internationaler Währungsfonds), Weltwährungsfonds**
The **IMF** agreed the loan in order to help the country reduce its balance of payments deficit and stabilise its exchange rate.	Der IWF bewilligte den Kredit, um dem Land aus seinem Zahlungsbilanzdefizit zu helfen und seinen Wechselkurs zu stabilisieren.
LAFTA (< Latin American Free Trade Association) *n*	**LAFTA (< Lateinamerikanische Freihandelszone)**
NAFTA (< North American Free Trade Agreement) *n*	**NAFTA (< Nordamerikanisches Freihandelsabkommen)**
The **North American Free Trade Agreement** between the US, Mexico and Canada was established in 1994.	Das Nordamerikanische Freihandelsabkommen zwischen den USA, Mexiko und Kanada wurde 1994 geschlossen.
OECD (< Organisation for Economic Co-operation and Development) *n*	**OECD (< Organisation für wirtschaftliche Zusammenarbeit und Entwicklung)**
The **OECD** aims to promote trade and social co-operation between industrialised countries and co-ordinates aid to developing countries.	Es ist Ziel der OECD, Handel und Zusammenarbeit im Sozialwesen zwischen Industriestaaten zu fördern und Hilfe für Entwicklungsländer zu koordinieren.
OPEC (< Organization of the Petroleum Exporting Countries) *n*	**OPEC (< Organisation Erdöl exportierender Länder)**
OPEC has taken action in the past to limit oil exports in an effort to maintain its price.	Die OPEC hat in der Vergangenheit Maßnahmen zur Beschränkung der Erdölexporte ergriffen, um die Preise stabil zu halten.
Single (European) Market *n*	**Europäischer Binnenmarkt**
The **Single Market** is a free trade association between member states of the EU and was established in 1992.	Der europäische Binnenmarkt ist eine Freihandelszone der Mitgliedsstaaten der EU, die 1992 etabliert wurde.

UNCTAD (< United Nations Conference on Trade and Development) *n*	**UNCTAD (< Konferenz der Vereinten Nationen für Handel und Entwicklung; kurz: Welthandels- und Entwicklungskonferenz)**
The role of **UNCTAD** is to assist developing countries in financing exports.	Die Aufgabe der UNCTAD ist es, Entwicklungsländern bei der Finanzierung von Exporten zu helfen.
UNIDO (< United Nations Industrial Development Organization) *n*	**UNIDO (< Organisation der Vereinten Nationen für industrielle Entwicklung)**
UNIDO was established to help developing countries industrialise.	UNIDO wurde gegründet, um Entwicklungsländer bei der Industrialisierung zu unterstützen.
• **United Nations (> UN)** *n pl*	**Vereinte Nationen (> VN)**

9.6 Wirtschaftshilfe

• **developing country** *n*	**Entwicklungsland**
• **development aid** *n*	**Entwicklungshilfe**
• **economic aid** *n*	**Wirtschaftshilfe**
to industrialise *v/t (GB)*; **to industrialize** *v/t (US)* (→ **United Nations Industrial Development Organisation**)	**industrialisieren**
• **industrialised** *adj (GB)*; **industrialized** *adj (US)*	**Industrie-, industrialisiert**
• **low-wage** *adj*	**Niedriglohn-**
Multinationals often choose to transfer production to **low-wage** countries or to countries offering some form of subsidy.	Multinationale Konzerne verlagern ihre Produktion gerne in Niedriglohnländer oder in Länder, die irgendwelche Subventionen anbieten.

most-favoured-nation clause *n (GB)*; **most-favored-nation clause** *n (US)*	**Meistbegünstigungsklausel**
● **poverty** *n* A number of organisations have been established to fight **poverty** in the Third World.	**Armut** Eine Reihe von Organisationen wurde gegründet, um die Armut in der Dritten Welt zu bekämpfen.
relief agency *n*	**Hilfsagentur**
to secure *v/t* Our company is prepared to export to developing countries providing the Export Credits Guarantee Scheme will **secure** payment of unpaid debts.	**sichern, sicherstellen, gewährleisten** Unser Unternehmen ist bereit, in Enwicklungsländer zu exportieren unter der Voraussetzung, dass das Exportkreditgarantieprogramm die Begleichung ausstehender Forderungen gewährleistet.
● **Third World** *n*	**Dritte Welt**
● **Third World country** *n*	**Dritte-Welt-Land**
● **underdeveloped** *adj* The country is largely **under-developed**, apart from its wood and mining industries.	**unterentwickelt** Abgesehen von seiner Holz- und Bergbauindustrie ist das Land weitgehend unterentwickelt.

10 Geld und Bankwesen

10.1 Banken

Bank of England *n*	**Britische Nationalbank, Bank von England** *(entspricht etwa der Bundesbank)*
base rate *n (GB)* A number of increases in the **base rate** by the Bank of England has seen mortgages rise to their late eighties level.	**Eckzins** Durch eine Reihe von Eckzinserhöhungen der Bank von England sind die Hypotheken auf das Niveau der späten achtziger Jahre gestiegen.
bill rate *n*	**Wechseldiskontsatz**
building society *n* Following another rise in the base rate the **building society** increased their mortgage interest rate to 8.7 %.	**Bausparkasse** Nach einem erneuten Anstieg des Eckzinses erhöhten die Bausparkassen ihren Hypothekenzins auf 8,7 %.
CAR (< Compounded Annual Rate) *n*	**jährliche Gesamtverzinsung**
central bank *n*	**Zentralbank, zentrale Notenbank, Landeszentralbank**
clearing bank *n (GB)*; **clearing house** *n (US)*	**Clearing Bank, Girozentrale, Clearingstelle**
commercial bank *n*	**Geschäftsbank**
discount bank *n*	**Diskontbank**
discount rate *n*	**Diskontsatz**
Federal Reserve Bank *n*	**Zentralbank der USA** *(entspricht etwa der Bundesbank)*
fiduciary *n*	**Treuhänder(in) , (Vermögens)Verwalter(in)**

fiduciary issue *n* A **fiduciary issue** is one that is not backed up by gold reserves.	**ungesicherte Notenausgabe** Eine ungesicherte Notenausgabe ist eine nicht durch Goldreserven abgesicherte Emission.
finance house *n (GB)*; **finance company** *n (US)* A **finance house** lends money for a variety of purposes, especially to finance hire purchase transactions.	**Finanzierungsgesellschaft, Teilzahlungsbank** Eine Finanzierungsgesellschaft verleiht Geld für eine Vielzahl von verschiedenen Zwecken, besonders zur Finanzierung von Teilzahlungskäufen.
high street bank *n* Many building societies are now competing with **high street banks** by providing banking services for the general public.	**namhaftes, zentral gelegenes Kreditinstitut** Viele Bausparkassen stehen heute im Wettbewerb mit namhaften Kreditinstituten und bieten der Öffentlichkeit die Dienstleistungen einer Bank an.
● **investment bank** *n*	**Investmentbank, Effekten- und Emissionsbank**
issue of bank notes *phrase (GB)*; **issue of bank bills** *phrase (US)*	**Emission von Banknoten, Ausgabe von Banknoten**
issue of securities *phrase*	**Effektenemission, Wertpapieremission**
issuing bank *n*	**Emissionsbank**
● **liquidity** *n*	**Liquidität, flüssige Mittel, Zahlungsbereitschaft**
merchant bank *n*	**Merchant Bank, Handelsbank** *(GB)*, *(Bank, die Kreditkartensysteme unterhält) (US)*

minimum lending rate (> M.L.R.) *n (GB)* — **Mindestzins(satz)** *(der Bank von England)*

Economists feel that the **minimum lending rate** should be determined by the level of interest rates in the money market and not be prescribed by the Government. — Wirtschaftswissenschaftler glauben, dass der Mindestzinssatz vom Zinsniveau des Geldmarktes gesteuert und nicht von der Regierung vorgeschrieben werden sollte.

- **(bank) note** *n (GB)*; **(bank) bill** *n (US)* — **Banknote, Geldschein**

- **savings bank** *n* — **Sparkasse**

vault *n* — **Tresor, Stahlkammer**

10.2 Konten und Kontenführung

- **advance** *n* — **Vorschuss, Vorab-, Vorauszahlung**

The **advance** on my royalties has not been credited to my account yet. — Die Vorabzahlung auf mein Autorenhonorar ist noch nicht auf meinem Konto eingegangen.

to advance *v/ti* — **vorschießen** *(Geld)*, **vorstrecken** *(Geld)*, **anweisen** *(Geld)*

automated teller machine (> ATM) *n (US)*; **cash point** *n (GB)* — **(Mehrfunktions-)Bankautomat, Selbstbedienungs-Bankterminal**

- **BACS (< Bank Automated Clearing Services)** *n* — **elektronisches Überweisungsverkehrssystem**

BACS is an easy, paperless payment system which eliminates cheques because payments are made directly from bank to bank. — BACS ist ein vereinfachter belegloser Zahlungsverkehr, der Schecks überflüssig macht, da Zahlungen direkt von Bank zu Bank erfolgen.

bank(er's) draft *n*	**Bankscheck, Wechsel**
We would need to insist on payment by **bank draft** to ensure the client's credit-worthiness.	Um uns der Kreditwürdigkeit des Kunden zu versichern, müssten wir auf Zahlung per Bankscheck bestehen.
• **bank giro credit form, bank giro credit slip** *n (GB)*; **deposit** *n (US)*	**Einzahlungs-, (Bank) Überweisungsformular**
Please detach and return the slip below with your payment, or use it as a **bank giro credit form**.	Bitte unteren Abschnitt abtrennen und Ihrer Zahlung beilegen oder als Überweisungsformular benutzen.
• **banking service** *n*	**Bankdienstleistung(en)**
Our **banking services** have now been extended to offer free home banking to all our customers.	Wir haben unsere Bankdienstleistungen erweitert und bieten nun all unseren Kunden kostenloses Homebanking an.
bearer *n*	**Inhaber(in), Träger(in), Überbringer(in)**
bearer cheque *n*	**Inhaber-, Überbringerscheck**
A **bearer cheque** is unsafe since anyone who presents it to the bank is entitled to payment on it.	Ein Überbringerscheck ist nicht sicher, da jeder, der den Scheck der Bank zur Zahlung vorlegt, empfangsberechtigt ist.
• **bill of exchange** *n*	**Wechsel**
We generally prefer credit transfers to **bills of exchange** such as cheques since less paperwork is involved.	Im Allgemeinen bevorzugen wir Überweisungen gegenüber Wechseln wie zum Beispiel Schecks, da weniger Schreibarbeit anfällt.
carried forward (> c/fwd) *phrase*	**übertragen** *(Saldo)*, **vorgetragen**
• **charge** *n*	**Gebühr, Kosten**
There are no bank **charges** while you are in credit.	Solange Sie mit Ihrem Konto im Haben sind, fallen keine Kontoführungsgebühren an.

● to charge *v/t*	**belasten** *(Konto)*, **abbuchen, in Rechnung stellen**
● credit *n*	**(Gut)Haben, Kredit**
credit advice *n* We will send you a **credit advice** as soon as the foreign payment has been credited to your account.	**Gutschriftanzeige** Wir übersenden Ihnen eine Gutschriftanzeige, sobald die ausländische Zahlung auf ihrem Konto eingegangen ist.
credit limit *n*	**Kreditrahmen, Kreditobergrenze, Kreditlimit**
● credit transfer *n* Please arrange for the sum outstanding to be transferred to our bank by **credit transfer**.	**Überweisung** Bitte veranlassen Sie, dass der ausstehende Betrag per Überweisung an unsere Bank gezahlt wird.
credit-worthiness *n*	**Bonität, Kreditwürdigkeit**
creditworthy *adj*	**kreditwürdig**
● to debit *v/t* The insurance premium will be **debited** to your account every month.	**belasten** *(Konto)*, **abbuchen** *(vom Konto)* Die Versicherungsprämie wird jeden Monat von Ihrem Konto abgebucht.
● debit card *n* (→ **payment card**) A **debit card** looks like a credit card but authorises immediate payment from a bank account.	**Kunden-** *(Bank)*, **Bank-, Abbuchungskarte** Eine Bankkarte sieht wie eine Kreditkarte aus, erlaubt jedoch direkte Abbuchungen vom Bankkonto.
● foreign exchange department *n*	**Devisenabteilung**
● giro *n (GB)*	**Giro**
● giro account *n (GB)*; checking account *n (US)*	**Girokonto**

to honour a cheque *phrase (GB)*; **to honor a check** *phrase (US)*	**einen Scheck einlösen**
identity theft *n* Customers using e-wallets are sometimes victims of **identity theft**.	**Identitätsdiebstahl** Kunden, die Kreditkonten im Internet benutzen, werden manchmal Opfer von Identitätsdiebstahl.
instant access *phrase* This account gives you **instant access** to your savings.	**sofortige Verfügbarkeit, sofortiger Zugriff** Die Einlagen auf diesem Konto sind sofort verfügbar.
insufficient funds *phrase* The cheque bounced because there were **insufficient funds** on your account.	**mangelnde Deckung** Der Scheck konnte wegen mangelnder Deckung Ihres Kontos nicht eingelöst werden.
irrevocable *adj*	**unwiderruflich**
● **to issue** *v/t* The cheque was **issued** almost three months ago.	**ausstellen, emittieren, herausgeben** Der Scheck wurde vor fast drei Monaten ausgestellt.
jointly *adv* You may **jointly** operate the account.	**gemeinsam** Sie können das Konto gemeinsam führen.
night safe, night depository *n* Do not use the **night safe** during the hours in which the branch is open.	**Nachttresor, Nachtschließfach** Bitte benutzen Sie den Nachttresor nicht während der Öffnungszeiten unserer Zweigstelle.
● **p.a. (< per annum)** *adv*	**pro Jahr, jährlich**
to postdate *v/t* By **post-dating** your cheque you can ensure that it is not cashed before its due date.	**vordatieren** Indem Sie den Scheck vordatieren, können Sie sich vergewissern, dass er nicht vor dem Fälligkeitstermin eingelöst wird.

to present a cheque *phrase (GB)*; **to present a check** *phrase (US)*	**einen Scheck vorlegen**
The cheque hasn't been presented yet.	Der Scheck wurde noch nicht vorgelegt.
promissory note *n* (→ **bill of exchange**)	**Eigenakzept, Eigenwechsel, Schuldschein**
● **savings** *n pl*	**Ersparnisse, Spareinlagen**
● **savings book** *n*	**Sparkassenbuch**
stockbroker services *n pl*	**Aktien-, Börsen-, Wertpapiermakler-Dienstleistungen**
Customers who wish to buy and sell shares can avail themselves of the bank's **stockbroker services**.	Kunden, die Aktien kaufen oder verkaufen möchten, können von unseren Maklerdiensten Gebrauch machen.
● **to stop a cheque** *phrase (GB)*; **to stop a check** *phrase (US)*	**einen Scheck sperren (lassen)**
to waive charges *phrase*	**Gebühren erlassen, keine Gebühren erheben, auf Gebühren verzichten**

10.3 Investitionen

• **blue chips** *n pl*	**erstklassige Standardaktien**
red chips *n pl*	**chinesische Aktien**
• **broker** *n* (→ **stockbroker**)	**Broker(in), Effektenmakler(in), (Aktien)Makler(in)**
A **broker** organises the buying and selling of investments for a commission fee.	Ein Broker organisiert den Ankauf und Verkauf von Wertpapieren auf Provisionsbasis.
to build up *v/t*	**ansparen, Rücklagen bilden**
Will I be able to **build up** extra benefits in a personal pension fund?	Werde ich zusätzliche Leistungen in einer privaten Rentenversicherung ansparen können?
certificate of deposit *n*	**Einlagenzertifikat**
to corner the market *phrase*	**den Markt beherrschen**
day trading *n*	**Tagesgeschäft, Handel innerhalb eines Börsentages**
• **interest** *n*	**Zins(en)**
accrued interest *n*	**aufgelaufene Zinsen**
to bear interest *phrase*	**Zinsen abwerfen, verzinst werden**
An instant access savings account does not **bear** a high rate of **interest**.	Ein Sparkonto mit täglicher Kündigungsfrist wirft keine hohen Zinsen ab.
compound interest *n*	**Zinseszins**
• **high interest account** *n*	**hochverzinsliches Konto, Konto mit hohen Ertragsraten**
simple interest *n*	**einfache Zinsen**
• **to invest** *v/ti*	**anlegen, investieren, Investitionen vornehmen**
• **investment** *n*	**(Geld-), (Kapital)Anlage, Investition**

● investment advice *n*	**(Kapital)Anlageberatung, Vermögensberatung**
investment advisor, investment consultant *n*	**(Kapital)Anlageberater(in), Vermögensberater(in)**
investment fund *n*	**Anlage-, Beteiligungs-, Investitionsfonds**
This **investment fund** is designed with the ecologically conscious in mind.	Diesen Anlagefonds hat man mit Hinblick auf umweltbewusste Anleger gestaltet.
● investment income *n*	**Kapitalerträge, Kapitaleinkünfte**
● investment manager *n*	**Anlageberater(in), Vermögensverwalter(in)**
● investment return *n*	**Anlage-, Investitionsrendite, Anlageverzinsung**
investment scheme *n (GB)*; investment plan *n (US)*	**Investitionsplan, Anlageprogramm**
investment trust *n*	**Investmentfonds, Investmenttrust**
Investment trusts are similar to unit trusts but investors have a wider choice of investment, including futures and commodities.	Investmentfonds haben Ähnlichkeit mit Investmenttrusts, bieten Investoren jedoch eine größere Auswahl an Kapitalanlagen, einschließlich Termin- und Warentermingeschäften.
offshore investment *n*	**Auslandsinvestition, Auslandskapitalanlage**
secure investment *n*	**sichere Kapitalanlage , sichere Investition**
Gilt-edged securities are very **secure investments** because the government is unlikely to default on its obligations.	Staatspapiere sind eine sehr sichere Kapitalanlage, da es unwahrscheinlich ist, dass die Regierung ihren Verpflichtungen nicht nachkommt.

● investor *n*	**Geld-, Kapitalanleger(in), Investor(in)**
investor confidence *n*	**Vertrauen der Anleger(innen), Zuversicht der Anleger(innen)**

prospective investor *n*	**Anlageinteressent(in), mögliche(r) Anleger(in)**
investorism *n*	**Anlegerbewegung**
• **to mature** *v/i* When your existing savings scheme has **matured**, you can re-invest your capital in a new scheme.	**auslaufen, fällig werden** Wenn Ihr bestehender Sparvertrag fällig wird, können Sie das Kapital in einen neuen Sparplan reinvestieren.
outward investment *n (GB)*; **international investment** *n (US)*	**Investition im Ausland**
• **PEP (< Personal Equity Plan)** *n (GB)* **PEPs** are a popular form of saving because they are tax free.	**persönlicher Aktiensparplan** Der persönliche Aktiensparplan ist eine beliebte Art des Sparens, da er steuerfrei ist.
• **return** *n* You can expect a good **return** from this investment.	**Rendite, Verzinsung, Ertrag** Aus dieser Investition können Sie eine gute Rendite erwarten.
sight deposits *n pl* **Sight deposits** can be drawn upon without prior notice.	**Sichteinlagen** Sichteinlagen können ohne vorherige Kündigung entnommen werden.
• **(stock)broker** *n*	**Broker(in), (Effekten-), Aktien-) Makler(in)**
(stock)broking *n*	**Effektengeschäft, Börsen-, Wertpapierhandel**
• **tax-free benefit** *n* In order to preserve your **tax-free benefits** you must leave the capital in your TESSA account untouched for the full five years.	**steuerfreie Vergünstigungen** Um Ihre steuerfreien Vergünstigungen aufrechtzuerhalten, dürfen Sie das Kapital auf Ihrem TESSA-Konto während der gesamten fünf Jahre nicht in Anspruch nehmen.
tech bubble *n*	**überbewertete Technologieaktien**

tech stocks *n pl*
Technologieaktien

term deposits *n pl*
Termineinlagen, befristete Einlagen

● **TESSA (< Tax-Exempt Special Savings Account)** *n (GB)*
TESSA *(steuerfreies, auf 5 Jahre festgelegtes Sparkonto)*

You can only have one **TESSA** per person, building up to £ 9,000 maximum over five years.
Sie können nur ein TESSA-Konto pro Person einrichten, das Sie über fünf Jahre hinweg auf maximal £ 9 000 aufstocken können.

trading coach *n*
Börsenhandelsberater(in)

unit trust *n*
Investmenttrust *(mit offenem Anlageportefeuille)*

10.4 Hypotheken und Darlehen

advance *adj* (→ **in advance**)
Vorschuss-, Vorab-

We give **advance** payments on mortgages to enable customers to purchase their property.
Bei Hypotheken leisten wir Vorauszahlungen, um unseren Kunden den Kauf ihres Eigenheimes zu ermöglichen.

● **to borrow** *v/t*
sich ausleihen, sich borgen, einen Kredit aufnehmen

● **borrowing** *n*
Kreditaufnahme, Verschuldung

The company secured its long-term **borrowing** by collateral in the form of real estate.
Das Unternehmen deckte die langfristige Kreditaufnahme mit Immobiliensicherheit.

● **collateral** *n*
(Kredit)Sicherheit, Sicherungsgut, Mitbürgschaft

You will need to provide adequate **collateral** for a loan of this size.
Für einen Kredit in dieser Höhe werden Sie eine adäquate Sicherheit erbringen müssen.

corporate bond *n (US)*
(ungesicherte) Schuldverschreibung

credit assessment *n*	**Kredit-, Bonitätsprüfung, Kreditbeurteilung**
Our **credit assessment** procedure stipulates that we need to have confirmation of your present salary.	Unser Kreditbeurteilungsverfahren schreibt vor, dass eine Bestätigung des derzeitigen Einkommens vorzulegen ist.
credit terms *n pl*	**Kreditbedingungen, Kreditmodalitäten**
The amount of capital you need to raise will vary according to the type of business and the **credit terms** you can negotiate with your bank.	Die aufzubringende Kapitalsumme wird sich nach der Art des Unternehmens richten sowie nach den Kreditmodalitäten, die Sie mit Ihrer Bank aushandeln können.
debenture *n (GB)*	**(gesicherte) Schuldverschreibung**
mortgage debenture *n*	**Hypothekensicherungsvertrag, hypothekarische Sicherungsvereinbarung**
naked debenture, simple debenture *n*	**ungesicherte Schuldverschreibung**
perpetual debenture *n*	**Dauerschuldverschreibung, unkündbare Schuldverschreibung**
secured debenture *n*	**gesicherte Schuldverschreibung**
● **deposit** *n*	**Einlage, Einzahlung, eingezahlter Betrag**
No **deposits** have been made into this account since 2 March.	Seit dem 2. März sind auf dieses Konto keine Einzahlungen erfolgt.
● **to deposit** *v/t*	**(auf ein Konto) einzahlen, (bei einer Bank) hinterlegen**
I'd like to **deposit** these cheques into my business account.	Ich möchte diese Schecks auf mein Geschäftskonto einzahlen.
depositor *n*	**Einzahler(in), Hinterleger(in), Kontoinhaber(in), Sparer(in)**
● **equity** *n* (→ **equities**)	**(Eigen)Kapital, Eigenmittel**

equity appreciation *n*	**Kapital(wert)zuwachs**
equity investment *n*	**Aktienanlage, Risikoinvestition, Kapitalbeteiligung**
negative equity, equity deficiency *n* Borrowing against your mortgage is currently not an option since you have **negative equity**.	**fehlende Eigenleistung, Kapitalunterdeckung** Einen Hypothekenkredit aufzunehmen ist für Sie zurzeit nicht möglich, da eine Kapitalunterdeckung besteht.
to lend *v/t* Finance houses often **lend** at a higher rate of interest than banks.	**verleihen, beleihen, ausleihen** Finanzierungsgesellschaften verleihen Geld oft zu einem höheren Zinssatz als Banken.
lender *n*	**Kreditgeber(in), Kreditanbieter(in), Darlehensgeber(in), Gläubiger(in)**
lending *n*	**Kreditgewährung, -forderung**
lending *adj* It is against our **lending** policy to accept unsecured debentures.	**Kredit-** Es entspricht nicht unserer Kreditpolitik, ungesicherte Schuldverschreibungen zu akzeptieren.
● **lending rate** *n*	**Kreditzins**
letter of credit *n* We shall require an irrevocable **letter of credit** from your bank.	**Akkreditiv** *(Schreiben)*, **Kreditbrief** Wir benötigen dann einen unwiderruflichen Akkreditiv von Ihrer Bank.
● **loan** *n*	**Kredit, Darlehen, Forderung**
long-term *adj*	**langfristig**
● **mortgage** *n* Taking out a **mortgage** to buy a house is a long-term financial commitment for most people.	**Hypothek(endarlehen), Hypothekenkredit** Für die meisten Menschen bedeutet die Aufnahme einer Hypothek für einen Hauskauf eine langfristige Zahlungsverpflichtung.

endowment mortgage *n*	**an eine Lebensversicherung gekoppelter Hypothekenkredit**
• **fixed-rate mortgage** *n*	**Festzinshypothek**
mortgage application *n*	**Hypothekengesuch, Hypothekenantrag**
second mortgage *n*	**Zweithypothek**
The company director took a **second mortgage** on her home to obtain the finance she required to set up the business.	Die Geschäftsführerin nahm eine Zweithypothek auf ihr Haus auf, um das benötigte Kapital für eine Geschäftsgründung aufzubringen.
variable rate mortgage *n*	**Hypothek mit variablem Zinssatz**
You should be very wary of **mortgages** with **variable rates**.	Hypotheken mit variablem Zinssatz sind mit größter Vorsicht zu genießen.

to mortgage *v/t*	*(mit einer Hypothek)* **belasten, verpfänden**
to redeem *v/t*	**abtragen, ab-, einlösen, tilgen, zurückzahlen**
redeemable *adj*	**ab-, einlösbar, amortisierbar**
redemption *n*	**Ab-, Einlösung, Tilgung, Amortisation**
The **redemption** period for this loan is 10 years.	Die Ablösungsfrist für dieses Darlehen beträgt 10 Jahre.
redemption date *n*	**Tilgungsfälligkeit, Rückzahlungstermin**
The **redemption date** of these debentures falls in March 2005.	Der Rückzahlungstermin für diese Schuldverschreibung fällt auf März 2005.

● **regular payments** *n pl*	**regelmäßige Zahlungen, regelmäßig wiederkehrende Zahlungen**
Direct debit is an easy way of making **regular payments**.	Mit einer Einzugsermächtigung lassen sich regelmäßig wiederkehrende Zahlungen leicht erledigen.
short-term *adj*	**kurzfristig**
Short-term deposits normally don't yield high interest rates.	Kurzfristige Einlagen werden normalerweise nicht hoch verzinst.

10.5 Währungen und Währungsunion

to appreciate *v/ti*	**aufwerten, im Wert steige(r)n, eine Wertsteigerung erfahren**
convergence criteria *n pl*	**Konvergenzkriterien**
Member states wishing to be in the first round of Monetary Union will have to tighten fiscal policy to meet the Maastricht **convergence criteria**.	Diejenigen Mitgliedsstaaten, die in der ersten Runde der Währungsunion dabei sein möchten, müssen ihre Finanzpolitik verschärfen, um die Maastricher Konvergenzkriterien zu erfüllen.
● **to convert to Euro currency** *phrase*	**auf Eurowährung umstellen**
● **currency** *n*	**(Geld)Währung, Zahlungsmittel**
convertible currency *n*	**konvertierbare Währung**
currency fluctuation *n*	**(Wechsel)Kursschwankung**
● **foreign currency** *n*	**Fremd-, Auslandswährung, Devisen**
● **hard currency** *n*	**harte Währung**
● **soft currency** *n*	**weiche Währung, schwache Währung**

to depreciate *v/ti*	**entwerten, im Wert mindern, an Wert einbüßen**
● **devaluation** *n*	**Abwertung, Entwertung, Devaluation**
to devalue *v/t*	**abwerten**
EIB (< European Investment Bank) *n*	**EIB (< Europäische Investmentbank)**
● **EMS (< European Monetary System)** *n*	**EWS (< Europäisches Währungssystem)**
● **EMU (< Economic and Monetary Union)** *n* The President of the Bundesbank warned of the economic consequences if governments wishing to join **EMU** were to fudge the entry criteria.	**WWU (< Wirtschafts- und Währungsunion)** Der Bundesbankpräsident warnte vor den wirtschaftlichen Folgen, wenn die Regierungen, die der WWU beitreten wollen, die Beitrittskriterien verwässern sollten.
ERM (< Exchange Rate Mechanism) *n* The **ERM** is part of the European Monetary System, which requires countries to keep the fluctuations of their currencies within agreed limits.	**Wechselkursmechanismus** Der Wechselkursmechanismus ist Teil des europäischen Währungssystems, in dem Länder ihre Wechselkursschwankungen auf eine vereinbarte Bandbreite begrenzen müssen.
● **euro** *n* The **euro** is the currency of most of the EU countries.	**Euro** Der Euro ist die Währung der meisten EU-Länder.
exchange control(s) *n*	**Währungs-, Devisen-, Paritätenkontrolle**
● **exchange rate** *n* The country's official **exchange rate** is completely unrealistic.	**Wechsel-, Umtauschkurs** Der offizielle Wechselkurs des Landes ist völlig unrealistisch.

fixed exchange rates *n pl* — **feste Wechselkurse**

The last phase of monetary union will introduce **fixed exchange rates** between member countries. — In der letzten Phase der Währungsunion werden zwischen den Mitgliedsländern feste Wechselkurse eingeführt.

forward exchange rates *n pl* (→ **currency fluctuation**) — **Devisentermingeschäfte**

The **forward exchange rates** indicate sterling gaining slightly against the euro over the next 12 months. — In den Devisentermingeschäften deutet sich an, dass das Pfund Sterling gegenüber dem Euro in den nächsten 12 Monaten leicht ansteigen wird.

● **to fluctuate** *v/i* — **fluktuieren, schwanken, sich ständig ändern**

The value of sterling continues to **fluctuate** on the foreign exchange markets. — Der Wert des Pfund Sterling fluktuiert weiterhin an den Devisenmärkten.

---

foreign exchange market *n* — **Devisenmarkt, Devisenbörse**

---

foreign exchange reserves *n pl* — **Währungsreserven, Devisenreserven**

---

to hedge against *v/t* — **(ab)sichern gegen**

● **to intervene** *v/i* — **eingreifen, intervenieren**

The Bank of England **intervened** in the foreign exchange market in order to support the pound. — Die Bank von England griff in den Devisenmarkt ein, um das englische Pfund zu stützen.

● **intervention** *n* — **Intervention, Eingriff, Eingreifen**

---

legal tender *n* — **gesetzliches Zahlungsmittel**

---

realignment *n* — **Anpassung, Neuordnung, Neuausrichtung**

The **realignment** of EMS central rates was a prerequisite for currency union. — Die Anpassung der EWS-Leitkurse war eine Voraussetzung für die Währungsunion.

● **to revalue** *v/t* — **aufwerten, neu bewerten**

Is there any likelihood that the government will **revalue** its currency in the light of its continuing balance of payments surpluses?

Wie wahrscheinlich ist es, dass die Regierung angesichts ihres weiterhin andauernden Handelsbilanzüberschusses die Währung aufwertet?

● **run** *n* — **Ansturm, Andrang, große Nachfrage**

Fears about political instability caused a **run** on the country's currency which lost 30 % of its value in two days' trading.

Ängste über politische Unruhen verursachten einen Ansturm auf die Landeswährung, die innerhalb von zwei Geschäftstagen 30 % ihres Wertes verlor.

● **slump** *n* — **starker Abfall, Einbruch, Krise, Rückgang**

to slump *v/i* — **(im Wert) fallen, stark zurückgehen**

The pound has **slumped** on the foreign exchange markets.

Das Pfund ist an den ausländischen Devisenmärkten im Wert stark gefallen.

---

to soar *v/i* — **sprunghaft ansteigen, in die Höhe schießen**

The value of the pound **soared** against the euro today.

Der Wert des Pfundes ist heute gegenüber dem Euro sprunghaft angestiegen.

---

spot market *n* — **Kassa-, Loko-, Spotmarkt**

On the **spot market** you can buy a foreign currency at the spot price for immediate delivery.

Auf dem Kassamarkt kann man ausländische Währungen zum Platzkurs zur sofortigen Lieferung kaufen.

---

spot rate *n* — **(Devisen)Kassakurs, im Kassakurs festgestellte Wechselkurse**

The **spot rate** for sterling is currently 1.4881 £/EUR.

Der Kassakurs des englischen Pfundes beträgt zurzeit 1,4881 £/EUR.

● **transaction** *n* — **Transaktion, Geschäftsvorgang, Ausführung**

11 Finanzwesen

11.1 Finanzierung

borrower *n*	**Kreditnehmer(in), Darlehensnehmer(in), Schuldner(in)**
Eurobond *n*	**Euroanleihe, Eurobond**
The company decided to raise the necessary capital via the **Eurobond** market.	Das Unternehmen beschloss, sich das notwendige Kapital auf dem Euroanleihemarkt zu beschaffen.
factoring *n*	**Factoring(geschäft), Forderungsankauf, Debitorenverkauf**
Factoring is a method of disposing of a company's debts by "selling" them on to a finance house or a bank.	Factoring ist eine Möglichkeit für ein Unternehmen, seine Schulden an eine Finanzierungsgesellschaft oder eine Bank „weiterzuverkaufen".
● **finance** *n*	**Finanz-, Kreditwesen, Finanzwirtschaft, Finanzen, Finanzierung**
● **to raise finance** *phrase*	**Kapital aufnehmen, Geld aufnehmen, Kapital beschaffen**
long term finance *n*	**langfristige Finanzierung-(smittel)**
We will need **long term finance** to implement these plans over a 10-year period.	Wir werden langfristige Finanzierungsmittel benötigen, um diese Pläne über einen Zeitraum von 10 Jahren umzusetzen.
● **project finance** *n*	**Projektfinanzierung**
short term finance *n*	**kurzfristige Finanzierung(smittel)**
● **sources of finance** *n pl*	**Finanzierungsquellen**
● **to finance** *v/t*	**finanzieren**
Most government expenditure is **financed** through taxation.	Die meisten Staatsausgaben werden durch Steueraufkommen finanziert.

to refinance *v/t*	**refinanzieren**
● **to float** *v/t*	**(an die Börse) bringen, begeben, (an der Börse) einführen**
● **flotation** *n*	**Aktienemission an der Börse, Börseneinführung**
● **to go public** *v/i*	**an die Börse gehen, in eine AG umwandeln**
injection of capital *n* The company urgently needs an **injection of capital** in order to modernise its plant.	**Kapitalzufuhr, Kapitalspritze** Das Unternehmen braucht dringend eine Kapitalspritze, um seine Produktionsanlage zu modernisieren.
● **issue** *n*	**Ausgabe** *(Aktien)*, **Emission**
issue price *n* In only three weeks the market price of these shares has risen way above their **issue price**.	**Emissionspreis** Bereits nach drei Wochen ist der Marktpreis dieser Aktien weit über den Emissionspreis hinaus gestiegen.
rights issue *n* Existing shareholders can buy into the **rights issue** pro rata to their holdings.	**Bezugsrechtsausgabe, Bezugsrechtsemission** Altaktionäre können Bezugsrechtsemissionen gemäß ihren Aktienanteilen erwerben.
scrip issue *n (GB)*; **stock split** *n (US)* The management decided on a one-for-ten **scrip issue** to its existing shareholders.	**Ausgabe von Gratisaktien, Emission von Gratisaktien** Die Geschäftsführung entschied sich, eine Gratisaktie pro zehn Aktien an ihre Altaktionäre auszugeben.
issued share capital *n* Employees were disappointed that the company's **issued share capital** fell some way short of its authorised share capital.	**ausgegebenes Aktienkapital, emittiertes Aktienkapital** Die Firmenangestellten waren enttäuscht darüber, dass das emittierte Aktienkapital weit hinter dem zur Ausgabe genehmigten Aktienkapital zurückblieb.

junk bond *n*	**Junk Bond, Risikopapier**
lease *n*	**Pacht(vertrag), (-zeit)**
lease-back *n*	**Rückverpachtung, Wiederanmietung**
We sold the office in 1998 but have continued to occupy it on a 10-year **lease-back** basis.	Wir haben das Büro 1998 verkauft, arbeiten aber auf zehnjähriger Rückverpachtungsbasis weiterhin darin.
● **to lease** *v/t*	**leasen, pachten, anmieten, mieten, vermieten**
We **lease** all our company vehicles in order to avoid tying up capital.	Um Kapitalfestlegung zu vermeiden, leasen wir unseren gesamten Fuhrpark.
to lease back *v/t*	**rückverpachten, rückanmieten, wiederanmieten**
The company raised finance by selling its site and buildings to an insurance company **leasing them back**.	Das Unternehmen beschaffte sich Kapital durch den Verkauf seines Grundstückes und seiner Gebäude an eine Versicherungsgesellschaft bei gleichzeitiger Rückmiete.
● **leasing** *n*	**Leasing, Verpachtung, Vermietung**
nominal capital *n* (→ **authorised share capital**)	**Nenn-, Nominal-, Grund-, Stammkapital**
offer for sale by tender *phrase*	**Ausschreibung einer Emission**
open offer *n*	**offenes Angebot**
over-extended *adj*	**überschuldet**
to plough back *v/t*	**einbehalten** *(Gewinn)*, **reinvestieren**
The directors announced their intention to build for the future by **ploughing** profits **back** into the firm.	Die Geschäftsführer kündigten ihre Absicht an, durch Reinvestition der Gewinne die Zukunft der Firma zu sichern.

pro rata *adv adj* (→ **rights issue**)	**verhältnis-, anteils-, quotenmäßig**
public sector borrowing requirement (> PSBR) *n*	**Kreditbedarf der Öffentlichen Hand, Verschuldungsbedarf der Öffentlichen Hand**
The **PSBR** shows how much money the government needs to borrow to meet the shortfall between income and expenditure.	Der Kreditbedarf der Öffentlichen Hand zeigt an, wie viel Geld der Staat aufnehmen muss, um den Fehlbetrag zwischen Einnahmen und Ausgaben zu decken.
registered capital *n* (→ **authorised share capital**)	**eingetragenes (Aktien)Kapital, registriertes (Aktien)Kapital**
● **to underwrite** *v/t*	*(eine Emission)* **übernehmen, zeichnen, versichern**
The issuing house will charge a commission of around 2 % for **underwriting** unsold shares from the new issue, adding to the costs of flotation.	Das Emissionshaus wird eine Gebühr von etwa 2 % für die Versicherung unveräußerter Aktien aus der neuen Emission erheben, was zur Erhöhung der Kosten für die Aktienemission beitragen wird.
● **underwriter** *n*	**Emissionshaus**
● **unlisted company** *n*	**nicht aufgeführtes Unternehmen, nicht eingetragenes Unternehmen, unnotiertes Unternehmen**
Unlisted companies have fewer options than companies listed on the Stock Exchange in respect of raising finance.	Nicht eingetragene Unternehmen haben geringere Wahlmöglichkeiten bei der Kapitalbeschaffung als börsennotierte Unternehmen.
unlisted securities market (> USM) *n*	**Markt für unnotierte Werte** *(Börse)*, **Freiverkehr(smarkt)**
Small companies can raise capital via the **USM** which is easier and cheaper to join than the London Stock Exchange's main market.	Kleine Unternehmen können sich Kapital über den Freiverkehrsmarkt beschaffen, zu dem der Beitritt leichter und preiswerter ist als zur Londoner Börse.
venture capital *n*	**Risiko-, Spekulationskapital**

11.2 Börse

• **to acquire** *v/t*	**erwerben, erstehen, (auf)kaufen**
after-hours dealing *n* The pound rose against the yen in **after-hours dealing** in Tokyo.	**nachbörslicher Handel** Das englische Pfund stieg gegenüber dem Yen im nachbörslichen Handel in Tokio.
• **all-time low** *n*	**absoluter Tiefstand**
bear *n* Because further falls in share prices are forecast the **bears** were selling heavily in the stock market today.	**Baissier, (Baisse)Spekulant(in)** Da weitere Kursverfälle der Aktien vorausgesagt werden, verkauften Baissespekulanten heute massiv am Aktienmarkt.
bear market *n*	**Baissemarkt, Baissesituation**
bearish *adj* The foreign exchange markets were in **bearish** mood today, leading to further pressure on sterling.	**pessimistisch, zur Baisse tendierend** Die Devisenmärkte waren heute in pessimistischer Stimmung, was weiteren Druck auf das englische Pfund ausübte.
black knight *n*	**Firmenjäger, aggressiver Firmenkäufer**
grey knight *n*	**grauer Anleger, unbekannter Anleger**
white knight *n*	**rettender Engel, Retter in höchster Not**
• **brisk trading** *n*	**lebhafte Umsätze** *(Börse)*
• **brokerage** *n* (→ **commission**)	**Maklergebühr, Courtage, Provision**
bull *n* The **bulls** were out in force during a sustained period of heavy buying on the stock market today.	**Haussier, (Hausse)Spekulant(in), Preistreiber(in)** Während einer anhaltenden Periode des lebhaften Kaufgeschäftes waren Haussespekulanten heute zahlreich an der Börse vertreten.

Finanzwesen

bull market *n*	**Aktien-, Börsenhausse, Haussemarkt**
bullish *adj*	**haussierend, optimistisch, zuversichtlich**
The stock market was in **bullish** mood today after 3 of Britain's leading companies turned in better than expected results.	Der Aktienmarkt war heute in optimistischer Stimmung, nachdem drei führende britische Unternehmen bessere Ergebnisse als erwartet einfuhren.
• **crash** *n*	**Börsensturz, Kurseinbruch, Crash**
• **to crash** *v/i*	**zusammenbrechen, Bankrott gehen**
Stock markets around the world **crashed** today, as billions of pounds were wiped off share values	Die Aktienmärkte verzeichneten heute einen weltweiten Börsensturz und tilgten Aktien im Werte von Milliarden Pfund Sterling.
• **DAX (< Deutscher Aktienindex)** *n*	**DAX (< Deutscher Aktienindex)**
In Frankfurt, the DAX index rose 1.8 % last week.	In Frankfurt stieg der DAX letzte Woche um 1,8 %.
• **Dow Jones Industrial Average (> Dow Jones)** *n (US)*	**amerikanischer Aktienindex, Börsenindex**
The **Dow Jones** index measures the average share price of 30 leading U.S. industrial companies.	Der Dow-Jones-Index misst den durchschnittlichen Aktienwert von 30 führenden amerikanischen Industrieunternehmen.
due diligence *phrase*	**angemessene Sorgfalt, Sorgfaltspflicht**
• **Financial Times Stock Exchange Index of 100 Leading Shares (> FTSE 100)** *n*	**britischer Aktienindex, Börsenindex**
• **Footsie** *colloq n*	**Footsie** *(britischer Aktienindex)*

financials (< financial companies, financial institutions) *n pl*	**Finanzinstitute** *(Börse)*, **Finanzunternehmen**
Financials also suffered losses, including a number of banks.	Finanzunternehmen erlitten ebenfalls Verluste, einschließlich einer Anzahl von Banken.
floor trading *n*	**Parketthandel**
Floor trading was sluggish on the Stock Exchange this morning.	Der Parketthandel an der Börse verlief heute Morgen nur schleppend.
● **fund manager** *n*	**Fondsmanager(in)**
futures market *n*	**(Finanz)Terminbörse, Futures-Markt**
(German) Federal Financial Supervisory Authority (> BaFin) *n*	**Bundesanstalt für Finanzdienstleistungsaufsicht (> BaFin)**
industrials (< industrial companies) *n*	**Industriepapiere** *(Börse)*, **Industriewerte**
insider dealing, insider trading *n*	**Insidergeschäft, Insiderhandel**
The former minister's purchase of shares is being investigated because of accusations of **insider dealing**.	Wegen Verdachts auf Insidergeschäfte beim Erwerb von Aktien wird zurzeit gegen den ehemaligen Minister ermittelt.
● **institutional investor** *n*	**institutionelle(r) Anleger(in)**
Institutional investors include banks, building societies, insurance companies, pension funds and trade unions.	Banken, Bausparkassen, Versicherungen, Rentenfonds und Gewerkschaften gehören zu den institutionellen Anlegern.
● **investment analyst** *n*	**Anlage-, Portefeuille-, Vermögensberater(in)**
Mr Jones is our **investment analyst** specialising in Far East markets.	Herr Jones ist unser Anlageberater, der sich auf die Märkte im Fernen Osten spezialisiert hat.

• **jobber** *n*	**Aktien-, Eigenhändler(in), Börsenmakler(in)**
Jobbers buy shares from one broker and sell them to another.	Eigenhändler kaufen Aktien von einem Broker an, um sie an einen anderen weiterzuverkaufen.
• **light trading** *n*	**schwache Umsätze** *(Börse)*
London International Financial Futures Exchange (> LIFFE) *n*	**internationaler Londoner Finanzterminmarkt**
• **main market** *n*	**Hauptbörsenplatz, bedeutendster Börsenplatz**
The London Stock Exchange's **main market** lists around 2,500 shares.	Der bedeutendste Börsenplatz Londons notiert etwa 2 500 Aktienkurse.
NASDAQ (< National Association of Securities Dealers Automated Quotation) *n (US)*	**NASDAQ** *(computergestützte Kursnotierung an der amerikanischen Börse)*
The **NASDAQ** is a computerised system listing prices for about 4,000 US stocks.	Der NASDAQ ist ein computergestütztes System zur Kursnotierung von etwa 4 000 amerikanischen Wertpapieren.
• **New York Stock Exchange (> NYSE)** *n*	**New Yorker Börse**
Nikkei Index (> Nikkei) *n*	**Nikkei-Index, japanischer Börsenindex**
over-the-counter market (> OTC market) *n* (→ **unlisted securities market**)	**Freiverkehr, außerbörslicher Handel**
OTC markets are not regulated by the major stock exchanges and are more common in the USA than in the UK.	Der außerbörsliche Handel wird nicht durch die großen Aktienmärkte reguliert und ist in den USA gebräuchlicher als in Großbritannien.

• **pension fund** *n* **Pension funds** are some of the largest institutional investors.	**Rentenversicherungsträger, Rentenfonds** Die Rentenversicherungsträger gehören zu den größten institutionellen Anlegern.
• **to plummet** *v/i*	**stark fallen, (ab)stürzen, absacken**
• **rally** *n*	**Kurserholung, Auftrieb, Preisaufschwung**
• **to rally** *v/i* Share prices **rallied** this afternoon following a heavy drop in price in yesterday's trading.	**sich erholen, aufholen, zu Kräften kommen** Nach dem starken Kursrückgang des Vortagesgeschäftes erholten sich die Kurse heute Nachmittag wieder.
• **to recover** *v/ti* (→ **rally**)	**wieder-, zurückerlangen, sich erholen** *(Börse)*
ripple effect *n*	**Ansteckungseffekt**
Securities and Investment Board (> SIB) *n (GB)*; **Securities Exchange Commission (> SEC)** *n (US)*	**Aufsichtsbehörde für den britischen bzw. amerikanischen Wertpapier- und Finanzsektor**
• **share index** *n* The major **share indexes** include the DAX, the Hang Seng Index, the FTSE, the Dow Jones and the Nikkei among others.	**Aktienindex** Die wichtigsten Aktienindizes schließen unter anderem den DAX, den Hang Seng Index, den FTSE, den Dow Jones und den Nikkei ein.
short selling *n* The dealer knew the risks of **short selling** but still opted to sell securities he did not actually have.	**Baissespekulation, Leerverkäufe** Der Händler kannte die Risiken bei Leerverkäufen, verkaufte aber dennoch Wertpapiere, die er gar nicht besaß.

Finanzwesen

slide *n*

Talfahrt, Abgleiten, Verfall, Preiseinbruch

The Footsie fell 148 points, recording the biggest closing **slide** for 4 months.

Der britische Aktienindex fiel um 148 Punkte und verzeichnete damit den größten Aktieneinbruch zum Börsenschluss seit vier Monaten.

● **to speculate** *v/i*

spekulieren, gewagte Geschäfte machen

He lost a good deal of money **speculating** on rising land prices at a time when the building industry was in recession.

Mit seinen Spekulationen auf steigende Grundstückspreise zu einer Zeit, als die Bauindustrie in der Rezession steckte, hat er eine Menge Geld verloren.

---

stag *n*

Konzertzeichner(in), spekulative(r) Aktienzeichner(in)

The activity of **stags** buying in the new issues market and selling on the Stock Exchange has diminished in recent years.

Die Aktivitäten von spekulativen Aktienzeichnern, die auf dem neuen Emissionsmarkt ankaufen und an der Börse wieder verkaufen, haben sich in den letzten Jahren verringert.

● **stock exchange** *n*

Aktien-, Wertpapier-, Effektenbörse

The company's shares were floated on the London **Stock Exchange** this morning.

Die Aktien des Unternehmens wurden heute an der Londoner Börse eingeführt.

● **stock exchange listing** *n*

Börsennotierung

● **stock market** *n* (→ **stock exchange**)

Aktien-, Wertpapier-, Effektenbörse

Stock Exchange Automated Quotations System (> SEAQ) *n (GB)*

(computergestützte Kursnotierung an der britischen Börse)

SEAQ provides a computerised record of deals on the London Stock Exchange.

SEAQ bietet einen Computernachweis aller Abschlüsse an der Londoner Börse.

● **to surge** *v/i*	**rasch, steil, sprunghaft ansteigen**
The company's shares **surged** 47.3 % to end the day on 36.5p.	Die Firmenaktien stiegen sprunghaft um 47,3 % an und erreichten bei Börsenschluss einen Stand von 36,5 Pence.
utilities *n pl*	**(Energie)Versorgungsbetriebe**
Utilities generally fared better, with the exception of the water companies.	Aktien der Versorgungsbetriebe schnitten im Allgemeinen besser ab, mit Ausnahme der Wasserwirtschaftsunternehmen.
● **volatile** *adj*	**unbeständig, schwankend, volatil**
● **volatility** *n*	**Unbeständigkeit, Kursschwankung** *(Börse)*, **Volatilität**
The stock market is presently experiencing a period of sustained **volatility**.	Die Börse erfährt momentan eine Periode anhaltender Kursschwankungen.

Finanzwesen

11.3 Wertpapiere und Aktien

after all other claims are settled *phrase*	**nach Abfindung aller ausstehenden Forderungen**
If the company is wound up owners of ordinary shares receive an allocation of the assets of the company only **after all other claims are settled**.	Wenn die Firma aufgelöst ist, erhalten Stammaktionäre erst nach Abfindung aller ausstehenden Forderungen eine Zuteilung aus dem Firmenvermögen.
allocation *n*	**Zuteilung(squote), Zuweisung, Kostenumlage**
allotment *n*	**Zuteilung(squote), Zuweisung**
Each member was entitled to a basic **allotment** of 450 shares when the building society became a bank.	Jedes Mitglied hatte Anspruch auf eine einmalige Zuteilung von 450 Aktien, als die Bausparkasse in eine Bank umgewandelt wurde.

arbitrage *n*	**Arbitrage(-Handel)**
• **bond** *n*	**Anleihe, Obligation, Schuldverschreibung**
bearer bond *n*	**Inhaberanleihe, -obligation**
treasury bond *n (US)*	**Schatzanleihe**
• **capital growth** *n*	**Kapitalzuwachs, Kapitalwachstum**
If you are looking for **capital growth** you should invest in equities which generally keep pace with inflation.	Wenn Sie nach einer Anlage mit Kapitalzuwachs suchen, sollten Sie in Aktien investieren, die im Allgemeinen mit der Inflation Schritt halten.
convertible stock *n*	**Wandelanleihe**
Convertible stock can be converted into ordinary shares if you wish to do so at a future date.	Wandelanleihen sind wandelbar in Stammaktien, falls dies zu einem zukünftigen Zeitpunkt erwünscht sein sollte.
• **discount** *n*	**Abschlag, Abgeld, Nachlass**
at a discount *phrase*	**mit Rabatt, mit Preisnachlass**
Treasury bills are bought by discount houses **at a discount** and later sold for their redemption value.	Schatzbriefe werden von Diskonthäusern mit Rabatt angekauft und später zu ihrem Ablösungswert verkauft.
discount market *n*	**Diskontmarkt**
• **to dispose of** *v/i*	**veräußern, absetzen, abstoßen**
Our client has decided to **dispose of** his holdings in Bennet Products PLC.	Unser Klient hat sich dazu entschieden, seine Anteile an Bennet Products PLC zu veräußern.
• **equities** *n pl* (→ **equity**)	**Aktienwerte, Anteils-, Dividendenpapiere**
• **equity market** *n*	**Aktienmarkt**
• **gilts (< gilt-edged securities)** *n pl (GB)*	**Staatsanleihen, Anlagenpapiere, erstklassige Sicherheiten**

longs (< long-dated gilts) *n pl*	**Langläufer** *(Anlage)*, **langfristige Einlagen**
Longs are not redeemable for at least 15 years, though you can of course buy and sell them during that period.	Langläufer sind für mindestens 15 Jahre nicht einlösbar, allerdings kann man sie währenddessen kaufen und verkaufen.
mediums (< medium-dated gilts) *n pl*	**mittelfristige Einlagen**
shorts (< short-dated gilts) *n pl*	**Kurzläufer** *(Anlage)*, **kurzfristige Einlagen**
You might also consider **shorts**, which are redeemable within 5 years.	Sie könnten auch Kurzläufer in die nähere Auswahl ziehen, die bereits innerhalb von fünf Jahren einlösbar sind.
growth stock *n*	**Wachstumaktien, Wachstumwerte**
high-income *adj*	**hochrentierlich, einkommensstark**
holding *n* (→ **dispose of**)	**Anteil, Beteiligung, (Aktien) Besitz**
index-linked *adj*	**indexiert, indexgekoppelt, dynamisch** *(Rente)*
You should consider investing in **index-linked** government securities.	Sie sollten indexgekoppelte Staatsanleihen für Ihre Investitionen in Betracht ziehen.
initial public offering (> IPO) *n*	**Börsengang**
investment regulations *n pl*	**Anlagevorschriften**
maturity *n*	**Fälligkeit(stermin), Verfall, Laufzeit**
nominal price *n*	**Nennwert**
The **nominal price** of the shares is 10p but they are now trading at 87p.	Der Nennwert der Aktien beträgt 10 Pence, aber sie werden jetzt zu 87 Pence gehandelt.

- **portfolio** *n* — **Aktien-, Effekten-, Wertpapierbesitz, Portfolio, Bestand**

  balanced portfolio *n* — **Portfolio mit Risikominimierung, Portfolio mit Risikoausgleich**

  portfolio management *n* — **Portfoliomanagement, Vermögensverwaltung**

- **securities** *n pl* — **Wertpapiere, Effekten, Sicherheiten**

Securities is a general term used to describe the investments traded on the stock exchange.

Wertpapierinvestition ist ein allgemeiner Begriff zur Beschreibung der Investitionen, die an der Börse getätigt werden.

- **share** *n* — **Anteil, Beteiligung, Aktie(nwert)**

You would be well advised to purchase **shares** in a range of companies in order to spread the risk.

Es wäre sehr anzuraten, Aktien von verschiedenen Unternehmen zu erwerben, um das Risiko zu verteilen.

  block of shares *n* — **Aktienpaket**

  non-voting share *n* — **Aktie ohne Stimmrecht**

- **ordinary share** *n (GB)*; **common stock** *n (US)* — **Stammaktie**

  Ordinary shares entitle you to receive variable dividends, vote at general meetings and receive some compensation if the company is wound up.

  Stammaktien berechtigen Sie zum Erhalt von variablen Dividenden, zur Wahl bei Hauptversammlungen und zum Erhalt von Entschädigungen, sollte die Firma in Konkurs gehen.

  penny share *n (GB)*; **ordinary stock** *n (US)* — **Kleinaktie**

  preference share *n* — **Vorzugs-, Vorrechtsaktie**

  Preference shares pay a fixed-rate dividend before any dividend to ordinary shareholders, and are non-voting unless the dividend is in arrears.

  Vorzugsaktien werfen noch vor Ausschüttung an Stammaktionäre eine feststehende Dividende ab und berechtigen nicht zur Wahl, es sei denn, die Dividende wird im Nachhinein gezahlt.

share certificate *n*	**Aktienurkunde, -zertifikat**
share price *n* **Share prices** are printed in a number of daily newspapers and by teletext and Ceefax.	**Aktienpreis, -kurs, -notierung** Aktienkurse werden in einer Reihe von Tageszeitungen und von Bildschirmdiensten (Teletext und Ceefax) abgedruckt.
share value *n* **Share values** fell sharply today following the release of another set of adverse trade figures.	**Aktienwert** Nach der Veröffentlichung einer weiteren Reihe von negativen Außenhandelsdaten fielen die Aktienwerte heute stark ab.
shareholder *n*	**Aktionär(in), Aktieninhaber(in), Anteilseigner(in)**
share-ownership *n* **Share-ownership** has reached an all-time high in Britain following a spate of privatisations in the 1980's and 1990's.	**Aktien-, Anteilsbesitz** Nach der Privatisierungswelle in den achtziger und neunziger Jahren hat der Aktienbesitz in Großbritannien einen absoluten Höchststand erreicht.
subscription share *n*	**Subskriptionsaktie**
stock *n* **Stocks** refer mainly to gilt-edged securities or debentures in Great Britain, whereas in the US they are ordinary shares.	**staatliche Wertpapiere** *(Börse)*, **Anlagenpapiere, Aktien-, Anleihekapital** Mit "stocks" sind in Großbritannien hauptsächlich Staatsanleihen oder Schuldverschreibungen gemeint, in den USA hingegen Stammaktien.
treasury bill *n*	**Schatzwechsel**

Finanzwesen

11.4 Controlling

● **to be in debt** *phrase*	**Schulden haben, verschuldet sein**
The company **is** heavily **in debt**.	Das Unternehmen ist hochverschuldet.
● **capital** *n*	**Kapital, (Geld)Mittel, Vermögen**
availability of capital *n*	**Verfügbarkeit von Kapital**
circulating capital *n* (→ **working capital**)	**Umlauf-, Betriebskapital**
working capital *n*	**Geschäftskapital, Betriebsvermögen, Umlaufvermögen**
The company's **working capital** is a good indicator of its general health.	Das Umlaufvermögen eines Betriebes ist ein guter Indikator für seinen allgemeinen Zustand.
● **controlling interest** *n*	**Kapitalmehrheit, Mehrheitsbeteiligung, maßgebliche, mehrheitliche Beteiligung**
The Chairman has a **controlling interest** in the football club.	Der Vorsitzende besitzt eine Kapitalmehrheit des Fußballvereins.
debt ratio *n*	**Verschuldungsrate**
The company has traded successfully this year but its **debt ratio** remains high and this is depressing its share value.	Die Firma hat ein erfolgreiches Geschäftsjahr hinter sich, aber ihre Verschuldungsrate bleibt zu hoch und belastet damit ihren Aktienwert.
● **dividend** *n*	**Dividende, Ausschüttung, Gewinnanteil**
The directors of the company have recommended that this year's **dividend** be maintained at the same rate as last year's.	Die Geschäftsführung des Unternehmens hat empfohlen, die diesjährige Dividende auf der gleichen Höhe wie im Vorjahr zu halten.
to declare a dividend *phrase*	**eine Dividende erklären, eine Dividende festsetzen**
The company **declared a dividend** of 7p per share.	Das Unternehmen setzte eine Dividende von 7 Pence pro Aktie fest.

dividend payable *n* The interim **dividend payable** on 139 ordinary shares is £ 41.88 after tax.	**fällige Dividende** Nach Steuerabzug beträgt die fällige Abschlagsdividende für 139 Stammaktien £ 41,88.
● **finance** *n* **Finance** has to do with how funds for business are obtained and used.	**Finanzwesen, Finanzen, Finanzierungsmittel** Das Finanzwesen beschäftigt sich mit der Beschaffung und Verwendung von Geldmitteln.
financial management *n*	**Finanzmanagement**
golden share *n* The British government can choose to hold a **golden share** in newly privatised companies it deems of national interest in order to prevent foreign takeovers.	**Sperraktie, Aktie mit Vetorecht** *(i. d. R. in Staatsbesitz)* Die britische Regierung kann, um ausländischen Übernahmen vorzubeugen, bei neuprivatisierten Unternehmen eine Aktie mit Vetorecht erwerben, wenn dies im Landesinteresse sein sollte.
investor confidence *n*	**Vertrauen der Anleger(innen), Zuversicht der Investor(inn)en**
to run into debt *phrase* The export company **ran into debt** because the high value of the pound made its goods less attractive to overseas buyers.	**in Schulden geraten, sich verschulden** Die Exportfirma geriet in Schulden, da ihre Waren durch den hohen Kurs des englischen Pfundes bei ausländischen Kunden schlecht ankamen.
● **stake** *n* The family still has a 40 % **stake** in the business.	**Anteil, Beteiligung** Die Familie besitzt immer noch einen Firmenanteil von 40 %.
strapped for cash *phrase* The car company is thought to be so **strapped for cash** that it is about to sell off its luxury car division to the highest bidder.	**bargeldlos, knapp bei Kasse** Die Automobilfirma soll offenbar so knapp bei Kasse sein, dass sie kurz davor ist, ihre Luxuswagenabteilung an den meistbietenden Käufer zu verkaufen.

11.5 Besteuerung

advance corporation tax (> ACT) *n*	**Körperschaftssteuervorauszahlung**
basic (tax) rate *n* (→ **income tax**)	**Standardsteuersatz**
You are currently taxed at the **basic rate** on taxable income up to £ 25,500.	Zurzeit werden Sie nach dem Standardsteuersatz für steuerpflichtige Einkommen bis zu £ 25 500 veranlagt.
capital gains tax (> CGT) *n*	**Kapitalertragssteuer, Kapitalgewinnsteuer**
The company had to pay **CGT** on the capital realised by selling building land.	Das Unternehmen musste Kapitalertragssteuer auf das durch den Verkauf von Grundstücken liquidierte Kapital bezahlen.
● **corporation tax** *n*	**Körperschaftssteuer**
In Britain **corporation tax** currently stands at 35 % on pre-tax profits.	In Großbritannien beträgt die Körperschaftssteuer zurzeit 35 % der Vorsteuergewinne.
liable to corporation tax *phrase*	**körperschaftssteuerpflichtig**
● **deducted at source** *phrase*	**an der Quelle abgezogen, quellenbesteuert**
double taxation *n*	**Doppelbesteuerung, doppelte Besteuerung**
double taxation agreement *n*	**Doppelbesteuerungsabkommen**
exempt *adj*	**ausgenommen**
Charities are **exempt** from corporation tax.	Karitative Verbände sind von der Körperschaftssteuer ausgenommen.

fiscal *adj*	**Fiskal-, steuerlich, steuerrechtlich, finanziell**
Germany's **fiscal** position has deteriorated due to weak consumer demand.	Wegen schwacher Verbrauchernachfrage hat sich die finanzielle Lage Deutschlands verschlechtert.
higher rate *n* (→ **income tax**)	**höhere Steuerklasse**
Income tax is calculated at the **higher rate** for any taxable income in excess of £ 25,500.	Für steuerpflichtiges Einkommen über £ 25 500 wird Einkommensteuer gemäß der höheren Steuerklasse berechnet.
● **income tax** *n*	**Einkommenssteuer**
There are currently three rates of **income tax** in Britain – lower (20 %), basic (24 %) and higher (40 %).	Zurzeit gibt es in Großbritannien drei Einkommenssteuerklassen – untere (20 %), mittlere (24 %) und obere Steuerklasse (40 %).
● **income tax return** *n*	**Einkommenssteuererklärung**
● **Inland Revenue** *n (GB)*; **Internal Revenue Service** *n (US)*	**Finanzamt, Steuerbehörde**
This form notifies the **Inland Revenue** that you are self-employed.	Mit diesem Formular setzen Sie das Finanzamt darüber in Kenntnis, dass Sie sich selbstständig gemacht haben.
lower rate *n* (→ **income tax**)	**niedrigere Steuerklasse, untere Steuerklasse**
You are currently taxed at the **lower rate**.	Sie werden zurzeit in der unteren Steuerklasse veranlagt.
● **PAYE (< pay as you earn)** *phrase (GB)*	**(Lohn)Steuerabzugsverfahren, Quellensteuerabzug**
PAYE is deducted at source from the employee's salary.	Beim Quellensteuerabzugsverfahren wird die Steuer direkt vom Gehalt des Angestellten einbehalten.
pre-tax profits *n pl*	**Vorsteuergewinne**
profit after tax *n*	**Netto-, Reingewinn**

rate of tax, tax rate *n*	**Steuer-, Besteuerungssatz, Steuertarif**
The **rate of** corporation **tax** is announced in the Chancellor's end of year budget.	Der Körperschaftssteuersatz wird im Endjahresbudget des Finanzministers bekannt gegeben.
● **self assessment** *n* (→ **tax return**)	**Selbstveranlagung**
The introduction of complex **self-assessment** forms has caused confusion and frustration amongst small businesses.	Die Einführung von komplizierten Selbstveranlagungsformularen hat bei kleineren Unternehmen Verwirrung und Frustration hervorgerufen.
● **tax allowance** *n*	**Steuerfreibetrag**
tax consultant *n*	**Steuerberater(in)**
tax deducted at source *n*	**Quellensteuer**
tax haven *n*	**Steuerparadies, -oase**
● **tax relief** *n*	**Steuernachlass, -vergünstigung**
Additional voluntary contributions to the pension fund are eligible for **tax relief**.	Bei zusätzlichen freiwilligen Beiträgen zur Rentenversicherung haben Sie Anspruch auf Steuernachlass.
● **tax reminder** *n*	**Steuermahnung**
● **tax return** *n*	**Steuererklärung, -anmeldung**
From 1997 **tax returns** have taken the form of self-assessment.	Seit 1997 erfolgt die Steuererklärung als Selbstveranlagung.
● **to file a tax return** *phrase*	**Steuererklärung abgeben**
tax write off *n*	**Steuerabschreibung**
During the junk bond scandal, the CEO bought a company yacht as a **tax write off**.	Während des Risikopapierskandals kaufte der Geschäftsführer eine „Geschäftsjacht“ als Steuerabschreibung.
● **tax year** *n*	**Geschäfts-, Finanz-, Haushaltsjahr**

● **taxable income** *n*	**steuerpflichtiges Einkommen, zu versteuerndes Einkommen**
Your **taxable income** is your total income less tax allowances.	Ihr steuerpflichtiges Einkommen besteht aus Ihrem gesamten Einkommen abzüglich der Steuerfreibeträge.
tax-deductible *adj (GB)*; **tax deductible** *adj (US)*	**(steuerlich) abzugsfähig**
● **tax-free** *adj*	**steuerfrei, nicht steuerpflichtig**
turnover tax *n*	**Umsatzsteuer**
VAT No. (< Value Added Tax Number) *n*	**MwSt-Nr. (< Mehrwertsteuernummer)**

12 Rechnungswesen

12.1 Allgemeine Begriffe

● **account code** *n*	**(Erfassungs)Schlüssel, Kode**
There is a unique **account code** for each type of cost.	Für jede Kostenart gibt es einen singulären Schlüssel.
● **accountant** *n*	**(Bilanz)Buchhalter(in), Wirtschaftsprüfer(in)**
Association of Chartered Certified Accountants (> ACCA) *n (GB)*	*(britischer Wirtschaftsprüfer-verband)*
chartered (certified) accountant (> CA) *n (GB)*; **certified public accountant (> CPA)** *n (US)*	**(vereidigter) Wirtschafts-prüfer, (vereidigte) Wirtschaftsprüferin (> WP)**
Chartered accountants work in all branches of business, often in managerial roles.	Wirtschaftsprüfer sind in allen Industriezweigen anzutreffen, oftmals in Management-positionen.
● **chief accountant** *n*	**Leiter(in) des Rechnungswe-sens, Hauptbuchhalter(in)**
Institute of Chartered Accountants in England and Wales (> ICAEW) *n (GB)*	*(Institut der Wirtschaftsprüfer von England und Wales)*
accounting date *n*	**Bilanzstichtag, Bilanzierungstag**
The **accounting date** is the date to which a company makes up its accounts.	Der Bilanzstichtag ist das Datum, zu dem ein Unternehmen seinen Jahresabschluss erstellt.
accounting period *n*	**Rechnungs-, Bilanzierungsperiode, Abschlusszeitraum**
For internal purposes, most companies break the financial year down into thirteen four-week **accounting periods**.	Für interne Zwecke unterteilen die meisten Firmen das Finanzjahr in 13 vierwöchige Rechnungsperioden.

• **accounts** *n pl*	**(Jahres)Abschluss, Konten, Bücher, Bilanz**
Can I see the **accounts** for the last three years, please?	Kann ich bitte Ihre Bücher aus den letzten drei Jahren einsehen?
• **accounts department (> Accounts)** *n*; **accounting department** *n*	**Buchhaltungsabteilung, Abteilung für Rechnungswesen, Bilanzabteilung**
Please take the invoice down to **Accounts**.	Bitte bringen Sie diese Rechnung hinunter in die Buchhaltung.
to accrue *v/i*	**anfallen, auflaufen, anwachsen**
Interest has **accrued** to the value of £2155.79.	Die Zinsen sind auf einen Wert von £ 2155,79 angewachsen.
• **brought forward (> b/f)** *adj*	**übertragen, vorgetragen**
• **budget holder** *n*	*(etwa:)* **Budgetverwalter(in), Budgetinhaber(in)**
• **budget update** *n*	**Aktualisierung des Budgets**
The accounts department provides each budget holder with a monthly **budget update**.	Die Buchhaltungsabteilung erstellt für jeden Budgetinhaber ein monatlich aktualisiertes Budget.
• **cash book** *n*	**Kassenbuch, Kassenjournal**
Daily payments into and out of the bank are recorded in the **cash book**.	Bankeingänge und -ausgänge werden täglich im Kassenbuch festgehalten.
to charge *v/ti*	**berechnen, in Rechnung stellen, verbuchen**
Please **charge** these items to the expense account.	Bitte verbuchen Sie diese Posten auf dem Spesenkonto.
to close the books *phrase*	**die Bücher (ab)schließen**
We've **closed the books** for the last financial year now, so you'll have to put this order through next year.	Die Bücher für das vergangene Finanzjahr sind jetzt abgeschlossen. Sie werden diese Bestellung daher nächstes Jahr durchgeben müssen.
• **closing balance** *n*	**Abschlusssaldo**

to cook the books *colloq phrase* The Inland Revenue suspected him of **cooking the books**.	**Rechnungsbücher frisieren** Das Finanzamt hatte ihn im Verdacht, die Rechnungsbücher frisiert zu haben.
cost accounting *n* **Cost accounting** analyses the costs of production and associated expenses, and their impact on profits.	**Kostenrechnung** Die Kostenrechnung ermittelt die Produktionskosten und damit verbundene Ausgaben sowie deren Auswirkungen auf den Gewinn.
cost centre *n (GB)*; **cost center** *n (US)* We have established 4 different **cost centres** in our company.	**Kostenstelle** Wir haben vier verschiedene Kostenstellen in unserem Unternehmen eingerichtet.
• **creative accounting** *colloq n*	**kreative Bilanzierung**
• **debit balance** *n*	**Sollsaldo**
• **to do the books** *phrase* Once his business expanded, Mr Harman had to employ an accountant to **do the books**.	**die Bücher führen, die Buchhaltung erledigen** Nach der Erweiterung seines Geschäftes musste Herr Harman einen Buchhalter beschäftigen, um die Bücher zu führen.
• **finance director** *n*	**Finanzdirektor(in)**
• **financial controller** *n*	**Leiter(in) des Rechnungswesens**
• **financial report** *n*	**Finanzbericht**
financial reporting *n*	**finanzielles Berichtswesen**
financial year *n*	**Geschäftsjahr, Finanzjahr, Bilanzjahr**
• **fiscal year** *n* (→ **tax year**)	**Finanz-, Steuerjahr, steuerpflichtiges Jahr**

GRN (< Goods Received Note) *n* When the purchase invoice arrives the receiving department sends a **GRN** to our accounts department.	**Warenannahmeschein, (Empfangs)Bestätigung** Nach Erhalt der Eingangsrechnung schickt die Warenannahme eine Empfangsbestätigung an unsere Buchhaltung.
● **item** *n*	**Posten**
ledger *n*	**Hauptbuch**
general ledger *n* (→ **nominal ledger**) The balance sheet is based on the company's **general ledger** which shows all the company's transactions.	**Haupt-, Handels-, Rechnungsbuch, Register** Die Bilanz beruht auf dem Hauptbuch des Unternehmens, in dem alle Transaktionen eingetragen sind.
nominal ledger *n* (→ **general ledger**) The **nominal ledger** provides a detailed breakdown of expenditure.	**Haupt-, Handels-, Rechnungsbuch, Register** Im Hauptbuch wird eine detaillierte Kostenaufgliederung erstellt.
● **purchase ledger** *n* The **purchase ledger** shows credit purchases made from suppliers and the balance owing to them.	**Kreditorenbestand, Kreditorenbuch** Der Kreditorenbestand weist die bei Zulieferfirmen getätigten Kreditkäufe sowie die an sie ausstehenden Zahlungen auf.
● **sales ledger** *n* The **sales ledger** shows credit sales to customers and the balance outstanding on each customer's account.	**Debitorenbestand, Debitorenbuch, Forderungsbestand** Der Debitorenbestand weist die Verkäufe auf Kreditbasis an Kunden sowie die ausstehenden Forderungen für jedes Kundenkonto auf.
● **less** *adj*	**abzüglich, weniger**
managerial accounting *n*	**internes Rechnungswesen, Betriebsrechnungswesen**
● **opening balance** *n*	**Eröffnungsbilanz**

● **payroll** *n*	**Lohn-, Gehaltsliste, Personalbestand**
How many employees are on your **payroll** at present?	Wie viele Mitarbeiter stehen zurzeit auf Ihrer Gehaltsliste?
period under review *phrase*	**Berichtszeitraum**
The company achieved good results in the **period under review**.	Im Berichtszeitraum erwirtschaftete das Unternehmen gute Ergebnisse.
● **petty cash** *n*	**Portokasse, Handkasse**
● **petty cash book** *n*	**(Porto)Kassenbuch**
All purchases made using petty cash are recorded in the **petty cash book**.	Alle Wareneinkäufe, die über die Portokasse laufen, werden im Portokassenbuch eingetragen.
profit on paper *phrase*	**Papier-, Scheingewinn**
The company is making substantial **profits on paper** but the reality is somewhat different.	Auf dem Papier erwirtschaftet das Unternehmen zwar beträchtliche Gewinne, aber die Realität sieht wohl etwas anders aus.
● **to record** *v/t*	**verbuchen, eintragen, aufzeichnen**
All credit sales should be **recorded** in the sales ledger.	Alle Verkäufe auf Kreditbasis sollten im Debitorenbuch verbucht werden.
● **tax year** *n* (→ **fiscal year**)	**Steuerjahr**
total *n*	**Gesamtsumme**
● **subtotal** *n*	**Zwischensumme**
● **to total up** *v/t*	**(auf)addieren, zusammmenrechnen**
Try **totalling up** the right hand column again.	Versuchen Sie noch einmal, die rechte Spalte aufzuaddieren.
● **transaction** *n*	**Geschäftsvorgang**
The auditors have traced this **transaction** back to its source.	Die Wirtschaftsprüfer haben diesen Geschäftsvorgang bis zu seiner Quelle zurückverfolgt.
● **wages office** *n*	**Lohnbüro**

12.2 Bilanz

● **accounting** *n*	**Rechnungs-, Bilanzwesen, Buchhaltung**
accumulated *adj*	**aufgelaufen**
accumulated depreciation *n*	**aufgelaufene Abschreibungssumme**
amortization *n* (→ **depreciation**)	**Absetzung für Abnutzung, Amortisation, Tilgung**
to amortize *v/i* (→ **depreciate**)	**amortisieren, abschreiben, tilgen**
● **asset** *n*	**Aktiva, Anlagegut, Sach-, Vermögenswert**
Assets are items of value owned by the company.	Aktiva sind Vermögenswerte eines Unternehmens.
asset value *n*	**Vermögenswert**
● **capital asset** *n*	**Anlage-, Kapitalvermögen**
● **current assets** *n pl*	**Umlaufvermögen**
The main **current assets** are cash and money owed by debtors.	Das meiste Umlaufvermögen besteht aus Bargeld und Schuldforderungen.
fixed asset register *n*	**Sachanlagenregister**
● **fixed assets** *n pl*	**feste Anlagen, Vermögenswerte, festliegendes Kapital**
intangible asset *n*	**immaterieller Firmen-, Geschäftswert**
Goodwill is a major **intangible asset**.	Der immaterielle Firmenwert ist ein wichtiger Vermögenswert.
● **liquid assets** *n pl*	**liquide Mittel, flüssige Mittel, Barvermögen**
net assets *n pl*	**Netto-, Reinvermögen**
revaluation of assets *n*	**Neubewertung des Anlagevermögens**

tangible asset *n*	**Sachanlage, Sachwert**
The company has **tangible assets** in the form of office and electrical equipment, and two company cars.	Das Unternehmen besitzt Sachwerte in Form von Büroeinrichtung und elektrischen Geräten sowie zwei Firmenwagen.
• **balance sheet** *n*	**Bilanz, Jahres-, Rechnungsabschluss, Geschäftsbilanz**
The company's **balance sheet** indicates that it is in good financial health.	Die Geschäftsbilanz des Unternehmens zeigt, dass es sich in einer soliden finanziellen Lage befindet.
bills receivable *n pl*	**Wechselforderungen**
book value *n*	**(Netto)Buchwert, Nettowert**
The **book value** of the vehicle is the original cost less depreciation.	Der Buchwert des Fahrzeuges ist sein Kaufpreis abzüglich Wertminderung.
• **creditor** *n*	**Gläubiger(in), Kreditgeber(in)**
Because of cash-flow difficulties, we were unable to meet our obligations to our **creditors** on time.	Wegen Cash-Flow-Problemen konnten wir den Verbindlichkeiten unseren Gläubigern gegenüber nicht rechtzeitig nachkommen.
debit *n*	**Soll(-), Debet(seite), (Konto) Belastung**
• **debtor** *n*	**Schuldner(in), Darlehens-, Kreditnehmer(in), Zahlungspflichtige(r)**
Our trade **debtors** consistently defaulted on their payments.	Unsere Warenschuldner waren permanent zahlungssäumig.
• **to depreciate** *v/ti*	**abschreiben, abwerten, (im Wert) mindern, im Wert fallen, im Preis fallen**
Vehicles **depreciate** particularly quickly.	Fahrzeuge fallen besonders schnell im Wert.

● **depreciation** *n*	**Wertminderung, (Wert) Abschreibung**
Depreciation spreads the cost of expensive items over several years.	Durch Abschreibung lassen sich die Kosten für teure Anschaffungen auf mehrere Jahre verteilen.
● **double-entry bookkeeping** *n*	**doppelte Buchführung**
FIFO (< First In First Out) *n*	**Zuerstentnahme der älteren Bestände, Inventurbewertung nach dem „first in – first out" Prinzip**
fixtures and fittings *n pl* (→ **fixed assets**)	**Einrichtung, Geschäftsausstattung**
goodwill *n*	**immaterieller Firmenwert, immaterieller Geschäftswert**
● **historic cost** *n*	**Anschaffungskosten**
The value of assets is based on **historic cost**, which is their original purchase price.	Der Wert eines Anlagevermögens basiert auf den Anschaffungskosten, d. h. auf dem ursprünglichen Kaufpreis.
liabilities *n pl*	**Verbindlichkeiten, Passiva, Schulden**
current liabilities *n pl*	**kurzfristige Verbindlichkeiten, laufende Verbindlichkeiten**
Current liabilities means money owed by the company which has to be paid within a year.	Kurzfristige Verbindlichkeiten sind ausstehende Forderungen eines Unternehmens, die innerhalb eines Jahres zahlbar sind.
long-term liabilities *n pl*	**langfristige Verbindlichkeiten**
Your **long-term liabilities** are not due for payment until next year.	Ihre langfristigen Verbindlichkeiten sind nicht vor nächstem Jahr fällig.
LIFO (< Last In First Out) *n*	**Lifo-Methode** *(Vorratsbewertung)*
net worth *n*	**Eigenkapital, Nettovermögenswert, Reinvermögen**

prepayment *n*	**Vorauszahlung, vorzeitige Zahlung, Vorkasse**
The cost of the company's **prepayment** of its annual insurance premium is spread over twelve months.	Die Unternehmenskosten für die Vorauszahlung der Versicherungsprämie sind auf 12 Monatsraten verteilt.
proceeds on sale *n pl*	**Verkaufserlös**
• **replacement cost** *n*	**Wiederbeschaffungskosten, Kosten für Ersatzbeschaffung**
reserves *n pl* **Reserves** consist largely of accumulated retained profits.	**Rücklagen, Rückstellungen** Rückstellungen bestehen zum größten Teil aus aufgelaufenen Gewinnrücklagen.
• **residual** *adj* After several years' depreciation, the **residual** value of the equipment is now very low.	**übrig(bleibend), verbleibend** Nach mehreren Jahren Wertminderung ist der verbleibende Wert der Geräte jetzt sehr gering.
retained earnings *n pl* **Retained earnings** will be distributed to shareholders in due course.	**einbehaltene Gewinne** Einbehaltene Gewinne werden rechtzeitig an die Aktionäre ausgeschüttet.
to revalue *v/t*	**neu bewerten, neu einschätzen, auf-, umwerten**
Your company may judge it useful to **revalue** assets or stocks if their value has changed substantially since you bought them.	Es könnte für Ihre Firma von Nutzen sein, Aktiva oder Anlagepapiere neu zu bewerten, falls sich ihr Wert seit dem Erwerb maßgeblich verändert hat.
• **set of accounts** *n* The balance sheet is a **set of accounts** indicating the value of the company in terms of its assets, liabilities and equity.	**Kontensatz** Die Jahresbilanz ist ein Kontensatz, der den Wert eines Unternehmens gemäß seinen Vermögenswerten, Verbindlichkeiten und Eigenmitteln aufweist.
• **sundry** *adj*	**diverse, verschiedene, sonstige**
sunken costs *n pl*	**getätigte Ausgaben**

● **wastage** *n*	**(Material)Verlust, Schwund, Verschwendung**
Depreciation is the **wastage** of an asset.	Wertminderung ist ein Verlust von Vermögenswerten.
● **to write down** *v/t*	**abschreiben, wertberichtigen**
The value of our computer equipment is **written down** by 20 % p.a.	Der Wert unserer Computerausstattung wird jedes Jahr mit 20 % abgeschrieben.
● **to write off** *v/t*	**(vollständig) abschreiben**
The machinery is now virtually obsolete and has been **written off**.	Die Maschinen sind heute praktisch überholt und vollständig abgeschrieben.
● **to write up** *v/t* (→ **revalue**)	**hochschreiben, wertberichtigen, Wert erhöhen**

12.3 Gewinn und Verlust

● **administrative expenses** *n pl*	**Verwaltungskosten**
any other income *phrase*	**sonstige Einkommen**
Any other income from sources other than trading is added to the gross profit.	Sonstige Einkommen aus Quellen außerhalb der Geschäftstätigkeit sind zum Bruttogewinn hinzuzufügen.
● **bad debt** *n*	**uneinbringliche Forderung, uneinbringliche Schuld**
The banks had to write off a third of their investment loans to South Korean businesses as **bad debts**.	Die Banken mussten ein Drittel ihrer Investitionsdarlehen an südkoreanische Unternehmen als uneinbringbar abschreiben.
bottom line *n*	**Jahresüberschuss, Jahresfehlbetrag** *(Bilanz)*, **Saldo**
The **bottom line** of the P&L account shows the final profit or loss after all deductions have been made.	Der Saldo der Gewinn- und Verlustrechnung zeigt den Nettogewinn oder -verlust nach Abzug aller Abgaben.

Rechnungswesen

● **What's the bottom line?** *colloq phrase*	**Wie sieht die Sache wirklich aus?**
What's your bottom line? *colloq phrase*	**Wie weit sind Sie bereit zu gehen?**
direct costs *n pl* (→ **variable costs**)	**direkte Kosten, leistungsabhängige Kosten**
indirect costs *n pl* (→ **overhead costs**)	**indirekte Kosten**
extraordinary charges *n pl*	**außerordentliche Belastungen** *(Bilanz)*
Redundancy payments account for the **extraordinary charges**.	Abfindungszahlungen werden als außerordentliche Belastungen verbucht.
extraordinary income *n*	**Sondereinkünfte, -einnahmen**
Extraordinary income is added after the profit or loss from normal trading activities has been accounted for.	Sondereinkünfte werden addiert, nachdem Gewinn und Verlust der normalen Geschäftsvorgänge verbucht sind.
gross profit or loss *n*	**Bruttogewinn oder -verlust**
income and expenditure account *n*	**Gewinn- und Verlustrechnung**
loss on disposal *n* (→ **disposal**)	**Verlust bei Veräußerung**
● **miscellaneous** *n*	**Verschiedenes, sonstige Aufwendungen**
We enter items of expenditure which cannot be accounted for under any other category as "**miscellaneous**".	Ausgabenposten, die in keiner anderen Kategorie verbucht werden können, tragen wir unter „sonstige Aufwendungen" ein.
net loss *n* (→ **net profit**)	**Netto-, Rein-, Barverlust**

net profit *n*	**Netto-, Reingewinn, Netto-, Reinertrag**
Administrative and other costs are deducted from the gross profit or loss to give the **net profit** or loss before taxation.	Nach Abzug von administrativen und anderen Kosten vom Bruttoerlös oder -verlust erhält man den Nettogewinn oder -verlust vor Steuerabzug.
net profit after taxation *phrase*	**Nettogewinn nach Steuerabzug**
on disposal of *phrase*	**bei Absatz von, bei Abstoß von, bei Verkauf von, bei Veräußerung von**
The company made a profit of £ 10,220 **on disposal of** its car fleet.	Bei Veräußerung seines Fuhrparks machte das Unternehmen einen Profit von £ 10 220.
operating costs *n pl*	**Betriebskosten, betriebliche Aufwendungen**
operating profit *n*	**Betriebs(rein)gewinn, Betriebsergebnis**
The company turned in a small **operating profit** in its first year of operations.	In seinem ersten Betriebsjahr erwirtschaftete das Unternehmen einen kleinen Betriebsgewinn.
other operating income *phrase*	**sonstige Erträge** *(Bilanz)*
• **overhead costs (> overheads)** *n pl*	**Gemeinkosten, Betriebskosten, allgemeine Unkosten**
We are always looking for ways of reducing **overheads**.	Wir suchen stets nach Wegen, um unsere Betriebskosten zu verringern.
paper profit *n* (→ **profit on paper**)	**Papier-, Scheingewinn**
Accounting adjustments enabled the firm to show a **paper profit**.	Kontobereinigungen ermöglichten es der Firma, Scheingewinne auszuweisen.

pre-tax profits *n pl*	**Gewinn vor (Abzug der) Steuern**
● **profit and loss account (> P&L account)** *n (GB)*; **income statement** *n (US)*	**Gewinn- und Verlustrechnung**
The annual set of accounts must contain a **profit and loss account**.	Der jährliche Kontensatz muss eine Gewinn- und Verlustaufstellung beinhalten.
● **profits after tax** *phrase*	**Gewinn nach (Abzug von) Steuern**
revenue *n*	**Einnahmen, Einkünfte, Erlöse**
sales revenue *n*	**Verkaufserlös, Einkünfte aus dem Verkauf, Umsätze aus dem Verkauf**
● **trading account** *n*	**Erfolgsrechnung, Betriebskonto, Betriebsrechnung**
The **trading account** is the first section of the P&L account and shows gross profit or loss on sales.	Die Erfolgsrechnung ist der erste Teil der Gewinn- und Verlustrechnung, der Bruttogewinn und -verlust ausweist.
trading profit *n*	**Betriebs-, Brutto-, Handelsgewinn, gewerbliche Einkünfte**
● **turnover** *n*	**(Geschäfts)Umsatz, Verkaufsumsatz**

12.4 Cash-Flow

cash *n*	**Bargeld, Barzahlung, liquide Mittel**
cash at bank *n*	**Bankguthaben**
cash flow *n*	**Cash-Flow, Kapitalfluss, Finanzfluss**
• **cash flow statement** *n*	**Kapitalabflussrechnung, Finanzflussrechnung**
cash inflow *n*	**Kapitalzufluss**
Sources of **cash inflow** include sales, debtors, borrowing and the issue of shares.	Quellen des Kapitalzuflusses schließen Absätze, Verbindlichkeiten, Anleihen und die Emission von Aktien ein.
cash outflow *n*	**Kapitalabfluss, Ausgaben**
Types of **cash outflow** include loan interest, labour costs, taxes and payments to creditors.	Arten des Kapitalabflusses schließen Kreditzinsen, Lohnkosten, Steuern und Schuldzahlungen ein.
liquid *adj*	**flüssig, kapitalkräftig, liquide**
• **liquidity** *n*	**Liquidität(sstatus), Zahlungsbereitschaft**
The company's low **liquidity** is a problem because it has few assets that can be readily turned into cash.	Der geringe Liquiditätsstatus des Unternehmens ist problematisch; es besitzt wenige Vermögenswerte, die sich direkt in Bargeld umsetzen lassen.
purchase of fixed assets *phrase*	**Erwerb von festen Vermögenswerten**
• **solvent** *adj*	**solvent, zahlungsfähig**
sources and application of funds statement (> funds statement) *n (GB)*; **funds flow statement** *n (US)*	**Bewegungsbilanz, Kapitalflussrechnung**
• **working capital** *n*	**Eigen-, Betriebs-, Umlaufkapital**

12.5 Rechnungsprüfung

adverse opinion *n* The auditors reported an **adverse opinion** of the company's financial statements.	**ablehnendes Gutachten** Die Rechnungsprüfer legten ein ablehnendes Gutachten über den Bilanzabschluss des Unternehmens vor.
● **annual accounts** *n pl*	**Jahresabrechnung, -abschluss**
● **annual report** *n*	**Jahresabschlussbericht, Geschäftsbericht**
approved auditing standards *n pl* The accounts have been prepared in accordance with **approved auditing standards.**	**Grundsätze für ordnungsgemäße Durchführung von Rechnungsprüfungen** Die Jahresbilanz ist in Übereinstimmung mit den Grundsätzen für ordnungsgemäße Durchführung von Rechnungsprüfungen erstellt worden.
● **audit** *n*	**Bilanz-, Rechnungsprüfung, Wirtschaftsprüfungsbericht**
audit result *n*	**Prüfungsergebnis**
● **audit trail** *n* The accountant was able to follow the **audit trail** from the purchase of the car in February to its sale in November.	**Belegnachweise, belegmäßige Nachweise** Der Rechnungsprüfer war imstande, die Belegnachweise vom Erwerb des Fahrzeuges im Februar bis zu seiner Veräußerung im November nachzuverfolgen.
● **external audit** *n* **External audit** verifies the accounts on behalf of the owners of the company.	**Prüfung durch unabhängige Wirtschaftsprüfer(innen)** Unabhängige Wirtschaftsprüfer beglaubigen den Jahresabschluss für den Firmeninhaber.
● **internal audit** *n* The company's **internal audit** failed to uncover the fraud.	**innerbetriebliche Rechnungsprüfung** Der innerbetrieblichen Rechnungsprüfung gelang es nicht, die Unterschlagung aufzudecken.

• **to audit** *v/t*	**Bilanz-, Rechnungsprüfung durchführen**
Our accounts are **audited** each year.	Rechnungsprüfungen werden jährlich durchgeführt.
• **auditing (of) accounts** *n*	**Buch-, Bilanz-, Rechnungsprüfung**
• **auditor** *n*	**Rechnungs-, Wirtschaftsprüfer(in)**
We've got the **auditors** in this week.	Wir haben diese Woche die Wirtschaftsprüfer im Hause.
• **auditors' report** *n*	**Prüfungsbericht des Wirtschaftsprüfers, Prüfungsbericht der Wirtschaftsprüferin**
• **chair(wo)man's statement** *n*	**Geschäftsbericht des Vorsitzenden, Geschäftsbericht der Vorsitzenden**
The annual report contains an extremely upbeat **chairman's statement**.	Der Jahresabschlussbericht enthält einen überaus optimistischen Geschäftsbericht des Vorsitzenden.
• **consolidated accounts** *n pl*	**Konzernabschluss, konsolidierte Bilanz**
Parent companies have to prepare **consolidated accounts** for the group as a whole, as well as individual accounts for the various subsidiaries.	Stammhäuser müssen sowohl eine konsolidierte Bilanz für die gesamte Gruppe als auch individuelle Abschlüsse für die verschiedenen Tochtergesellschaften vorbereiten.
due diligence report *n*	**(sorgfältige Analyse als Voraussetzung für eine) Unternehmensbewertung, Kaufprüfung**
We generate **due diligence reports** for all of our clients.	Wir erstellen sorgfältige Analysen als Voraussetzung für Unternehmensbewertungen für alle unsere Auftraggeber.

duty of care *n*
Auditors have a **duty of care** to actual or potential investors.

(allgemeine) Sorgfaltspflicht
Rechnungsprüfern obliegt die allgemeine Sorgfaltspflicht gegenüber reellen oder potenziellen Anlegern.

● **entry** *n*
The auditor has checked the **entries** against the receipts.

Eintrag, Buchung
Die Rechnungsprüferin hat die Buchungen anhand der Belege überprüft.

---

for the year ending *phrase*
Herewith our accounts **for the year ending** 5 April 2007.

zum Jahreschluss, zum Bilanzstichtag
Beiliegend unser Jahresabschluss zum Bilanzstichtag 5. April 2007.

● **independent** *adj*
Auditors are required to be **independent** of the company whose accounts they examine.

unabhängig, neutral, ungebunden
Rechnungsprüfer müssen von dem Unternehmen, dessen Bilanz sie überprüfen, unabhängig sein.

● **irregularity** *n*
Unfortunately the auditors have discovered a number of **irregularities** in the books.

Formmangel, -fehler
Leider haben die Rechnungsprüfer eine Reihe von Formfehlern in unseren Büchern entdeckt.

---

public inspection *n*
The company's annual accounts are available for **public inspection** via Companies House.

öffentliche Einsichtnahme
Die Jahresbilanz des Unternehmens liegt zur öffentlichen Einsichtnahme im „Companies House" aus. (Name und Sitz des britischen Handelsregisters)

---

qualified report *n*
The managing director was extremely concerned to receive a **qualified report** from the auditors.

eingeschränkter Bestätigungsvermerk, eingeschränktes Testat
Der Geschäftsführer war äußerst besorgt darüber, von den Rechnungsprüfern nur einen eingeschränkten Bestätigungsvermerk zu erhalten.

to qualify *v/t* The auditors were unhappy with certain aspects of the annual accounts and **qualified** their report accordingly.	**einschränken, modifizieren** Die Rechnungsprüfer waren mit einigen Aspekten des Jahresabschlusses nicht zufrieden und machten dementsprechend einschränkende Bemerkungen in ihrem Bericht.
• **to reconcile** *v/t* The auditors seem to be having trouble **reconciling** the bank statements with the cash book.	**(Konten) abstimmen, ausgleichen** Die Rechnungsprüfer scheinen Probleme damit zu haben, die Kontenauszüge der Bank mit dem Kassenbuch abzustimmen.
• **sample check** *n* The auditors would like to do a number of **sample checks** on the accounts.	**Stichprobe** Die Rechnungsprüfer möchten eine Reihe von Bilanzstichproben vornehmen.
• **to sign off** *v/t* The auditors refused to **sign off** the accounts.	**amtlich bestätigen, offiziell bestätigen** Die Rechnungsprüfer verweigerten die amtliche Bestätigung der Jahresbilanz.
• **statutory accounts** *n pl* The **statutory accounts** have to be filed at Companies House, in Cardiff.	**gesetzlich (vorgeschriebene) Bilanz, satzungsgemäße Bilanz, statutengemäße Bilanz** Die statutengemäße Bilanz muss im „Companies House" in Cardiff registriert werden. (Name und Sitz des britischen Handelsregisters)
• **statutory report** *n* (→ **annual report**) Limited companies must produce a **statutory report** for shareholders on an annual basis.	**satzungsgemäßer (Jahres)Bericht** Eine AG muss ihren Aktionären einmal im Jahr einen satzungsgemäßen Bericht vorlegen.

Rechnungswesen

13 Versicherungen

13.1 Allgemeine Begriffe

actuary *n*	**Versicherungsfachmann, -fachfrau, -mathematiker(in)**
● **compulsory** *adj* (→ **statutory**)	**pflicht-, verbindlich, verpflichtend**
● **due for renewal** *phrase*	**zur Erneuerung fällig** *(Versicherung)*
When is your existing policy **due for renewal**?	Wann ist Ihre Erneuerungsprämie der bestehenden Police fällig?
● **fully insured** *adj*	**voll(kasko) versichert**
The travel agency told me we were **fully insured** for all types of skiing accidents.	Das Reisebüro sagte mir, dass wir gegen jegliche Art von Skiunfall voll versichert seien.
hazard *n*	**Risiko, Gefahr, Wagnis**
in utmost good faith, uberrima fides *phrase (Lat.)*	**nach bestem Wissen** *(wörtl. höchster guter Glaube)*
A person taking out insurance must provide all relevant facts **in utmost good faith**.	Der Versicherungsnehmer muss alle relevanten Informationen nach bestem Wissen abgeben.
insurable interest *n*	**Versicherungsgegenstand**
The various Incoterms define points in the import-export business at which the **insurable interest** passes from the seller to the buyer.	Die verschiedenen Incoterms definieren Stadien im Import-Exportgeschäft, in denen der Versicherungsgegenstand vom Verkäufer zum Käufer übergeht.
● **insurance** *n*	**Versicherung, Versicherungssumme, -prämie, Assekuranz**
Risks ranging from fire and natural disasters to workplace accidents can be covered by **insurance**.	Gegen Risiken von Feuer und Naturkatastrophen bis hin zu Arbeitsunfällen kann man sich versichern lassen.
to arrange insurance *phrase*	**(sich) versichern lassen, Versicherung abschließen**

● **insurance agency** *n*	**Versicherungsagentur, -vertretung**
● **insurance agent** *n*	**Versicherungsvertreter(in), -agent(in)**
One of our **insurance agents** will be pleased to visit you in your own home.	Einer unserer Versicherungsvertreter kommt Sie gern zu Hause besuchen.
● **insurance broker** *n*	**Versicherungsmakler(in)**
Insurance brokers act as intermediaries between underwriters and the public.	Versicherungsmakler agieren als Mittler zwischen dem Versicherungsträger und der Öffentlichkeit.
insurance contribution *n*	**Versicherungsbeitrag**
Insurance contributions will again rise above the level of inflation this year.	Der Anstieg der Versicherungsbeiträge wird auch in diesem Jahr wieder über der Inflationsrate liegen.
● **insurance cover** *n (GB)*; **insurance policy** *n (US)*	**Versicherungsschutz, Schadensversicherungssumme**
Our advisor will help you determine the **insurance cover** best suited to your circumstances.	Unser Kundenberater wird Ihnen dabei helfen, den für Sie optimal angemessenen Versicherungsschutz zu finden.
insurance industry *n*	**Assekuranz, Versicherungsgewerbe**
The **insurance industry** is Britain's largest institutional investor.	Das Versicherungsgewerbe ist Großbritanniens größter institutioneller Anleger.
Insurance Ombudsman Bureau *n*	**Büro der Versicherungsschiedsstelle**
reinsurance *n*	**Rückversicherung, Zweitrisikoversicherung**
● **statutory insurance** *adj*	**Pflichtversicherung**
Third party insurance is a **statutory insurance** for motorists.	Die Haftpflichtversicherung ist eine gesetzlich vorgeschriebene Versicherung für Autofahrer.
● **to take out an insurance** *phrase* (→ **arrange insurance**)	**sich versichern (lassen), eine Versicherung abschließen**

Versicherungen

• **third party insurance** *n*	**(private) Haftpflicht-versicherung**
• **to insure** *v/t* The wrecked tanker was **insured** by Lloyd's of London.	**(sich) versichern (lassen)** Der verunglückte Tanker war bei Lloyd's in London versichert.
• **to insure against** *v/t* The consignment was **insured against** damage in transit.	**(sich) versichern (lassen) gegen** Die Lieferung war gegen Transportschäden versichert.
• **insured (party)** *n*	**Versicherungsnehmer(in)**
• **insurer** *n*	**Versicherer, Versicherin, Versicherungsträger(in)**
Association of British Insurers (> ABI) *n* The **ABI** represents insurance companies in the UK.	*(Verband britischer Versicherer)* Der ABI vertritt Versicherungs-gesellschaften in Großbritannien.
Lloyd's of London *n* **Lloyd's of London** is a major corporation dealing with high-risk insurance throughout the world.	**Lloyd's of London** *(Vereinigung privater Einzelversicherer)* „Lloyd's of London" ist ein Groß-konzern, der sich mit risikoreichen Versicherungen in der ganzen Welt befasst.
syndicate *n* A **syndicate** consists of a number of underwriters who jointly accept an insurance risk.	**Syndikat, Versicherungsgruppe** Ein Syndikat besteht aus einer Reihe von Versicherungsträgern, die ge-meinsam ein Versicherungsrisiko übernehmen.
underinsured *adj* Considering the value of your new machinery you appear to be **underinsured**.	**unterversichert** Wenn ich mir den Wert Ihrer Maschinen ansehe, scheinen Sie unterversichert zu sein.
overinsured *adj*	**überversichert**
underwriter *n*	**Versicherungsträger(in)**

13.2 Versicherungsarten

● **accident insurance** *n*	**Unfallversicherung**
additional insurance *n*	**Zusatzversicherung**
all-risk(s) insurance *n*	**globale Risikoversicherung**
annuity *n*	**Annuität, jährliche Zahlung, Jahreseinkommen, -rente**
An **annuity** pays a set income annually while the policy holder is alive in return for an initial lump sum payment.	Eine Annuität zahlt dem Versicherten ein festes Jahreseinkommen zu Lebzeiten als Gegenleistung für eine anfänglich geleistete Pauschalsumme.
average *n*	**Havarie, Seeschaden**
aviation insurance *n*	**Luftfahrt-, Flugzeugversicherung**
blanket insurance *n*	**Pauschal-, Global-, Gruppenversicherung**
Our car fleet is covered by **blanket insurance** because we are changing individual vehicles all the time.	Da wir einzelne Wagen ständig austauschen, ist unser Fuhrpark pauschal versichert.
● **buildings insurance** *n*	**Gebäudeversicherung**
business interruption insurance *n* (→ **consequential loss**)	**Betriebsunterbrechungsversicherung**
car insurance *n* (→ **motor insurance**)	**Kfz-Versicherung**
cargo insurance *n*	**Kargoversicherung**
consequential loss *n*	**Folgeschaden**
Your fire and theft insurance insures you against **consequential loss** such as loss of business.	Ihre Feuer- und Diebstahlversicherung schützt Sie gegen Folgeschäden wie z. B. Verlust des Geschäftes.

Versicherungen

● **contents insurance** *n*	**Hausratversicherung**
● **to cover** *v/t* This policy **covers** you anywhere in the world.	**(ab)decken, (ab)sichern** Diese Versicherungspolice deckt Ihren Versicherungsschutz in der ganzen Welt ab.
● **credit insurance** *n* **Credit insurance** covers businesses against bad debts.	**Kreditversicherung** Eine Kreditversicherung schützt Unternehmen gegen uneinbringliche Schulden.
Employers' Liability (Compulsory Insurance) Act *n (GB)* Employers are required to insure employees against injury under the **Employers' Liability (Compulsory Insurance) Act** of 1969.	**Arbeitgeberhaftpflichtversicherungsgesetz** *(entspricht der gesetzlichen Unfallversicherung)* Arbeitgeber sind gemäß Arbeitgeberhaftpflichtversicherungsgesetz verpflichtet, für ihre Angestellten eine gesetzliche Unfallversicherung abzuschließen.
● **endowment policy** *n* The insured's **endowment policy** provided for a tax-free lump sum of £ 30,000 after 25 years.	**Lebensversicherung** *(mit festem Auszahlungstermin)* Die Lebensversicherung bot dem Versicherten nach 25-jähriger Laufzeit eine steuerfreie Pauschalsumme von £ 30 000.
fidelity guarantee *n (GB)*; **fidelity insurance** *n (US)* The embezzlement of the company's funds by one of its employees was covered by a **fidelity guarantee**.	**Haftpflichtversicherung gegen Veruntreuung** Die Geldunterschlagung durch einen Firmenangestellten war durch eine Haftpflichtversicherung gegen Veruntreuung abgedeckt.
● **fire insurance** *n*	**Feuerversicherung**
floating policy *n* The **floating policy** allows us to vary the items insured within the overall sum insured.	**offene Police, Pauschalversicherung** Die offene Police erlaubt es uns, die Versicherungsgegenstände innerhalb der pauschalen Versicherungssumme zu variieren.

freight insurance *n*	**Frachtkostenversicherung**
● **full-value insurance** *n* (→ **new-for-old policy**)	**Neuwertversicherung**
● **health insurance** *n* (→ **medical insurance**)	**Krankenversicherung**
index-linked insurance *n*	**Indexversicherung**
● **insurance for legal costs** *n*	**Rechtsschutz(versicherung)**
● **life assurance** *n*	**Lebensversicherung**
loss of business *n* (→ **consequential loss**)	**Geschäftsverlust**
marine insurance *n*	**Seetransportversicherung**
● **medical insurance** *n* The company provides free private **medical insurance** for its executives.	**Krankenversicherung** Leitende Angestellte erhalten von der Firma kostenlose private Krankenversicherung.
● **motor insurance** *n* **Motor insurance** in the form of comprehensive or third party fire and theft cover is available for all types of cars.	**Kfz-Versicherung** Kfz-Versicherung als Vollkasko- oder Teilkaskoversicherung ist bei uns für alle Fahrzeugtypen erhältlich.
● **fully comprehensive motor insurance** *n* It is advisable to take out **fully comprehensive motor insurance**, since it covers you against all risks.	**(Kfz-)Vollkaskoversicherung** Es ist ratsam, eine Vollkaskoversicherung für Ihr Auto abzuschließen, da sie alle Risiken abdeckt.
national insurance *n*	**Sozialversicherung**
● **new-for-old policy** *n*	**Neuwertversicherung**
open policy *n*	**Generalpolice**

● **personal accident insurance** *n*	**persönliche Unfallversicherung**
● **personal liability insurance** *n* **Personal liability insurance** protects you against claims against you by third parties.	**private Haftpflichtversicherung** Die private Haftpflichtversicherung schützt Sie gegenüber Ansprüchen Dritter.
product liability insurance *n*	**Produzentenhaftpflicht-versicherung**
professional indemnity insurance *n* **Professional indemnity insurance** protects against liability for professional negligence.	**Berufshaftpflichtversicherung** Die Berufshaftpflichtversicherung schützt gegen Haftung bei beruflicher Fahrlässigkeit.
● **property insurance** *n*	**Gebäude-, Sach-, Vermögensversicherung**
public liability insurance *n*	**(gesetzliche) Haftpflichtversicherung**
shipowner's liability *n* The ship's owner had taken out **shipowner's liability** insurance against damage to cargo by his crews.	**Reedereihaftpflicht** Der Schiffsbesitzer hatte eine Reedereihaftpflicht gegen Beschädigung seiner Fracht durch die Besatzung abgeschlossen.
term assurance *n* Your **term insurance** operates for a fixed term of 25 years.	**Versicherung auf Zeit, Risikolebensversicherung** Ihre Risikolebensversicherung ist auf 25 Jahre befristet.
● **third party, fire and theft (motor insurance)** *n*	**Teilkasko** *(Kfz-Haftpflicht-, Feuer- und Diebstahlversicherung)*
● **third party (motor insurance)** *n*	**Teilkasko** *(Kfz-Haftpflichtversicherung)*
transport insurance *n*	**Transportversicherung**
● **travel insurance** *n*	**Reiseversicherung**

13.3 Versicherungspolicen

additional insured *n*	**Mitversicherte(r)**
all risk(s insurance) policy *n*	**Globalversicherung, allumfassende Risikoversicherung**
beneficiary *n* The **beneficiary** named in the policy is the deceased's first wife.	**Begünstigte(r), Empfänger(in)** Die in der Versicherungspolice benannte Begünstigte ist die erste Ehefrau des Verstorbenen.
bonus *n*	**Prämie**
annual bonus *n*	**Jahresprämie**
to declare a bonus *phrase* The insurance company **declared an** annual **bonus** on its with-profits policies of £ 26 for every £ 1000 of the sum insured.	**eine Jahresprämie anzeigen, eine Jahresprämie ankündigen** Für ihre Versicherungen mit Gewinnbeteiligung kündigte die Versicherungsgesellschaft eine Jahresprämie von £ 26 pro £ 1000 Versicherungssumme an.
reversionary bonus *n*	**Beitragsrückerstattung, Sonderversichertendividende**
terminal bonus *n*	**(Ab)Schlussdividende, Abfindung**
certificate of insurance *n*	**Versicherungsurkunde, -schein, -bescheinigung**
cover note *n* We will issue a 30-day **cover note** to cover you until your certificate of insurance arrives.	**vorläufige Versicherungsbestätigung** Wir stellen Ihnen eine vorläufige Versicherungsbestätigung für 30 Tage aus, damit Sie versichert sind, bis Ihre Versicherungsurkunde ankommt.

● **dependant** *n*	**abhängiger Angehöriger, abhängige Angehörige**
Please give details of any **dependants** to be covered by the policy.	Bitte machen Sie Angaben zu sämtlichen abhängigen Angehörigen, die in dieser Versicherungspolice eingeschlossen werden sollen.
● **excess** *n*; **deductible** *n*	**Selbstbeteiligung, Selbstbehalt**
We have deducted the **excess** of £ 100 from your claim.	Von der Schadenssumme haben wir £ 100 Selbstbeteiligung abgezogen.
to exclude *v/t*	**(vom Versicherungsschutz) ausschließen**
Losses resulting from war, riot, revolution or any similar event are specifically **excluded**.	Durch Krieg, Aufruhr, Revolution oder ähnliche Ereignisse verursachte Verluste sind ausdrücklich vom Versicherungsschutz ausgeschlossen.
exclusions *n pl*	**Ausschluss**
expiry date *n (GB)*; **expiration date** *n (US)* (→ **maturity**)	**Fälligkeits-, Verfallsdatum**
The **expiry date** is 21 April 2009.	Das Fälligkeitsdatum ist der 21. April 2009.
● **to extend cover** *phrase*	**den Versicherungsschutz erweitern**
Cover can be **extended** to include your spouse or partner and children.	Der Versicherungsschutz kann erweitert werden, um Ehepartner oder Lebensgefährten und Kinder miteinzuschließen.
foreign use extension *n*	**(erweiterter) Versicherungsschutz im Ausland**
For travelling outside the EU **foreign use extension** is available for you and your vehicle if you request a green card.	Für Reisen außerhalb der EU erhalten Sie Versicherungsschutz für Sie und Ihr Fahrzeug, wenn Sie die grüne Versicherungskarte anfordern.

• **full cover** *n* You can take out **full cover** for all ages on these policies.	**voller Versicherungsschutz** Bei dieser Police können Sie vollen Versicherungsschutz für alle Altersgruppen abschließen.
• **high-risk item** *n*	**risikoreicher (Versicherungs)Gegenstand**
• **insurable** *adj* This is a comprehensive policy covering all **insurable** risks.	**versicherbar, versicherungsfähig** Dies ist eine Globalversicherung, die alle versicherungsfähigen Risiken umfasst.
insurance class *n*	**Versicherungssparte, Versicherungsklasse**
• **insurance premium** *n* All policies are inclusive of **insurance premium** tax.	**Versicherungsprämie** Alle Policen schließen Versicherungsprämiensteuer mit ein.
insurance value *n*	**Versicherungswert**
lump-sum benefit *n* The policy provides **lump-sum benefit** on the death of the policyholder.	**Kapitalabfindung, Pauschalabgeltung** Der Versicherungsvertrag bietet eine Kapitalabfindung bei Tod des Versicherten.
• **main applicant** *n* As the **main applicant** you will need to sign the application form.	**Hauptantragsteller(in)** Als Hauptantragsteller müssen Sie das Antragsformular unterschreiben.
• **medical (certificate)** *n* No **medical** is required for this policy.	**(amts)ärztliches Zeugnis, Attest** Ein amtsärztliches Zeugnis ist für diese Versicherung nicht erforderlich.
• **no-claims bonus** *n* (→ **no claims discount**)	**Schadensfreiheitsrabatt**

● **no-claims discount** *n* If you drive for four years without a claim we will allow you a 60 % **no-claims discount**.	**Schadensfreiheitsrabatt** Wenn Sie vier Jahre lang unfallfrei fahren, erhalten Sie einen Schadensfreiheitsrabatt von 60 %.
protected no-claims discount *n*	**geschützter Schadenfreiheitsrabatt**
penalty *n*	**Vertragsstrafe**
● **policy** *n*	**Versicherungspolice, -schein**
policyholder *n*	**Versicherte(r), Versicherungsnehmer(in)**
● **premium** *n* Insurance **premiums** are expected to rise by over 16 % next year following an unprecedentedly high number of claims this winter.	**Prämie** Nach einer erstaunlich hohen Zahl von Schadensforderungen in diesem Winter sollen Versicherungsprämien im nächsten Jahr über 16 % ansteigen.
probability of loss *n*	**Schaden(eintritt)swahrscheinlichkeit**
proposal form *n*	**Antragsformular**
● **renewal notice** *n*	**Verlängerungsmitteilung, Mahnung**
● **risk** *n* No insurer would be prepared to accept this kind of **risk**.	**(Versicherungs)Risiko** Keine Versicherungsgesellschaft wäre bereit, diese Art von Risiko auf sich zu nehmen.
risk assessment *n*	**Risikoeinschätzung**
safeguard *n* A mortgage payment protection policy provides a **safeguard** against not being able to keep up with the repayments.	**Schutz, Sicherheit, Garantie** Eine Hypothekenversicherung bietet eine Sicherheit für den Fall, dass man mit den Rückzahlungen nicht nachkommen kann.

• **specified personal belongings** *n pl*	**einzeln aufgeführter persönlicher Besitz, einzeln aufgeführte persönliche Besitzgegenstände**
If you have items of high value you should identify them as **specified personal belongings**.	Falls Sie Wertgegenstände haben, sollten Sie diese als persönlichen Besitz einzeln aufführen.
• **surrender value** *n*	**Rückkaufwert**
surviving partner *n* (→ **whole life**)	**überlebende(r) Partner(in)**
uninsurable *adj*	**nicht versicherbar**
void *adj*	**ungültig, nichtig**
to declare void *phrase*	**für ungültig erklären, für nichtig erklären, annullieren**
voidable *adj* (→ **void**)	**anfechtbar, aufhebbar, annullierbar**

13.4 Versicherungsansprüche

• **act of God** *n* (→ **force majeure**)	**höhere Gewalt**
actual value *n* (→ **insured value**)	**tatsächlicher Wert**
breach of contract *n*	**Vertragsbruch, Vertragswidrigkeit**
to breach *v/t*	**brechen** *(einen Vertrag)*, **zuwiderhandeln**
• **breakage** *n*	**(Bruch)Schaden**
• **claim** *n*	**(Versicherungs)Anspruch, Schaden(sfall), Forderung, Schadensanspruch**

claim for compensation *n*	**Schadensersatzanspruch**
claim form *n* Please complete the enclosed **claim form** and return it to us.	**Schadensformular** Bitte senden Sie das beigefügte Schadensformular ausgefüllt zurück.
claim limit *n* The **claim limit** for computer equipment is £ 2,500.	**(beanspruchbare) Schadensobergrenze** Die Schadensobergrenze bei Computerausstattungen liegt bei £ 2500.
claims advisor *n*	**Schadensabschätzer(in), Schadensregulierer(in)** *(versicherungsintern)*
● **claims department** *n* You must notify our **claims department** as soon as possible after the claim has arisen.	**Schadensabteilung, -büro** Nach einem Schadensfall müssen Sie so bald wie möglich unsere Schadensabteilung benachrichtigen.
claims procedure *n*	**Verfahren zur Regelung von Versicherungsansprüchen**
● **claims report** *n* You will need to complete a **claims report**.	**Schadensanzeige** Sie müssen eine Schadensanzeige erstellen.
● **to claim** *v/t*	**(ein)fordern, beanspruchen, verlangen, geltend machen** *(Anspruch)*
claimable *adj* The maximum amount **claimable** for any one item in this section of the policy is £ 500.	**beanspruchbar, einforderbar, reklamierbar** Der maximal beanspruchbare Betrag für einen Versicherungsgegenstand in dieser Rubrik der Police beträgt £ 500.
● **claimant** *n*	**Antragsteller(in), Forderungsberechtigte(r)**

● **to compensate** *v/ti* After detailed investigations the insurers agreed to **compensate** the company in full for the warehouse fire.	**entschädigen, ersetzen, vergüten, kompensieren** Nach eingehender Überprüfung einigten sich die Versicherungsgesellschaften darauf, das Unternehmen für den Brand des Lagerhauses in voller Höhe zu entschädigen.
● **compensation** *n*	**Entschädigung, Schadensersatz**
damage *n* Please describe the **damage** to the items insured.	**(Be)Schädigung, Schaden, Verlust** Bitte beschreiben Sie den Schaden der versicherten Gegenstände.
● **accidental damage** *n*	**Unfallschaden, zufallsbedingter Schaden**
● **deliberate damage** *n*	**vorsätzlicher Schaden**
● **fire damage** *n*	**Brandschaden**
● **flood damage** *n*	**Flutschaden**
● **storm damage** *n*	**Sturm-, Unwetter-, Gewitterschaden**
● **water damage** *n*	**Wasserschaden**
to disclaim *v/t* The hotel denies it is reponsible for the theft of your coat because it displays notices **disclaiming** responsibility.	**Haftung ausschließen, Haftung ablehnen** Das Hotel lehnt die Verantwortung für den Diebstahl Ihres Mantel ab, da Anschläge über Haftungsausschluss aushängen.
disclaimer *n*	**Haftungsausschluss(erklärung)**
force majeure *n (Fr.)* (→ **act of God**) The insurance company invoked its **force majeure** clause, claiming that the consignment had been stolen inside the war zone.	**höhere Gewalt** Die Versicherungsgesellschaft wandte die „höhere Gewalt"-Klausel an und behauptete, dass die Warenladung innerhalb des Kriegsgebiets gestohlen worden war.
in full *phrase*	**in voller Höhe, vollständig**

Versicherungen

to indemnify *v/ti*	**abgelten, entschädigen, Schadensersatz leisten**
Our policy **indemnifies** us for actual loss through accidental damage.	Unsere Versicherung leistet Schadensersatz für durch Unfallschaden bedingten Verlust.
indemnity *n*	**Schadensersatz, Entschädigung, Abfindung**
The **indemnity** figure takes account of depreciation of your vehicle.	Die Entschädidungssumme berücksichtigt den Wertverlust Ihres Fahrzeuges.
insured value *n* (→ **actual value**)	**Versicherungswert**
The **insured value** of the stock was considerably higher than its actual value.	Der Versicherungswert der Lagervorräte war beträchtlich höher als ihr tatsächlicher Wert.
• **legal advice and expenses** *n*	**Rechts(bei)hilfe und Aufwandsentschädigung**
loss *n*	**Schaden, Verlust**
to incur loss *phrase*	**Verlust erleiden, Verluste auf sich nehmen**
The insurers met all the costs of the **loss** of goods **incurred**.	Die Versicherungsgesellschaft nahm alle Kosten für Verluste auf sich.
loss adjuster *n*	**Versicherungssachverständige(r)**
• **partial loss** *n*	**Teilverlust, Teilschaden**
• **total loss** *n* (→ **write off**)	**Totalschaden**
maximum cover *n*	**maximale Deckungshöhe**
• **other party** *phrase*	**andere(r) Versicherungsnehmer (in), andere Partei**
The **other party** is disputing your claim.	Der andere Versicherungsnehmer streitet Ihren Schadensanspruch ab.
• **to reimburse** *v/ti*	**(zurück)erstatten, (zurück) vergüten**

salvage value *n* The **salvage value** of the goods recovered was minimal because they had been damaged by water.	**Bergungswert, Schrottwert** Der Bergungswert der sichergestellten Waren war wegen des Wasserschadens minimal.
● **to settle** *v/t* We note that your earlier claim was **settled** in full.	**begleichen, ausgleichen, regulieren** *(Schaden)* Wir nehmen zur Kenntnis, dass Ihr vorheriger Schaden in voller Höhe beglichen wurde.
settlement *n*	**Begleichung, Schadensabwicklung, Regulierung eines Versicherungsfalls**
to subrogate *v/t*	**Rechte übergehen lassen auf**
subrogation *n* According to the principle of **subrogation** an insurance company which has settled a claim can take over the rights of the insured party to further mitigate his loss.	**Forderungsübergang, Übergang des Ersatzanspruches, Subrogation** Gemäß Subrogationsprinzip kann eine Versicherung, die einen Schaden beglichen hat, die Rechte des Versicherungsnehmers übernehmen, um dessen Schaden weiter zu mindern.
sum assured *n*	**Versicherungssumme**
● **theft** *n*	**Diebstahl**
wear and tear *n* Stolen goods will be replaced at their original cost less an allowance for **wear and tear**.	**natürliche Abnutzung, Verschleiß** Gestohlene Waren werden zum Anschaffungspreis ersetzt, abzüglich eines Abschlags für natürliche Abnutzung.
witness *n* Were there any **witnesses** to the accident?	**Zeuge, Zeugin** Gab es irgendwelche Zeugen des Unfalls?

Register

Alphabetisches Register

Hinter den englischen Stichwörtern steht die Seitenzahl. Halbfette Zahlen bedeuten, dass das Wort im *Situativen Wortschatz* erscheint. Normalschrift zeigt, dass der Begriff im *Thematischen Wortschatz* vorkommt.

Ziffern

A

B

D

G

M

O

Q

S

Register

U

Register

V

W

Y

Z